기록 및
기록관리의
이해

기록 및 기록관리의 이해

한미경 · 노영희 공저

한국학술정보㈜

서 문

　유네스코(UNESCO)는 2011년 5월 25일(파리 현지시각) 영국 맨체스터에서 열린 제10차 세계기록유산 국제자문위원회 회의에서 우리나라의 '일성록(국보 153호)'과 '5·18 기록물(인권기록유산 : 1980년 5월 18일 군사정권에 대항해 광주에서 일어난 민주항쟁 관련 기록물)'이 세계기록유산 목록에 등재됐다고 발표했다. 정조의 일기에서 비롯된 일성록은 조선 영조 즉위 36년인 1760년부터 1910년까지의 국정 전반을 기록한 왕의 일기이며, 5·18 기록물은 광주 민주화 운동의 발발과 진압, 그리고 이후의 진상 규명과 보상 등의 과정 등을 포함하고 있는 문건이다. 이로써 우리나라는 앞서 등재된 훈민정음(1997), 조선왕조실록(1997), 직지심체요절(2001, 현재 프랑스국립도서관에 소장), 승정원일기(2001), 고려대장경판과 여러 경판(2007), 조선왕조의궤(2007), 동의보감(2009) 등을 포함하여 모두 9종의 세계기록유산을 보유하게 되었다.

　9종의 세계기록유산 중 5·18 기록물이 주목되는 것은 첫째, 현대기록물이라는 것과 둘째, 현장에서 고등학교 3학년 여학생이 쓴 일기장 등과 같은 개인들의 기록물도 포함되어 있다는 것이다. 그리고 기록유산 부산물들의 보급과 인식 제고 등을 보장받을 수 있고 보존관리에 있어서 유네스코의 보조금 및 기술적 지원도 있기 때문이다. 이처럼 기록은 그 자체로 과거와 현재와 미래를 연결하는 살아있는 매체로서 관리 및 보존의 중요성은 날이 갈수록 가중되고 있으며, 더 나아가 후대를 위한 교육의 자료로 그리고 문화의 증거물로서의 역할이 상승되고 있음을 알 수 있다.

기록 및 기록관리에 대한 가치 및 중요성의 인식제고와 더불어 관련한 다양한 부분에도 최근 몇 년간 많은 변화가 있었다. 특히 우리나라의 경우 관련 법률의 제정 및 개정, 기록전문가 자격 등 주요 관련 내용의 개정, 규칙과 표준의 제정, 다양한 기록관의 설립과 같은 부분으로 종합해 볼 수 있다.

우선 1999년 제정된 '공공기관의 기록물관리에 관한 법률'은 2007년 '공공기록물 관리에 관한 법률'로 전부 개정되고 이후 동법시행령과 동법시행규칙도 전부 개정되었다. 그중 공공기록물 관리에 관한 법률 41조 2항에 의거한 동법시행령 제78조 기록물관리 전문요원의 자격과 배치와 관련하여 최종적으로 2011년 2월 22일에 개정된 1항 2호를 살펴보면 ① 기록관리학 학사학위를 취득한 사람, ② 역사학 또는 문헌정보학 학사학위 이상을 취득한 사람으로 행정안전부령으로 정하는 기록관리학 교육과정을 이수하고, 행정안전부장관이 시행하는 기록물관리 전문요원 시험에 합격한 사람으로 확대하였고 이 조항은 2012년 2월 23일부터 시행된다. 이는 기존의 역사학, 문헌정보학 석사학위 이상을 취득한 자로

서 행정안전부령으로 정하는 기록관리학 교육과정을 이수한 사람
이라는 자격기준을 학사학위자에게 부여하면서 전문자격시험이라
는 전문성 검증을 도입하여 자격완화와 기회확대라는 측면에 의의
가 있다.

그리고 '대통령기록물 관리에 관한 법률'과 동법시행령도 2007
년 제정되었다. 이에 따라 공공기록물, 민간기록물 그리고 대통령
기록물이 보다 더 체계적이고 효율적으로 관리되리라 기대된다.
알권리에 기반한 '공공기관의 정보보호에 관한 법률'과 함께 정보
공개와 관련하여 공공부문과 민간부문의 개인정보를 확대 보호하
기 위하여 기존의 '공공기관의 정보보호에 관한 법률'이 9월 30일
로 폐기 예정에 있으며, '개인정보보호법'이 2011년 3월 29일 제
정되어 9월 30일 시행을 앞두고 있다. 또한 2001년 '전자정부구
현을 위한 행정업무 등의 전자화촉진에 관한 법률' 제정 이후
2007년 1월 3일 일부 개정되면서 현재의 '전자정부법'으로 개칭
되었다. 이 법률은 2010년 2월 전부 개정되었고, 시행령 역시 같
은 해 10월에 전부 개정되었다.

기록관리 관련 표준을 살펴보면 국가표준, 공공표준 및 원내표
준도 다양하게 제정되었다. 그중 기록관리 전반에 대한 국가표준
으로 1) KS X ISO 15489 – 1:2007 문헌정보 – 기록관리 – 제1부:

일반사항, 2) KS X ISO 22310 문헌정보 - 표준 입안자를 위한 표준에서의 기록관리 요건 서술지침, 3) KS X ISO 23081 - 1 문헌정보 - 기록관리과정 - 기록메타데이터 - 제1부: 원칙, 4) KS X ISO/TR 15489 - 2:2007 문헌정보 - 기록관리 - 제2부: 지침, 5) KS X ISO/TS 23081 - 2 문헌정보 - 기록관리과정 - 기록메타데이터 - 제2부: 개념과 실행고려사항 등이 제정 및 개정되었다.

분류와 관련하여 1992년의 '공문서분류번호 및 보존기간표'에 이어 2004년 '기록물분류기준표'가 전면 시행되었고, 이후 2007년 12월 28일 업무에 기반한 기록관리 체계를 구축하기 위하여 '기록관리기준표' 제도를 운용하도록 규정되었다. 이에 대한 공공표준으로 '기록관리기준표 작성 및 관리절차(NAK/S 4:2009(v2.0))' 도 개정되었다.

기술과 관련하여 2006년 기록물 기술의 국가 표준안이라 할 수 있는 '국가기록원 기록물 기술규칙(안)' 마련 이후 2008년 12월 '영구기록물 기술규칙(NAK/S 14: 2009(v1.0)'이 공공표준으로 제정되었다. 이외에도 기록관리메타데이터표준: 비현용기록물(1.0)(NAK/A 10: 2007(v1.0), 기록관리메타데이터표준: 현용 · 준현용기록물(NAK/S 8: 2007(v1.0))도 제정되었다.

그 외에 '정부산하공공기관 기록물 관리(NAK/S 17:2010(v2.0))'

뿐만 아니라 기록의 공개와 비밀기록물관리와 관련하여 '기록물 공개관리 업무-제1부: 기록물 생산부서 및 기록관(NAK/S 19:2010(v1.0))', '비밀기록물 관리(NAK/S 20:2010(v1.0))' 등과 같은 공공표준이 제정되었다.

'공공기록물 관리에 관한 법률'에 의거하여 영구기록물관리기관인 지방기록물관리기관이 설치되도록 한 규정에 따라 전국 시도교육청에 지방기록물관리기관이 차례로 설치된 것 외에도 대학기록관, 기업기록관 및 학술 및 연구기록관 등의 다양한 기록관이 설치되었다.

특히 국가기록원은 서울에 서울기록정보센터, 성남에 나라기록관, 대전에 국가기록정보센터, 부산에 역사기록관을 설치 운영하고 있으며, 대통령기록관의 경우 2014년 세종시에 대한민국 대통령기록관을 설치 예정하고 있다. 한편 호남권 기관·민원인의 기록물 열람 편의와 기록문화 확산을 위하여 2011년 3월 10일부터 정부광주합동청사에 '광주기록정보센터'를 설치 운영하고 있다. 이 센터는 기록관리 상담, 정보공개청구 접수 및 사본 발급 그리고 국가중요기록물을 전자적으로 관리하기 위한 국가기록원 내부 시스템인 중앙영구기록관리시스템(CAMS)을 통한 기록물 열람 서비스를 제공할 예정이다. 광주기록정보센터의 운영으로 명실상부한 전국적인 기록물 열람서비스체계를 구축 실현하게 되었다.

이 책은 크게 두 부분으로 구분하여 제1부에서는 기록, 기록관, 기록관리에 대하여 중요성과 정의에서부터 정보공개에 이르기까지 다양한 부분을 반영하여 개략적으로 내용을 전개하였다. 제2부에서는 세계의 기록관과 기구로 구성하여 세계의 국가기록관과 주요 기록관 그리고 국제기구와 해외기구 및 한국의 기구로 구분하여 보다 광범위하게 조사 소개하였다. 이 책이 기록 및 기록관리에 관심이 있는 일반인과 학생들에게 기초적인 지식정보 제공에 조금이라도 도움이 되길 바라며, 한국학술정보(주)에 감사드린다.

2011. 7.

한미경·노영희

목 차

표 목차

그림 목차

제1부 기록, 기록관, 기록관리

1. 기록, 기록관리, 기록전문가의 중요성

1.1 기록 및 기록관리의 중요성

인류의 역사는 기록의 역사라 할 수 있다. 기록의 존재로 말미암아 한 개인, 단체, 사회, 국가 및 세계의 지나간 역사를 알 수 있으며, 기록을 통하여 현재를 추진해 나아가며 미래를 계획할 수 있다고 해도 무리는 아니다. 왜냐하면 현재는 과거의 산물이자 연속이고 미래는 현재의 거울이자 결과로서, 과거에서 현재와 미래로의 소통은 모두 기록으로 연계되기 때문이다.

근례로 최근 우리나라는 국가적 차원의 외교문제에 있어서 기록 및 기록관리의 중요성을 통감할 여러 사안들을 접하고 있다. 특히 민감한 정치 · 외교 및 국권존립의 사안으로 제기되고 있는 일본과의 '독도'나 중국과의 '고구려역사' 및 '이어도(중국명 쑤엔자오, 蘇岩礁)' 문제에 대해서도 기본적으로 '기록자료'의 확보가 가장 중요하며, 관련 기록 수집 및 관리가 문제해결의 알파이자 오메가라 하겠다. 일본과 중국은 멀리는 100년 전부터 상기한 지역에 관한 자국 영토 주장 관련 자료를 수집 · 확보하고 있으니, 우리는 이제는 심증적 주장에서 벗어나 역사적 · 지리적 영유이론을 뒷받침할 만한 기록자료를 다방면에서 체계적으로 확보해야 할 것이다.

한편, 기록은 한 기관 또는 단체의 공적인 업무상 필요에 의하여 생산되어 업무진행에서 뿐 만 아니라 업무완료 및 연계업무의 진행에 이르기까지 매우 중요한 근거이다. 따라서 기록의 부재는 업무 계획수립에서부터 추진과정과 최종적 결과의 신빙부족으로 연결된다고 해도 과언이 아니다.

종합적으로 국가 존재의 실체증거이자 공공기관에서부터 민간기관에 이르기까지 업무수행의 증빙자료로서 기록이 지니고 있는 가치와 중요성은 관련 기록을 얼마나 적절하고 합리적으로 수집, 보존, 관리하느냐에 좌우된다고 할 수 있을 것이다. 기록의 생산에서부터 보존에 이르기까지 행하여지는 기록관리는 기록에 생명을 불어넣는, 즉 기록에 존재가치라는 의미를 부여하는 행정적이고 정책적이며, 한편으로는 가장 생산적인 행위라 할 수 있다.

1.2 기록관리학의 중요성

인류는 상호 간의 정확한 의사소통에 대한 욕구로 문자를 탄생시켰으며, 이에 따라 기록의 발달을 가져왔다. 봉건사회에서 공공기록은 특정계층인 지배계층에서 주로 생산·활용되었으며, 18세기경에 이르러서야 비로소 일반 시민에게도 공개·열람될 수 있게 되었다. 이후 각국의 기록관리제도가 성립되고 관련법이 제정되기 시작하였으며, 현대에 들어 체계적인 학문으로서 그리고 기록전문가 양성을 목적으로 교육되기 시작하였다.

기록관리는 기록의 수집, 등록, 정리, 조직, 보관 및 보존 등의 활동에 대한 집합적인 개념이며, 기록관리학은 기록관리 관련 전체 활동을 대상으로 연구하는 학문이다. 즉, 기록관리학은 기록전문가의 전문적인 업무수행에 필요한 다방면의 지식과 각종의 기술

을 익히도록 하는 분야이다. 현대에 와서 기록관리가 지니고 있는
중요성의 증대와 전문인과 학자들의 자각은 대학 또는 대학원에
서, 문헌정보학과 역사학 또는 기타 학문분야에서, 자체적으로 그
리고 때로는 통합되어 교육되기에 이르렀다.

한편 날로 증대되는 전자기록이나 웹기록의 관리에 대한 필요
성이 대두되고 있으며, 이들은 설계 및 생산단계에서부터 효과적
으로 관리하여 현행 업무에 활용하고, 검색과 이용이 용이하도록
가공하여 역사적 · 증빙적 이용 및 연구에 활용되게 하여야 한다.

종합적으로 종이기록에서부터 전자기록에 이르기까지 다양한 매
체의 기록물 등장으로 이에 따른 기록관리학의 대상영역과 중요성
은 더욱 증대되고 있다.

1.3 기록전문가의 중요성

기록문화유산을 보존하는 일은 직접적이든 간접적이든 우리 모두
의 사명이지만, 관리 및 보존의 임무는 기록물관리에 대한 전문지
식을 가지고 있는 기록전문가들의 실질적인 몫이다. 따라서 기록전
문가(아키비스트, archivists)는 인류문화유산의 한 부분을 구성하는
기록물을 효율적으로 관리하여, 역사적 · 문화적 활용과 함께 시민
의 법적 권리를 보장하는 궁극적인 임무를 수행한다고 할 수 있다.

기록전문가는 단지 오래된 기록물만을 보존하는 것은 아니다.
대부분의 기록물이 시간이 흐를수록 역사적 · 문화적 가치를 가지
게 되는 것은 사실이지만, 보존에 있어서는 이 법칙이 항상 올바

른 선택의 기준은 아니다. 이는 과거에 생산된 모든 기록물이 비록 행정적 가치가 높다고 할지라도 반드시 오늘날의 역사적 가치를 획득하지는 않기 때문이다. 과거의 문서가 오늘날의 역사기록물로 정의되기 위해서는 미래적 안목의 평가와 선별작업을 거쳐야 한다. 그리고 이 작업의 성패는 오직 숙련된 전문기술과 풍부한 경험을 쌓은 기록전문가의 역할에 달려 있다.

따라서 기록과 기록관리의 중요성은 기록전문가의 존재이유 및 중요성과 직결된다고 할 수 있다. 이러한 기록전문가의 중요성을 좀 더 구체적으로 살펴보면,

첫째, 기록전문가는 유사 이래의 인류문화유산의 중요한 증빙자료인 역사적 기록물과 공공기관 및 민간기관의 각종 기록물을 효율적으로 수집, 관리, 보존하는 임무를 수행하기 때문이다.

둘째, 기록전문가는 기록물의 가치를 포괄적으로 선별, 평가(또는 재평가)하여 의미를 부여하는 자이기 때문이다.

셋째, 기록전문가는 기록물을 가공(또는 조직)하고 보존하여 열람 및 활용토록 함에 있어 기록의 진위성 또는 전자기록의 진본성을 보호하고 확보하기 때문이다.

넷째, 개인을 포함하여 공공기관과 민간기관의 과거와 현재의 사건과 행적들은 기록되어진 후 기록전문가의 손을 거쳐 인류에게 전달되고 공개되기 때문이다.

다섯째, 기록전문가는 기록물을 온전하게 보존하여 과거에 대한 중요한 역사적 증거가 되게 하기 때문이다.

최종적으로 기록전문가는 세계의 기록문화유산의 보존에 힘써 인류의 과거와 현재와 미래가 함께하도록 최선을 다하기 때문이다.

2. 기록, 기록관, 기록전문가

2.1 기록

1) 기록의 역사

인류는 원시시대 상호 간의 커뮤니케이션을 위한 수단으로 소리(voice)와 몸짓(gesture)을 사용하다가 문명의 발달과 더불어 언어(languages)를 탄생시켰다. 그러나 언어는 한정된 시간적·공간적 범위와 불완전한 인간의 기억력에 의존하여야 지속·유지될 수 있었고, 전달하고자 하는 내용의 보존은 극히 제한적이었다. 사회가 발달하고 커뮤니케이션의 양과 질이 확대되면서 인류에게 문자가 형성되고, 상호 커뮤니케이션의 내용이 기록되기 시작하였다.

문자 이전의 시대인 선사시대에도 결승(結繩, quipus, <그림 1>[1] 참조)이나 각봉(刻棒, messenger stick) 등과 같은 기억의 보조수단이 사용되어 전달하고자 하는 정보가 표시되어 소통되었다. 다만 이는 약속과 같은 것으로 사전교육이 필요하였으며, 하나의 부족이나 특정 사회에 한정된 기록이었다. 정확한 시기를 알 수 없으나 직접적이고 구체적인 그림을 그려 기록하는 그림문자(pictograph)가 등장하면서 인류 기록문화 발달의 중요 전환점이 되었다. 원초적인 형태의 그림문자가 상당 기간 사용되다가 진정한 의미에서 문자의 최초 형태인 상형문자(象形文字, hieroglyph)를 만들어 냈

---

1) http://en.wikipedia.org/wiki/Image:Quipu

다. 이는 그림문자를 더욱 단순화하고 표준화한 것으로 메소포타
미아 남부에서 발생한 수메르(Sumer) 문자, 즉 설형문자(楔形文
字, cuneiform script, <그림 2> 참조)가 그 일례이다. 이외에도
세계의 여러 지역에서 상형문자가 사용되었으며, 대부분 표의문자
(表意文字)로 진화되고 표음문자(表音文字)로 발전하여 오늘날
에 이르게 되었다.

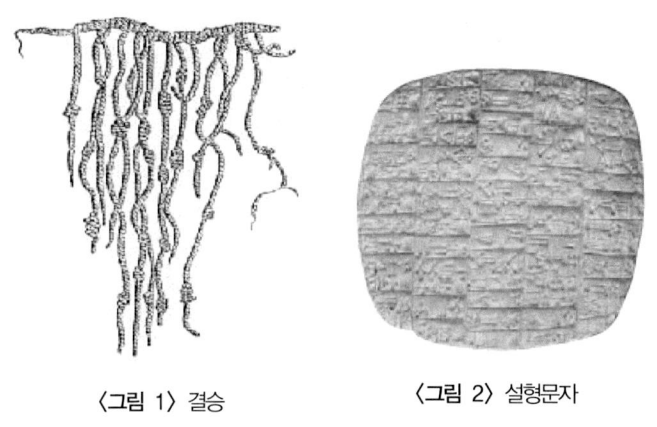

〈그림 1〉 결승   〈그림 2〉 설형문자

　　그러나 진정한 기록은 기록재료와 기록방법의 변천과 발전에 의
하여 완성되었다. 기록재료의 대명사인 종이는 A.D. 105년에 중국
에서 만들어졌고, 서양에서는 12세기 정도부터 본격적으로 사용되기
시작했다. 종이시대 이전에 서양에서는 점토판(clay tablet, <그림 2>
참조), 파피루스(papyrus, <그림 3>[2] 참조), 양피지(parchment) 등
이 사용되었고, 동양에서는 죽간목독(竹簡木牘), 견백(絹帛) 등이
오랫동안 사용되었다. 기록의 방법은 크게 필사와 인쇄로 구분되

---

2) http://www.touregypt.net/featurestories/papyrus.htm

느데, 특히 인쇄술이 발명되어 기록물이 대량으로 생산·유통되기 전까지 오랜 기간 필사의 방법이 사용되어 왔다. 한편, 현대에는 다양한 매체와 정보통신의 개발과 발전으로 기록재료와 방법도 다양해졌으며, 오랜 세월 기록의 대명사였던 종이기록 외에 시청각기록, 전자기록, 그리고 웹기록(또는 웹아카이빙) 등에 이르기까지 발전하고 있다.

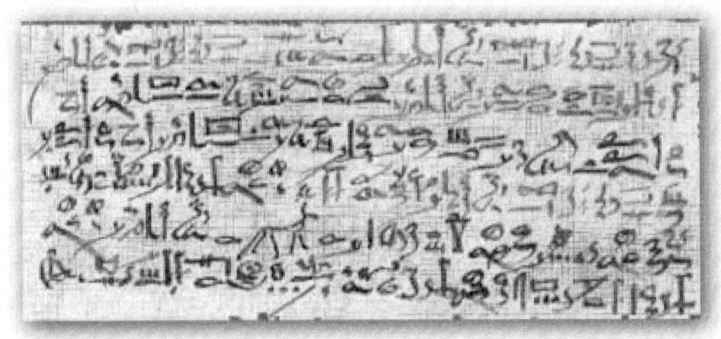

〈그림 3〉 파피루스: The Famous Smith Medical Papyrus

2) 기록의 정의

기록은 인간만이 가지는 고유한 특성으로서, 개인이나 민간기관과 정부 및 정부기관 또는 공공기관3) 어느 곳에서든 생산된다. 이

---

3) '공공기록물관리에관한법률' 제3조 정의 1항에 의하면 '공공기관이라 함은 국가기관·지방자치단체 그 밖에 대통령령이 정하는 기관'을 말하며, '전자정부법' 제2조 정의 3항에 의하면 공공기관이란 ① 공공기관의운영에관한법률 제4조에 따른 법인·단체 또는 기관, ② 지방공기업법에 따른 지방공사 및 지방공단, ③ 특별법에 따라 설립된 특수법인, ④ 초·중등교육법, 고등교육법 및 그 밖의 다른 법률에 따라 설치된 각급학교, ⑤ 그 밖에 대통령령으로 정하는 법인·단체 또는 기관을 말한다. 참고로 2008년 2월 29일 개정된 '공공

중에는 생산되자마자 즉시 소멸되는 것이 있고, 일시적 또는 영구
적 보존 가치가 있어 보존되는 것도 있다. 이 중 보존가치가 있는
자료를 '아카이브스(archives)'라고 한다. 그리고 기록 중에서 일정
한 형식이나 주제로 모아 일정한 분량으로 인쇄하여 출판한 것을
'출판물(publications)' 또는 '도서(books)'라고 한다. 이러한 출판
물의 일차자료가 되면서 유일성을 띤 원본을 '문서(documents)'라
고 하며, 광의로는 '기록(records)'이라고 한다(최정태 2006, 22 - 29).

한편, 『문헌정보학용어사전』에 의하면 '기록(record)은 사용매체
나 특성에 관계없이 영구히 보존되어야 할 문헌을 말하며, 목록이
나 기입의 기준이 되는 문헌에 관한 데이터'라고 정의되어 있으며,
『기록관리학사전』에서는 '매체나 특성에 상관없이 기록된 정보
(recorded information)'라고 한다. 이를 통하여 기록은 문서와 도
서를 포함한 모든 기록물(records)을 지칭하고 있으며, 기록은 모든
매체에 관계없이 인간이 표현한 데이터의 총칭이라 할 수 있다.

기록 또는 기록물은 영어로 '레코드(record(s))'로 포현하며, 전
문용어로 '법률적 임무수행과 업무처리과정에서 개인과 단체가 생
산 또는 수집하여 관리 · 유지하고 있는 기록(document, item,
officicicrecord)'이라고 설명하고 있다(Beilardo & Beilardo 1992).
그러나 이는 문서의 의미와 비슷하고 아카이브스와는 거리가 있
다. 아카이브스(archives)는 라틴어 아르키붐(archivum)에서 기원

기관의운영에관한법률(법률 제9829호)' 제4조 1항에 의거하여 기획재정부장관은 국가 ·
지방자치단체가 아닌 법인 · 단체 또는 기관으로서 이하 각 호의 어느 하나에 해당하는 기
관을 공공기관으로 지정할 수 있다. 그리고 제5조 공공기관의 구분 1항에 의하면 기획재정
부장관은 공공기관을 공기업 · 준정부기관과 기타공공기관으로 구분하여 지정하되, 공기업
과 준정부기관은 직원 정원이 50인 이상인 공공기관 중에서 지정하도록 규정하고 있다.

하는 그리스어 아르케이온(archeion)에서 파생된 말인데, '궁전(宮
殿)', '정부(政府)의 집'을 뜻하고, '그 속에 보관된 기록물' 자체
를 겸해서 쓰기도 한다. 아카이브스는 '업무수행에서 생산·수집
된 레코드가 기원하는 일생주기(emdolifdocycldoofcrecord)에 따
라 이용된 후 보존가치가 존속되는 기록'이다. 따라서 레코드와
아카이브스는 보존가치 측면에서 차이가 있음을 알 수 있다.

아카이브스를 한국과 일본에서는 '고문서(古文書)' 또는 '사료
(史料)' 등과 혼동하여 사용하는 경향이 있다. 그러나 일반적으로
고문서는 일정시대(日政時代) 이전에 생산된 것으로 시간적 개념
이 작용한 것임에 반해, 아카이브스는 최근의 자료를 포함하여 평
가기준에 의해 보존가치가 있는 기록을 의미한다(김용원 2000).

중국에서는 기록을 '당안(檔案, dǎngàn)'이라 한다. 이는 '檔'
과 '案'의 결합어로서 '檔'은 문서를 뜻하고, '案'은 관청의 서류
나 훈령 또는 판결과 결정문을 뜻한다. 원래 '당안'은 청나라 시
대 육부(六部)에서 문서를 보관하던 서고, 즉 당방(檔房)에서 유
래된 말이다. 이는 현재 '관공서의 기록이나 공문서' 및 '영구히
보존하는 관공서의 문서군(文書群)'을 뜻한다. 한편 이를 보존하
는 기관을 '당안관(檔案館)'이라고 한다.

일본에서 '기록'의 의미는 현대문서와 유사하며, 기록관리(記錄
管理, record management)는 비즈니스 오피스의 문서와 결부된
다. 그 도입시점도 20세기 초 미국으로부터 버티컬파일링(vertical
filling) 시스템 도입을 근원으로 잡는다(高山正也 2000). 1989년
의 '기록관리학회 창립취의서'에서도 '기록관리는 기록을 작성 또
는 수집하여 가공·축적·조직화하고, 검색방법을 정비하여 활용

하도록 하고, 폐기 또는 영구보존의 최종적 처치를 하는 기록의 일생주기를 대상으로 통합적인 관리를 목적으로 한다'고 명시하고 있다.

한편, 일본은 1971년 국립공문서관(National Archives)을 설치·운영, 1987년 공문서관법을 제정하였다. 법률상 공문서는 아카이브스로 간주하였으며, 동시에 아카이브를 보관하는 기관을 '문서관' 또는 '사료관'이라 부르고, 여기에 소장하는 자료를 '기록사료'라고 부른다. 이와 같이 일본은 레코드는 현대문서를 포함한 통괄적 기록을 말함이고, 아카이브스는 공문서 내지 사료로 한정한다.

이와 같이 기록은 공공기관에서 생산된 기록(public record)뿐만 아니라 개인으로부터 생산된 것(private record)이라도 모두 의미가 있다. 그러나 이러한 다양한 기록 중에는 역사적 보존가치가 있는 자료도 있고, 용도가 끝나고 일회성으로 사라지는 자료도 있다. 따라서 광의의 기록물 중에서 생산시기나 생산출처에 관계없이 보존가치가 있는 기록을 '아카이브스(archives)'라고 하며, 동시에 이러한 기록을 보존하는 기관 또는 시설도 '아카이브스'라고 명명하고 있다.

3) 기록의 특성

기록은 개인이나 기관의 일상적인 활동이나 업무에서 생산되고 축적된다는 점을 기본으로 살펴본 기록의 특성과 관리상의 원칙은 다음과 같다(김태수 2002a, 8 - 9).

첫째, 기록은 생산기관의 활동과 관련되어 있다. 특정 기관의 기록은 그 기관의 직접적인 활동결과로서 생산되고 축적되며, 기관의 정책과 기능 및 대외관계를 반영한다. 이는 기록관리의 중요 원칙 중 하나인 '출처(provenance)존중의 원칙'에 입각한 것으로 특정 기관의 기록은 다른 기관의 기록과는 구별되어 관리되어야 함을 의미한다.

둘째, 기록은 유기적인 성질을 지니고 있다. 개인이나 기관의 대외관계가 활발해짐에 따라 기록의 양도 자연스럽게 증가된다. 개개의 기록은 기존의 기록과 관련되거나 그 결과일 수도 있고, 기존의 기록은 후속 기록에 의해 그 내용이 보완된다. 따라서 기존 기록의 조직이나 배열체계를 달리하게 되면 기록 상호 간의 연결이 단절되거나 연관성이 약해질 수 있다. 따라서 '원질서(original order)존중의 원칙'에 따라 과거에 수행된 내용이 왜, 어떻게 일어났는지를 정확하게 반영하기 위해 관련 기록을 연계하여 유지하는 것이 필요하다.

셋째, 기록은 공적인 성격을 지닌다. 기록은 개인이나 기관의 활동의 산물로서 법률상의 효력을 지닌다. 이런 점에서 기록은 부정한 수단이 개입되거나 비인가자가 접근할 수 없도록 생산자나 합법적인 인수자, 즉 기록전문가의 관리 아래 두어야 한다. 이렇게 함으로써 기록은 행위 및 업무 수행의 정당한 근거로써 효력을 지니게 된다.

넷째, 기록은 고유한 성격을 지니고 있다. 문화나 교육 목적상 대량으로 생산되는 도서와 달리, 기록은 본질적으로 특정 기관이나 특정 업무와 관련하여 작성된 파일을 단위로 한다. 도서가 손상을 입게 되면 다른 복본을 입수하여 대체하면 되지만, 기록이 손상을 입게 되면 원상회복이 어렵거나 기존의 다른 기록과 동일한 체계를 유지하기 어렵다. 따라서 내적 및 외적 기술을 통하여 기록의 성격과 가치를 온전하게 유지하고, 생산이나 이용 근거를 확보하여 기록이 지닌 고유성을 유지하는 것이 필요하다.

4) 기록의 종류

모든 기록물은 일반적으로 모든 사람에게 충분한 가치가 있을 때 지속적으로 보존·관리되는 성격을 지닌다. 그러나 그 지속성은 영구적으로 확정된 것이 아니므로 자료가 지닌 가치와 정보가 계속 필요한지 수시로 평가하여야 한다.

기록물은 생산시기와 내재적 가치에 따라 참조의 빈도가 차이가 나게 되는데, 생산시기에 따라 ① 현용기록(current record), ② 준현용기록(semi-current record), ③ 비현용기록(non-current record)의 3단계로 나눈다(<그림 4> 참조). 현용기록은 최신자료로서 참조의 빈도가 높은 기록을 의미하고, 비현용기록은 오래되어 거의 참조되지 않으나 영구보존가치가 있는 기록을 의미한다. 준현용기록은 그 중간단계에 있는 기록으로 일정기간 내에 참조의 가능성이 내재되어 있는 기록을 의미한다. 따라서 현용기록 단계는 해당 업무를 수행하는 부서에서 기록의 생산자가 관리하는 것이 경제적이고 합리적이며, 준현용기록 단계는 조직 내 기록관(record center)으로 이관하여 기록관리자(records manager)가 관리한다. 비현용기록 단계의 보존기록의 경우 보존기록관(archives)으로 이관되어 기록전문가(archivists)가 관리하게 된다(한국기록관리학회 편 2010, 23). 한편, 기록물이 활용되는 빈도수에 따라 ① 활용기록(active record), ② 준활용기록(semi-active record), ③ 비활용기록(non-active record) 의 3종류로 구분하기도 하지만, 그 의미는 생산시기에 따른 구분 개념과 유사하다.

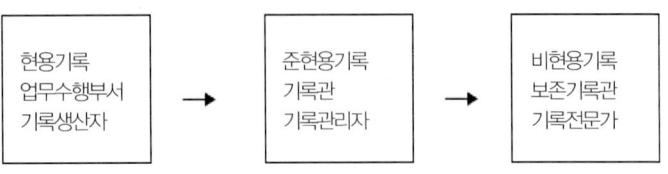

〈그림 4〉 생산시기별 3단계 기록모델

그리고 문서를 생산하는 기관의 성격에 따라 공문서(公文書)와 사문서(私文書)로 구분하기도 한다. 사무관리규정(대통령령 제22322, 2010년 8월 4일 일부 개정) 제3조에 명시된 '공문서'의 정의를 살펴보면 행정기관 내부 또는 상호 간이나 대외적으로 공무상 작성 또는 시행되는 문서(도면·사진·디스크·테이프·필름·슬라이드·전자문서 등의 특수매체기록을 포함) 및 행정기관이 접수한 모든 문서를 말한다.

한편 1996년 5월 3일 개정된 사무관리규정(대통령령 13390호) 제7조 공문서의 종류를 보면 다음과 같이 여섯 종류로 구분된다. 첫째, 법규문서는 헌법, 법률, 대통령령, 총리령, 부령, 조례 및 규칙 등에 관한 문서를 말한다. 둘째, 지시문서는 훈령, 지시, 예규 및 일일명령 등 행정기관이 그 하급기관 또는 소속공무원에 대하여 일정한 사항을 지시하는 문서를 말한다. 셋째, 공고문서는 고시·공고 등 행정기관이 일정한 사항을 일반에게 알리기 위한 문서를 말한다. 넷째, 비치문서는 비치대장·비치카드 등 행정기관이 일정한 사항을 기록하여 행정기관 내부에 비치하면서 업무에 활용하는 문서를 말한다. 다섯째, 민원문서는 민원인이 행정기관에 대하여 허가, 인가, 기타 처분 등 특정한 행위를 요구하는 문서 및 그에 대한 처리문서를 말한다. 마지막으로 일반문서는 제1호 내지 제5호에 속하지 아니하는 모든 문서를 말한다. 따라서 그밖의 문서는 모두 사문서라고 간주할 수 있다.

5) 기록의 일생주기

'기록의 일생주기(the life cycle of records)'[4]는 미국의 초기 기록전문가들에 의해 제기된 개념으로 기록의 탄생으로 볼 수 있는 생산에서부터 영구보존 또는 폐기까지의 기록의 흐름을 말한다. 이러한 기록의 일생주기는 세 단계로 나누어진다(최정태 2006, 83-84). ① 기록의 생산·평가·수집(접수)의 단계, ② 기록의 관리·이용의 단계, ③ 기록의 보존·처분·폐기의 단계라 할 수 있다. 요컨대 기록의 일생주기는 다음 <그림 5>와 같이 생산 → 관리 → 보존(또는 폐기)의 단계로 순환되는 과정이라고 할 수 있다.

---

4) 혹은 이를 영어식으로 '라이프사이클', 또는 일본어 직역인 '생애주기'라고 한다. 다만 생애는 생물체에 주로 사용되므로 본서에서는 『기록관리학사전』에 의하여 '기록의 일생주기'라 표기하기로 한다.

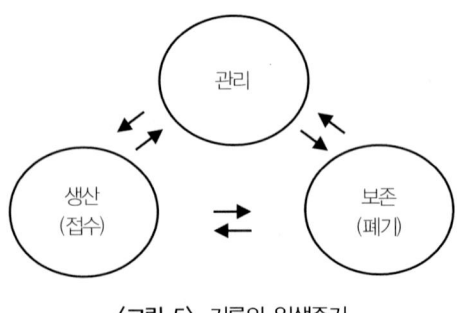

〈그림 5〉 기록의 일생주기

한편 전자기록의 일생주기에 대하여 세계적인 비정부기구인 ICA (International Council on Archives) 전자기록위원회(Committee on Electronic Records)에서는 ① 전자기록을 생산하는 전산시스 템의 설계 및 기획·개발·설치하는 설계단계(conception stage), ② 설계단계에서 수립된 전자레코드 키핑 체제를 토대로 실제 전 자기록을 생산하는 생산단계(creation stage), ③ 전자기록의 생산 이후 전자기록과 관련된 제반 기술적 조치의 수행·관리·보존시 키는 관리단계(maintenance stage)의 세 단계로 설정하였다(한국 국가기록연구원 2004, 53 - 53). 요컨대 전자기록의 일생주기는 다음 <그림 6>과 같이 설계 → 생산 → 관리의 단계로 순환된다. 이는 일반적인 기록의 일생주기와는 조금 다른데, 전자기록의 특 성을 반영하고 컴퓨터공학 분야의 '소프트웨어 일생주기' 이론을 기반으로 수립한 것이기 때문이다.

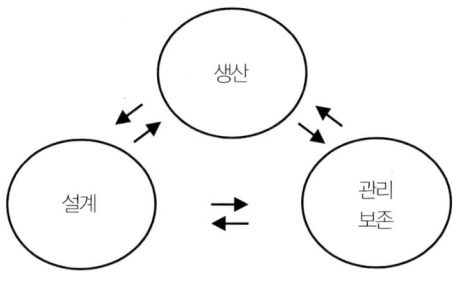

〈그림 6〉 전자기록의 일생주기

6) 기록의 가치

일찍이 기록보존학자이자 기록전문가였던 쉘렌버그(Schellenberg, 1956)는 기록의 가치를 주시하였고, 이를 일차적 가치와 이차적 가치로 구분하였다. '일차적 가치(primary value)'는 주로 당사자나 동등의 이해관계를 가지는 사람에게 해당되는 가치로서 내재적 가치이기도 하다. 이는 조직의 법률실무 혹은 재무에 한정되므로 법률적·행정적·재정적 가치를 포함한다. '이차적 가치(secondary value)'는 당사자 간 가치는 이미 소멸되었으나 제삼자를 위한 공익적 이용에 제공되는 가치로서 보존적 가치이기도 하다. 이는 사실의 확인을 증빙하기 때문에 증거적 가치를 지니며, 그것이 여러 가지 다른 정보로 활용될 수 있기 때문에 정보적 가치도 지니고 있다(최정태 2006, 40 - 42).

기록은 특정 개인이나 민간기관 또는 국가기관의 일상적인 활동결과로 생산된 자료로서 내재된 정보의 공익성과 역사성으로 인하여 1차자료로서의 가치는 다른 어떤 자료보다 크다고 할 수 있다. 특히 공공기록은 국민 개개인은 물론 모든 활동주체에 직·간접으로 영향을 미치는 정보원이 되고 있다(김태수 2002). 좀 더 구체적으로 살펴 본 기록의 역할은 다음과 같다.

첫째, 정보의 전달 및 저장의 수단. 기록은 의사전달의 수단으로서 육성보다 영속적이고, 경험축적의 수단으로서 인간의 기억보다 영구적인 특징을 지닌다.

둘째, 공공기관 등에서의 업무 수행의 근거 및 증명의 수단. 현대의 행정은 법적 효력을 가진 기록의 생산과 활용에 의하여 수행되며, 기록은 수행할 업무의 근거가 된다. 그리고 기록은 보존됨으로써 업무수행을 증명하는 자료가 된다.

셋째, 역사와 문화 전승의 수단. 기록은 역사 서술의 자료이며, 문화 전승의 수단이다. 기록을 통하여 역사와 문화가 전승되며, 국가의 정당성과 민족문화의 주체성을 확립할 수 있다.

7) 기록의 기능

상술한 기록의 역할과 가치는 기록전문가에 의해 수집, 평가, 보존, 관리되기 위한 포괄적인 기록의 기능이라 할 수 있다. 이에 대하여 梁泰鎭(1993)은 연구적, 행정적, 법률적, 역사적 가치 측면에서 검토하였고, 김성수(2004)는 문화적 기능을 더해 기록의 중요 기능으로서 고찰하였다. 기록의 기능에 대하여 가장 기본적인 기능인 정보적 기능과 함께 종합적으로 살펴보면 다음과 같다.

첫째, 정보적 기능. 개인이나 기관의 활동과 업무수행에 의하여 생산된 기록은 다양한 사실적·현상적 정보를 제공하는 기능을 지닌다.

둘째, 행정적 기능. 정부를 비롯한 공공기관에서 일반 국민이나 기관 등의 인사·경영·제정 등의 행정업무를 처리하는 과정에서 생산 또는 접수된 기록물은 행정적 기록으로서의 기능을 지닌다.

셋째, 법률적 기능. 개인 또는 기관의 법적 권리, 가족·재산·세무 관계에 관한 기록은 법률적 기능을 담당한다. 특히 법률적 견해나 해석을 포함한 기록물, 법적 행위와 관련된 기록물, 재산소유나 법적 의무 등에 증거가 되는 기록물은 영구보존의 가치와 기능을 지닌다.

넷째, 역사적 기능. 영구보존 가치가 있는 모든 기록물들은 기록물관리기관에서 수집, 보존, 관리됨으로써 각 주제 분야의 역사 정립의 기초가 되는 기능을 지닌다.

다섯째, 문화적 기능. 상술한 네 가지의 기능에 의거하여 수집·관리된 기록의 활용 및 보존으로 해당 국민이나 지방 및 국가의 고유한 문화가 성립되는 기능을 지닌다.

여섯째, 연구적 기능. 기록물은 주제별로 학습·연구하는 연구자와 학자에 의하여 끊임없이 이용·활용될 수 있는 연구 가치를 지니고 있다.

2.2 기록관

1) 기록관의 정의

전술한 아카이브스의 어원처럼 기록관(archival institutions)의 유래 또한 기원 4, 5세기 전 아테네 사람들이 아테네 광장 법원 옆에 'Metroon(신의 어머니)'이라는 사원에 중요한 자료들을 보존 (Schellenberg 1956)한 고대 그리스문화에서 비롯되었다. 이와 같은 어원적 의미의 아카이브스는 실제 나라 또는 기관에 따라 여러 가지 의미로 정의되고, 다양한 명칭으로 표현되고 있다.

우리나라 '공공기록물관리에관한법률(이하 공공기록물관리법)' 제3조 정의부분 4항에 의하면 기록관은 '기록물관리기관'이라 칭하고 있으며, '일정한 시설 및 장비와 이를 운영하기 위한 전문인력을 갖추고 기록물관리업무를 수행하는 기관'을 말한다.

일본의 '공문서관리법' 제4조 에 의하면 '공문서관'이라 명명하고 있으며, '공문서관은 역사자료로서 중요한 공문서 등을 보존하고 열람토록 하며 이와 관련된 연구를 함을 목적으로 하는 시설'이라고 규정하고 있다.

영국에서는 1838년 8월 18일 국립기록보존소(Public Record Office)가 생긴 이래 그 후 런던에는 50개가 넘는 기록관이 생겨났다. 영문 명칭으로만 본다면 공공기록만을 수집·관리해야 하지만 이곳은 영국의 전통적 보존기록물과 함께 문화적·역사적 유산물(cultural and historical heritage)까지 모두 통합·관리한다 (Roper 1999).

미국은 1934년 처음으로 국립기록관(National Archives)이 세워지면서 기록관제도가 정착되었고, 현재의 국립기록청(National Archives and Records Administration)에 이르기까지 미국의 역사적 기록과 함께 현행 기록물도 비중 있게 관리·보존하고 있다.

요컨대 기록관은 역사적 기록물을 포함한 기록물을 수집, 관리,

보존하는 시설 내지 기관을 지칭한다.

2) 기록관의 기능

헌터(Hunter 1997, 3 - 5)는 기록관의 임무를 대체적으로 지속
적인 기록의 가치 선별, 가치 있는 기록의 보존, 그리고 이용에의
제공이라 하였다. 이를 다시 세부적인 임무와 기능으로 다음과 같
이 열 한 단계로 설명하고 있다.

첫째, 평가. 기록관에 자료가 도착하면 우선적으로 하여야 할
일은 그 가치의 평가이다. 둘째, 수집. 기록관은 각종의 수집 방법
을 동원하여 필요한 기록을 수집해야 한다. 셋째, 등록. 당해 기록
관에 필요한 기록물을 확정 후 등록한다. 넷째, 편철 및 분류. 각
기록관의 편철 분류 방식에 의거하여 체계적으로 정리한다. 다섯
째, 보존. 정리된 기록은 적절한 방법으로 보존한다. 여섯째, 안전.
기록의 안전 관리에 주의한다. 일곱째, 기술(記述). 기록관의 소장
기록물을 효율적으로 사용 및 활용에 제공키 위하여 기록물의 내
용을 기술한다. 여덟째, 검색 및 참고. 각종 참고자료와 매체를 통
해 검색과 참고에 제공한다. 아홉째, 홍보. 기록물의 이용 전개를
위하여 기록물 전시회와 같은 방법을 통하여 외부에 기록관의 소
장 기록물을 홍보한다. 열째, 재평가. 소장 기록물은 일정시간 후
각종 요인에 의하여 원래 가치를 잃게 된다. 따라서 재평가의 단
계를 통하여 계속 소장 여부를 판단한다. 열한째, 조사. 이용자의
요구와 이용 상황 이해를 위하여 각종 조사를 실시한다.

요컨대 기록관은 다음의 <그림 7>과 같이 식별 → 보존 → 이

용 → 식별의 단계로 순환하면서 상술의 기능을 수행한다. 이는
곧 기록관에서 행하는 기록관리의 실제이기도 하다.

〈그림 7〉 기록관의 기능

3) 기록관의 종류

전술하였듯이 기록에는 현용기록, 준현용기록 및 비현용기록이 있
는데, 이들을 같은 장소에 보관하는 것은 이용 및 관리 면에서 효율
적이지 못하다. 미국에서는 대체로 기록물을 관리·보관하는 곳을
오피스(office), 레코드센터(record center), 아카이브스(archives)로
나눈다. 오피스는 현용기록을 중심으로 한 자료를 직접 생산하거
나 수집하는 행정의 제1차 기관을 말하고, 레코드센터는 현용기록
으로서의 목적을 일단 달성하고 일시 보관 중에 있는 준현용기록
을 전담하는 기관이다. 아카이브스는 준현용기록과 비현용기록 중
에서 일정한 기준에 의해 평가한 결과에 따라 '보존가치가 있는
자료'를 보관하는 시설을 말한다.

기록의 일생주기에 따라 살펴보면, 오피스는 기록의 첫째 단계
에 해당하는 생산기관을 의미하고, 레코드센터는 기록의 둘째 단
계에 해당하는 중간 보관기관을 의미한다. 아카이브스는 기록의

셋째 단계에 해당하는 최종 보존기관을 의미한다. 이러한 기관에서 자료를 전문적으로 다루는 인적 자원의 경우 오피스에는 일반사무원(clerk) 또는 행정관(officer), 레코드센터에는 기록관리관(records manager), 아카이브스에는 아키비스트(archivist)의 직분이 적합하다고 할 수 있다.

우리나라의 공공기록물관리법 제3조 정의 제4항의 '기록물관리기관' 부분을 보면, 기록물관리업무를 수행하는 기관으로 영구기록물관리기관, 기록관 및 특수기록관으로 구분하고 있다. 그중 영구기록물관리기관이라 함은 '기록물의 영구보존에 필요한 시설 및 장비와 이를 운영하기 위한 전문인력을 갖추고, 기록물을 영구적으로 관리하는 기관'을 말한다. 이를 중앙기록물관리기관, 헌법기관기록물관리기관, 지방기록물관리기관 및 대통령기록관으로 구분하고 있다.

중국의 경우 기록관인 당안관의 유형은 설치단계에 따라 3단계로 구성되어 있다(한미경 2003, 8 - 9). 제1단계는 종합·전문 또는 부문 당안관이며, 제2단계는 각 성(省) 및 자치구의 직할시 당안관으로서 성급당안관에 해당된다. 그 외 제3단계는 각 성과 자치구 하위행정단위인 각 현(縣) 및 시(市)의 당안관으로서 현급당안관에 해당된다. 한편 보관·관리되는 대상 기록물의 성격 또는 규모에 따라 국가급당안관, 지방당안관, 전문(專業)당안관으로 분류하기도 한다.

2.3 기록전문가

1) 기록전문가의 개념

SAA의 용어집 『A Glossary for Archivists, Manuscript Curators and Records Managers』에 의하면 기록전문가는 크게 아키비스트(archivists), 매뉴스크립트 큐레이터(manuscript curators), 레코드 관리자(records managers)의 세 가지 개념으로 구분된다. 아키비스트는 '아카이브스'에 종사하는 전문 직업인이다. 매뉴스크립트는 필사본, 즉 문서와 동의어이고, 큐레이터는 도서관이나 박물관 등의 관장급의 관리직 직급을 말한다. 매뉴스크립트 큐레이터는 보존문서의 수집, 정리, 보존, 정보조사제공, 전시홍보, 출판을 포함한 모든 활동에 관하여 전문적인 교육과 훈련 및 경험을 갖춘 전문가를 뜻한다. 레코드 관리자는 기록의 일생주기에 따라 생산·수집되는 기록물을 관리하는 기관 내의 책임자를 뜻하는 기록행정관이다.

국내에서도 기록전문가에 대한 명칭 역시 통일되어 있지 않은 상태이다. 기록사, 기록관리사, 기록관리인, 기록물관리인, 기록관리전문가, 기록보존가, 기록보존인, 기록보존전문가, 문서관리관, 문서보존인, 문서전문가 등 다양하게 명명되고 있다.

전문가의 활동을 기능적인 측면으로 살펴보면 관리적인 측면과 보존적인 측면으로 구분된다. 전자의 기능을 하는 사람을 기록관리전문가, 후자의 기능을 하는 사람을 기록보존전문가라 할 수 있다. 일반적으로 이 두 개념을 포괄하기 위해서 기록전문가 또는 아키비스트로 명명하고 있다. 구체적으로 아키비스트는 보존가치를 지닌 기록물의 수집·정리·보존·이용 등 관련 활동을 통해 기록유산을 보존하고 국가와 사회와 국민의 법적 권리를 보호하며, 조직의 경영관리활동을 지원하는 전문 직업인이다(김상호 1999b).

기록전문가의 수행영역은 단순한 문서관리를 훨씬 넘어서 그들의 업무를 통해서 국가기구의 기능과 역할 수행의 초석을 제공해야 하며, 기록문화 부흥의 전위대(前衛隊)로서 투철한 장인정신이 몸 속 깊게 배 있어야 한다. 이들 전문가는 기록생산의 현장에서부터 기록의 수집·관리·평가·보존 등의 일상 실무를 통해서 기록문화를 선도할 책무를 담당하며, 단지 사료를 관리하는 기능인이나 기술자 이상이다. 따라서 김기석(2000)은 그들을 새로운 미래 창조에 필수적인 '과거의 기억을 오늘에 되살리는 정예전문가'라고 정의하고 있다.

2) 기록전문가의 역할

현대의 기록관리는 그 범위와 해석에 있어 전통적 기록관리와 다르게 발전하였다. 고문서관리(archival management)라는 전통영역 이외에도 공공기관과 민간기관의 업무수행에서 발생 또는 생산되는 행정기록물의 생산, 등록, 분류, 편철, 활용, 선별 및 이관에 대한 종합적인 관리(record management)가 추가되었다. 이러한 변화는 현대의 제도 및 행정규모가 확대 발전됨에 따라 급증하게 된 기록물에 대한 시급한 관리 때문이며, 한편 영구보존 등급으로 분류된 기록물에도 생산 당시의 원래의 질서를 적용한다는 '원질서존중의 원칙'에 따른 결과이다. 따라서 기록전문가의 활동영역은 실질적으로 기록물의 행정적 가치에서 역사적·문화적 가치에 이르는 전 과정의 흐름을 제도적으로 보장하는 것으로 정의되고 있다.

김태수(2002b)는 ① 기록물의 관리, ② 기록물의 조직과 기술, ③ 정보의 생산과 접근 및 배포, ④ 기록물의 검색 및 이용, ⑤ 기록물의 보존 등을 기록전문가의 역할로 제시하였다. 이를 좀 더 세분하여 살펴보면 다음과 같다.

첫째, 다양한 기록물의 유지 관리 기능. 일반적으로 기록물은 매우 다양한 매체로 표현되고 있다. 서한, 일기, 필사자료, 지도, 차트, 사진, 필름, 디스크, 녹화자료, 오디오자료, 전자자료 등과 같은 매체는 구별된 저장방식과 취급 및 관리를 필요로 한다. 따라서 각 매체별 보존환경과 접근방식을 알아야 하고, 효과적으로 평가·접근·기술·관리하는 전문지식을 필요로 한다.

둘째, 기록물의 선별 평가 기능. 기록물의 성격과 유용성을 이해하고, 기록의 평가 및 기록물관리전략을 개발해야 한다. 특히 기록을 확인·선별·평가하여 어떤 기록을 유지·보존해야 하고, 어떤 기록이 미래에 이용 또는 활용 가치가 있는지 결정해야 한다.

셋째, 기록물의 조직 및 기술(記述) 기능. 기록을 물리적으로나 내용적으로 완벽하게 유지하여야 한다. 즉, 생산단계에서부터 '출처존중의 원칙'에 따라 분류하고 기술하여 업무수행에서부터 사후에 이르기까지 효율적이고 적절하게 검색, 이용 및 활용, 보존되도록 하여야 한다.

넷째, 새로운 기술과 매체의 이용 및 활용 기능. 기록의 생산과 기술, 접근, 배포, 표현매체로 인해서 정보처리나 접근기법이 달라지고 있으며, 특히 기록관리의 전산화기법이 보편화되고 있다. 다시 말해 방대한 양의 종이기록 처리로 인한 기록의 디지털화와 새로운 저장매체, 즉 전자매체에 대한 지식을 동시에 필요로 한다. 이들 매체에 대한 제어기법과 더불어 매체 이전, 보존, 관리에 대한 지식 또한 갖추어야 한다.

다섯째, 기록물의 검색 및 이용 기능. 기록물의 효과적 이용을 위한 기법을 개발해야 한다. 기록의 양이 폭발적으로 증가되고 내용이 점차 복잡해짐에 따라 이들 기록을 적절히 기술하고 접근할 수 있는 각종 기법을 이해해야 한다. 더불어 소장된 기록의 내용과 함께 이용자의 관심사항을 이해하는 것이 중요하다. 교육과 전시, 출판, 기타 외부 프로그램과 연계하여 기록의 이용을 확대하는 노력 또한 요구된다.

여섯째, 기록물의 보존 기능. 기록의 유용성 인식과 더불어 보존관리의 중요성을 인식해야 한다. 기록물의 보존을 위한 기준과 지침, 보존용 교육 프로그램 개발, 기록물 보존체계의 확립, 그리고 보존기술을 필요로 한다. 조직의 목적에 유용한 것이라면 다양한 매체로 표현된 기록을 물리적으로 보존할 수 있는 지식과 함께 손상된 기록의 복원기술 및 복제기법에 대한 기술을 습득해야 한다.

마지막으로 세계기록유산 보존 기능이 있다. 기록의 역사적·문화적 가치의 중요성을 인식하고 그에 대한 적절한 보존을 위한 실천전략을 개발해야 한다. 이는 상술한 모든 기록전문가의 기능을 포괄하면서도, 기록전문가의 가장 기본적이며 핵심적인 기능이라 할 수 있다.

3) 기록전문가의 전문성

공공기관과 민간기관의 활동의 근거인 기록을 관리·보존하고, 전문성을 물리적·내용적으로 일정한 체계 아래 제어하고, 이용을 효과적으로 지원하는 것은 기록전문가의 주된 역할이자 기능이다. 이를 위해서 기록전문가는 전문가적 자세와 지식을 소유해야 하고, 폭넓은 훈련을 필요로 하며, 기술적인 전문성과 실무지식을 갖추어야 한다. 김태수(2000)는 기록전문가로서 전문성을 확보하기 위해 고려해야 할 네 가지 요소를 제시하였으며, 이를 좀 더 구체적으로 살펴보면 다음과 같다.

첫째, 기록을 확인, 선정, 평가하여야 한다. 기록을 제어하기 위한 첫 단계는 기록을 확인하고 선정하며, 선정된 기록을 평가하는 과정이다. 어떤 기록을 유지해야 하고 어떤 기록이 미래에 유용할 것인지를 결정해야 하므로 이 과정이 가장 중요하다. 따라서 기록의 내용과 형태 및 매체에 따른 다양한 평가방법을 숙지해야 한다.

둘째, 기록을 배열하고 기술(記述)하는 기법을 알아야 한다. 이는 기록을 물리적으로나 내용적으로 완벽하게 유지, 보존, 이용할 수 있도록 해야 함을 의미한다. 기록은 생산기관의 임무나 기능, 정책, 절차, 활동 등 기록의 생산배경과 방식에 따라 배열·기술되어야 하기 때문이다.

셋째, 기록을 보존·관리하는 지식을 갖추어야 한다. 기록의 형태는 다양하고 수록방식이나 보존환경, 접근방식도 상이하다. 어떤 매체이든지 간에 기록으로서 유용한 것이라면, 이들 매체를 물리적으로 보존·관리할 수 있는 지식이 필요하다. 한편 방대한 양의 종이기록에 대한 새로운 저장매체로의 이전(移轉)에 대한 보존 관련 지식 또한 필요로 한다.

넷째, 기록을 효과적으로 제어하기 위한 최신지식과 기술을 소유해야 한다. 정보통신의 발달과 네트워크 환경으로의 변화에 따라 기록의 생산과 처리기법, 기술방식, 접근 기법이 급속히 변화되고 있다. 따라서 웹기록을 포함한 전자기록과 같은 새로운 기록에 대한 지식과 기술을 필요로 한다.

다섯째, 기록의 활용에 기여해야 한다. 기록을 폭넓게 활용하는 것은 역사적 연구와 교육에 기여하는 것임은 물론 기록에 대한 일반인들의 인식을 변화시키는 데 기여할 수 있다. 특히 공공기록 중 대통령 기록의 경우 교육과 전시, 출판 등과 같은 외부 프로그램과 연계하여 기록의 유용성과 관리의 중요성을 알리고 지속적인 기록의 이용을 확대하는 노력이 요구된다.

이상과 같이 기록전문가는 기록의 보존·관리 책임자로서 기록물의 생산과 관리기법에 대한 전문성을 확보하고, 기록을 최적의 상태로 조직·기술·보존하며, 연구 활동에 직접 기여함은 물론 더 나아가 문화유산으로서의 기록물을 다음 세대에 계승·발전시키는 주체자이다.

4) 기록전문가의 자격

각국의 기록전문가의 자격은 각국의 기록관리 관련 상황, 전문가 양성 및 교육환경 그리고 관련법률과 규정에 따라 다르므로 우리나라 위주로 살펴보기로 한다. 우리나라의 경우 공공기록물관리법 제41조 기록물관리 전문요원 1항에서 '기록물의 체계적 · 전문적인 관리를 위하여 기록물관리기관에는 기록물관리 전문요원을 배치하여야 한다'고 법조항으로 규정하고 있다. 그리고 2항에는 기록물관리 전문요원의 자격 및 배치인원 등에 관하여 '필요한 사항은 국회규칙, 대법원규칙, 헌법재판소규칙, 중앙선거관리위원회 규칙 및 대통령령으로 정한다'고 기술하고 있다.

이상의 법률 제41조 2항에 의거한 공공기록물관리법 시행령 제78조 기록물관리 전문요원의 자격과 배치와 관련하여 2011년 2월 22일에 개정된 내용으로 1항 1호의 기록관리학 석사학위 이상을 취득한 자 외에 2호를 살펴보면 ① 기록관리학 학사학위를 취득한 사람, ② 역사학 또는 문헌정보학 학사학위 이상을 취득한 사람으로 행정안전부령으로 정하는 기록관리학 교육과정을 이수하고, 행정안전부장관이 시행하는 기록물관리 전문요원 시험에 합격한 사람으로 행정안전부장관이 시행하는 기록물관리 전문요원 시험의 과목 및 방법 등에 관하여 필요한 사항은 행정안전부령으로 정하도록 하였다. 그 외 검찰총장이 정하는 검찰청 소속 공무원과 육군 · 해군 · 공군 참모총장이 정하는 군인 또는 군무원 및 경찰청장 및 해양경찰청장이 정하는 경찰공무원 중 행정안전부령으로 정하는 기록관리학 교육과정을 이수한 사람으로 규정하고 있다.

기록물관리 전문요원의 자격과 관련하여 특히 1항 2호의 경우 기존의 역사학, 문헌정보학 석사학위 이상을 취득한 자로서 행정안전부령으로 정하는 기록관리학 교육과정을 이수한 사람이라는 자격기준을 학사학위자에게 부여하면서 전문자격시험이라는 전문성 검증을 도입하여 자격완화와 기회를 확대한 것에 의의가 있으며, 이는 2012년 2월 23일부터 시행된다.

한편 2010년 5월 4일 개정된 2항에서는 '기록물관리기관의 전체 정원의 4분의 1 이상(4분의 1이 1인 미만인 때에는 1인 이상)을 기록물 이관, 평가, 분류, 정리(整理)·기술(記述), 폐기, 보존 등의 업무수행을 위한 기록물관리 전문요원으로 배치하여야 하며, 그 밖에 기록물관리를 위하여 필요한 전문인력을 배치하여야 한다'고 규정하고 있다.

5) 기록전문가의 윤리규약

ICA(International Council of Archives)는 다음과 같은 기록전문가의 윤리규약(Code of Ethics)을 표명하고 있다.5)

첫째, 기록전문가는 보존기록물이 온전하게 통합성을 갖도록 보호해야 하며, 그로써 보존기록물이 계속해서 과거에 대한 신뢰할 만한 증거가 될 수 있게 해야 한다.

둘째, 기록전문가는 보존 기록물이 지닌 역사적·법률적·행정적 맥락에서 평가·선별·보존해야 하며, 출처보존의 원칙을 지키고 기록물 원래의 생산관계를 보존하고 명백하게 해야 한다.

셋째, 기록전문가는 보존기록물을 가공, 보존, 열람, 활용하는 과정 중에 기록물의 진위성을 보호해야 한다.

넷째, 기록전문가는 보존 기록물에 대한 지속적인 접근과 이해가 가능하도록 보장해야 한다.

다섯째, 기록전문가는 보존 기록물 처리행위에 대해 기록해야

---

5) http://www.ica.org/biblio.php?pdocid=12

하며, 그것을 정당화할 수 있어야 한다.

여섯째, 기록전문가는 보존기록물이 최대한 활용될 수 있도록 해야 하며, 열람 이용자에게 공정한 서비스를 제공해야 한다.

일곱째, 기록전문가는 기록물에 대한 이용권과 개인 사생활의 권리를 동시에 존중해야 하며, 관계 법령의 범위 안에서 행동해야 한다.

여덟째, 기록전문가는 그들에게 부여된 특별한 신뢰를 일반 대중의 이익을 위해 사용해야 하며, 그들의 위치를 자신이나 타인의 이익을 위해 부당하게 사용하는 것을 피해야 한다.

아홉째, 기록전문가는 자신이 가진 기록보존지식을 끊임없이 체계적으로 쇄신하고 연구결과와 경험을 서로 나눔으로써 탁월한 전문성을 추구해야 한다.

열째, 기록전문가는 타 직종의 전문가와 협력하여 세계의 기록문화 유산을 더욱 잘 보존하고, 활용할 수 있게 해야 한다.

이상의 기록전문가의 윤리규약을 살펴보면, 기록전문가의 역할과 기능 및 전문성을 포괄적으로 기술하고 있으며, 특히 기록전문가는 세계기록유산 보존과 이용에 더욱 신중을 기해야하는 존재임을 분명하게 표명하고 있다.

3. 기록관리와 기록관리학

3.1 기록관리학의 정의 및 특징

1) 기록관리학의 정의

기록관리는 기록의 일생주기 과정에 필요한 전반적인 원리와 기술을 연구하는 분야이다. 기록물 수집 이후 크게 관리와 보존 관련 활동에 대해 연구하는 학문이라는 측면에서 한국의 대학에서는 기록관리학(記錄管理學) 또는 기록보존학(記錄保存學)이라 명명하고 있다.

우선 기록관리학은 영문으로 'Archival Management' 또는 'Archival Administration'이라 하며 이는 기록의 관리적 성격을 강조한 학문이기 때문이다. 전반적인 기록업무에 관한 프로그램을 만들어 감독 또는 관리하는 것이며, 그 기능은 기록의 평가 및 폐기, 수집, 분류 및 배열, 목록기술, 정보조사제공, 전시홍보, 보존, 그리고 기타 이용자 봉사 등이 다양하게 포함된다(Bellardo & Bellardo, 1992).

기록보존학은 영문으로 'Archival Preservation' 또는 'Archival Conservation'으로 이는 기록의 보존적 성격을 강조한 학문이기 때문이다. 기록보존학은 기록물이 훼손 또는 상태가 악화되지 않도록 안정시키고 보호하는 일과 관련된 전반적인 절차와 작업, 그리고 이미 훼손되거나 상태가 나빠진 기록물의 취급과 관련된 절차와 작업을 총칭한다(Bellardo & Bellardo 1992). 이는 기록물의 물리적인 성질, 손상의 원인과 예방, 복원의 방법과 기술로 기록물이 원상태로 유지될 수 있도록 하는 것이다.

종합적으로 기록학은 상기 두 학문의 상위개념이자 또한 포괄적인 개념을 지닌 학문이며, 동시에 두 학문은 기록학의 분과학문(branch disciplines)이라 할 수 있다. 기록학을 영미에서는 보편적으로 'Archival Studies'로 표기하고, 중국에서는 '檔案學(Archives Science)'으로 표기한다. 일본에서는 'Archives'가 아니라 '기록관리(Records Management)'로 통용된다. 학문의 성격과 밀접하게 연관된 각 학회의 명칭도 미국은 SAA(Society of American Archivists), 영국은 SA(Society of Archivist of UK), 호주는 ASA(Australian Society of Archivists), 일본은 일본기록관리학회(Records Management Society of Japan)로 명명하고 있다.

2) 기록관리학의 특징

버크(Buck 1941)는 '기록관리학은 의학과 같이 순수과학이라기보다는 응용과학이며, 여타의 다양한 분야의 지식 혹은 학문으로 구성된 결정체'라고 언급하고 있다. 기록관리학은 구체적인 현장을 가지는 특수성으로 인해 순수과학보다는 응용과학적 측면에서 그 성격이 규명되어 왔다. 한편 기록물을 효과적으로 관리·보존하기 위해서는 실제적인 수집·관리에 대한 지식 이외에 기관 및 제도, 기록의 재질, 보존환경 등에 대한 다양한 방면의 지식 습득이 요구된다. 왜냐하면 기록관리학은 다음과 같은 특징을 지니기 때문이다.

첫째, 기록관리적 측면에서 문헌정보학, 역사학, 행정학, 법학 등 다양한 학문분야의 참여를 필요로 한다. 기록관리학은 기록의 생산 이후 수집, 등록, 조직, 평가, 관리, 보존, 기록공개 등의 부분에서 상기한 다양한 학문분야의 참여를 필요로 한다. 문헌정보학은 다양한 정보를 대상으로 실제적인 수집, 조직, 보존, 서비스 등의 전반적인 관리업무를 수행하는 것을 목적으로 하고, 역사학은 기록물 선별 시 가치평가를 위한 목적으로, 행정학이나 법학은 기관에서의 기록이 생성되는 출처와 배경을 이해하기 위한 목적으로 활용된다.

둘째, 기록보존적 측면에서 인쇄공학, 생화학, 건축공학 등의 연구가 필요하다. 이는 종래 기록의 주요 재료인 종이의 열화로 인한 기록의 보존과 관련되는 부분이다. 왜냐하면 종이는 내적 구조 및 제조공정의 요인, 온도와 습도 그리고 건축자재와 건물구조 등에 의한 환경적 요인으로 열화된다. 특히 종이의 산성화를 예방하고 보존수명을 연장하기 위한 탈산처리제, 탈산 처리장비의 개발을 위해 인쇄공학이 관련된다. 한편, 기록의 생물학적 열화를 일으키는 것은 미생물로서 그중에 곰팡이류가 상당 부분을 차지한다. 따라서 생화학적으로 곰팡이 등 미생물의 주기적인 점검 및 대책수립은 기록물 보존 및 보존환경관리 분야에서 상당히 중요하다.

셋째, 기록전산화 측면에서 전산학, 정보공학 등의 학문참여가 필수이다. 이는 정보통신의 발달과 인터넷의 발전으로 전자기록이 등장하고, 기존의 종이기록의 디지털화 또는 다른 매체, 즉 전자매체로의 이전 경향으로 새롭게 참여가 요구되는 학문분야이다.

종합적으로 기록관리학의 특징은 학제적 성격을 지닌다는 것이다(<그림 8> 참조). 따라서 국내 대학에서 보편적으로 시도되고 있는 기록관리학 과정의 설치도 어느 한 분야에 한정되지 않고 다양한 학문분야의 협동과정으로 설치되고 있다. 이는 미국의 기록학 교육과정(archival education program)을 국내에서 모델로 참조하고 있기 때문이기도 하지만 기본적으로 기록관리학의 학제적 특성을 고려한 것이기도 하다.

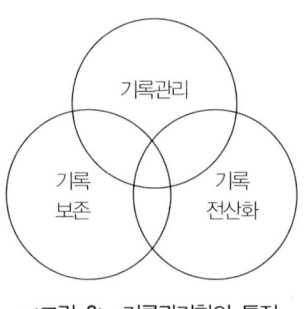

<그림 8> 기록관리학의 특징

3.2 기록관리 및 기록관리학의 역사

언어와 기억에 의존하여 소통되던 정보는 문자발명이래 기록되면서 본격적으로 시·공간을 초월하여 전달·유통되기 시작하였다. 그러나 근대적인 기록관리의 시대는 18세기 말 프랑스 혁명과 더불어 개막되고 미국의 독립선언 이후 서서히 발아되기 시작하였다.

1) 프랑스

1789년 제3계급 의원들로 이루어진 국민의회(Assemblee Nationale)의 결성으로 성직자와 귀족계급이 대결하게 되고, 프랑스혁명이 발발하면서 구 정부의 많은 기록물들이 파괴·소실되게 되었다. 다행히도 국민의회의 자유와 평등시대를 향한 열망으로 관련 헌법이 제정되고, 국가 공공기록물 보존과 열람 권리가 법령화되면서 이후 근대적인 기록관리 시대의 초석이 되었다. 프랑스의 기록관리 역사는 다음과 같다.

(1) 18세기

프랑스 혁명시기에 국가가 과거의 기록을 보존할 책임이 있음을 법적으로 명시하였고, 혁명의 이슬로 사라지기 쉬운 구 정부기록물은 국가적 차원에서 보호하기 위하여 역사적 기록에 대한 보존 관리체제가 정비되었다. 1789년 국민의회가 의회 기록 보존시설을 설치, 1790년 법령으로 '국립기록관(Archives National)'이라 명명하고, 중앙집권적으로 기록물을 관리하기 시작한 것이다. 한편 공공기록물에 대한 개방원칙을 1794년 6월 29일 법령에 명문화하여 기록물 열람을 시민의 권리로 보장하고, 기록열람 청구 자격 또한 규정하였다. 특히 프랑스 혁명 당시 국민의회는 구 정부가 남긴 기록과 신정부가 만들어 낸 기록을 모두 국민의 공유물로 선언하면서 최초로 현용기록(current record)과 비현용기록(non-current record)을 구분하였다(최정태 2006, 52 - 53).

(2) 19세기

1897년에 이르러 문화부에 기록보존국(DAF: Direction des Archives de France)을 설치하였으며, 기록보존국장은 국립기록보존소장을 겸임하게 되었다. 법령에 국립기록보존소뿐만 아니라 도립과 시립 및 병원기록보존소의 조직을 규정하였다(한상완 외 2002, 64 - 67). 특히 기록관리의 중요 원칙 중의 하나인 '출처존중의 원칙'은 19세기 중엽 프랑스에서 실무적으로 채택되어 오늘날 기록관리의 중요 원칙의 하나가 되었다(김상호 1999, 14).

(3) 20세기

문화부 산하 기록보존국의 세 자문기구인 기록보존상급위원회(1988년), 현대개인기록보존위원회(1973년), 역사위원회(1996년)가 각각 창설되었고, '기록보존에관한법률(Loi sur les archives)'이 1979년에 제정(2004년에 개정)6)되어 현대적인 기록관리의 기틀을 마련하였다.

2) 미국

1492년 콜럼버스가 신대륙 아메리카에 첫발을 내딛고, 1776년 아메리카 13주 독립선언 이후 미국은 체계적으로 프랑스형 기록관리 제도를 수립하였다. 미국의 기록관리의 역사는 다음과 같다

---

6) 정식명칭은 'Loi n° 79 - 18 du 3 janvier 1979 sur les archives'이다.
http://www.legifrance.gouv.fr/affichT/affichTexte.do?cidTexte=LEGITEXT0000060
68663&dateTexte=20110120.

(최정태 2006, 55 - 63; Ambacher 2003).

(1) 1930년대 전까지의 태동기

1791년 역사적 기록물을 보존하기 위하여 매사추세츠 역사학회 (Massachusetts Historical Society)가 창설되었으며, 이후 각 지방에 학회와 단체가 창설되어 기록관리학 발전에 초석이 되었다.[7] 1884년 미국역사학회(AHA: The American Historical Association)[8]가 결성되었고, 1920년 '국립기록관(National Archives) 설치법안' 통과와 더불어, 제1차 세계대전 이후 공공기록물 관리에 주력하기 시작하였다.

(2) 1930년대의 개발기

1934년 '국립기록관 설립법안'의 통과로 설립된 국립기록관은 미국기록관리제도의 발판이 되었다. 1936년 '기록전문가회의'가 '미국기록전문가학회(SAA: The Society of American Archivists)'로 개명되고, 이는 이후 미국 기록관리학의 주춧돌이 되었다.

(3) 1940~1970년대의 발전기

제2차 세계대전 이후 엄청난 양의 기록물 증가로 기록관리학 영역이 다양화·전문화되었으며, 기록보존프로그램이 기업기록관

---

7) "The Society of American Archivists: Description and Brief History"(http://www. archivists.org/History.asp)

8) http://www.historians.org/

과 종교기록관 및 대학기록관으로 확대되었다. 특히 1966년에 제정된 정보자유법(FOIA: Freedom of Information Act)은 중요한 영향을 끼쳤다.

(4) 1980년 이후의 성숙기

1934년 설립된 국립기록관은 1984년에 이르러 국립기록청(NARA: National Archives & Records Administration)이라는 명실상부한 독립기관으로 승격되었다. 표준화와 전문화에 관심이 집중된 시기이며, 공식적 기록교육프로그램에 대한 논란이 제기되고 개발된 시기이다.

3) 영국

영국은 1838년 의회법에 의거하여 국립기록보존소가 최초로 설립되면서 근현대적 기록관리를 시작하였다. 국립기록보존소는 고등법관, 대법원장의 소속으로 있다가 이후 1902년에 챈서리 내인(Chancery Nane)이 설립하였고, 1977년 큐(Kew)가 신국립기록보존소를 설립하였다. 영국의 기록물은 크게 중앙행정부와 재판기록물 그리고 지방행정기록물과 민간기록물로 구분된다. 전자는 국립기록보존소에서 관리하며, 후자는 지방기록보존소(Local Archives Office)에서 관할하였다.

2003년에 공공기록물보존소(Public Record Office)와 역사매뉴스크립트위원회(Historical Manuscripts Commission, 구 Royal

Commission on Historical Manuscripts)와 통합하였고, 2006년 10월 공공분야정보국(Office of Public Sector Information)과 합병하여 'National Archives'로 탄생, 모든 정보관리 범위에 있어서 정책 리더십을 발휘해 오고 있다.

한편 1923년 '공공기록물관리법(Public Records Act (NI) 1923)'이 제정되고, 1958년과 1967년에 '공공기록물법(Public Records Act 1958 and 1967)'이 제정 및 개정되어 공공기록물 관리의 법적 근거가 마련되었다.

4) 일본

일본의 근대적인 기록물관리는 20세기 초 개화와 더불어 서구 문물이 유입되면서 개막되었고, 1920년대에 문서정리에 관한 교과서도 출판되기 시작하였다. 1940년대 후반에는 미 점령군을 통해 파일링(filing) 관련 사상과 용품이 도입되어 사무를 보는 일본인을 상대로 교육이 실시되었으며, 그들은 관(官)·민(民)의 사무개혁 및 파일링의 지도자가 되었다.

1950년대부터 1960년대 초까지는 '사무관리'라는 경영학의 한 영역으로 취급되다가 1960년대 후반부터 산업계의 업무처리에 컴퓨터가 도입되면서 '경영정보학'으로 새로이 발전되었다. 이후 주로 'Computer System'의 방향으로 연구되었고, 'Filing System'은 주로 '비서학'으로 배치되게 되었다. 1980년대 들어 각 방면의 정보의 기술적 기반이 정비되고 산업계에는 'FA(Factory Automation)'가 정착되었으며, 행정부문에 있어 지방자치단체를 중심으로 행정

집무환경의 개선과 정보공간의 요구가 높아졌다(高山正也 2001, 54-56).

1986년에 국제아카이브스협의회(ICA)에 가입하였으며, 1987년 12월 15일 의원 입법으로 '공문서관법(公文書館法, Archives Offices Act)'을 공포, 이듬해 6월부터 시행하였으며, 1999년 개정(법률 제161호)하였다. 이후 1999년 6월 '국립공문서관법(國立公文書館法, National Archives Act)'이 제정되고 2000년 5월 개정(법률 제84호)되었다.

1971년 7월 국립공문서관(國立公文書館, National Archives of Japan)이 총무실 산하 기구로 설립되었으며, 2001년 3월 정부의 행정개편으로 인해 독립적 행정기관으로 새 출발하였다. 한편, 기록관리의 필요성이 각 방면에 인식되어 1989년 3월 기록관리학회가 창립되었다. 학회창립 이후 1994년 스루가다이(駿河台)대학교 문화정보학부(文化情報學部)에 기록관리학의 전문과목군(群)이 설치되고, 1996년 대학원 석사(修士) 과정이 개설되어 전문적으로 대학 및 대학원에서 연구·교육하는 체제가 형성되어 오늘에 이르고 있다.

5) 중국

중국의 기록관리학은 역사학의 보조학문으로 출발하였다가 지금은 하나의 독립된 학문으로 발전하였듯이 20세기 전반까지도 중국의 각급기관은 기록관리를 비서업무의 일부분으로 생각하였다. 특히 1930년대 들어 '행정효율운동'과 역사기록물(歷史檔案) 정리활동의 추진, 역사기록물과 기관기록물(機關檔案)의 특징과 관리방법에 대한 연구를 진행하면서 초기 기록학이 성립되었다(馮惠玲 2001).

1949년 10월 중화인민공화국 건국 후에는 국가적 차원에서 정책적으로 기록물 관리사업을 추진하면서 시작되었다. 특히 1980년 역사기록물의 개방방침 제시, 기록물 관리업무의 확대, 당안관(檔案館) 건설의 촉진에 이어 1986년 '기록사업발전칠오계획(檔案事業發展七五計劃, 일명 칠오계획)'과 더불어 기록관리제도는 본격화되었다. 칠오계획은 기본적인 기록물 관리사업 발전방침으로 이후 중국 기록물관리사업 전개 및 발전의 기틀이 되었다. 그 결과 중앙에서 지방에 이르기까지 기록물 관리 행정체제가 형성되고, 각급·각종의 당안관이 전국적 네트워크를 형성하게 되었다(한미경 2003, 6).

1953년 중앙사무청비서처(中央辦公廳秘書處)에서 기록물 관리사업 지도기구 설치를 제안, 1955년 '국가당안국조직간칙(國家檔案局組織簡則)' 규정에 따라 국무원(國務院) 직속의 국가 기록물 관리사업을 주관하는 최고행정관리기구인 국가당안국(國家檔案局)이 탄생하였다. 한편 1987년과 1990년에 '중화인민공화국당안법(中華人民共和國檔案法, 1996년 수정)과 시행규칙(實施辦法, 1999년 수정)'이 제정되었다.

중국은 기록관리에 있어서 다양한 분야에서 선진적인 발전을 이루고 있으며, 2008년 12월말 현재 각급의 각종 당안관의 설치 현황을 살펴보면 총 3,987관으로 그중 종합당안관 3,161관, 국가전문당안관 245관, 부문당안관 146관, 기업당안관 215관, 과기사업단위당안관(科技事業單位檔案館) 95관 등이 설치되어 있다.

6) 한국

세계 최고의 목판본과 금속활자본을 탄생시킨 우리나라는 역대 왕조마다 기록을 소중히 여기고, 발달된 기록문화를 계승해 왔다. 그러나 현대적 의미의 기록관리는 1969년 정부기록보존소의 설립에서부터 살펴볼 수 있고, 1990년대 후반 공공기록물에 대한 사회적 인식이 대두되면서 본격적으로 개막되었다고 할 수 있다. 1990년대를 전후로 기록관리의 역사를 살펴보면 다음과 같다.

(1) 1990년대말 이전

1969년 총무처 소속으로 정부기록보존소를 설립하고, 정부의 영구보존 대상 문서·도면·카드 등의 집중적 보존·관리를 시작하였다. 1984년 조선시대 사고(史庫) 전통을 계승하여 금정산에 현대적 보존시설인 '부산지소'를 설치하여 공공기록물을 관리한 것이 대부분이었다.

(2) 1990년대말 이후

1998년 재단법인 '한국국가기록연구원(The Research Institute for Korean Archives and Records)'이 창립되었다. 이듬해인 1999년 명지대학교와 공동 부설로 '한국기록관리학교육원'이 개설되면서 기록관리 교육이 시작되었고, 2000년 11월 '기록물관리 전문요원 교육과정'에 대한 행정자치부 인가를 정식으로 받았다. 1999년 1월 29일 '공공기관의기록물관리에관한법률'이 제정·공포되고, 그해 12월 시행령과 시행규칙이 각각 발표되면서 본격적으로 전국적인 기록관리에 박차를 가하게 되었다. 1994년 4월 한국 최초의 기록관리 전문직단체인 '한국기록보존협회'가 발족되고, 1996년 4월 사단법인으로 설립 이후 1999년 7월 '한국기록관리협회(The Korean Association of Archives Management)'로 개명하여 기록관리 분야를 위한 실무적이고 실제적인 사업 활성화에 주력하고 있다.

(3) 2000년대

2000년에 접어들면서 '한국기록관리학회(Records Management Society of Korea)'의 창립과 더불어 기록관리 분야의 이론적이고 학술적인 연구와 교육에 정진하고 있다. 2004년에는 정부기록보존소가 '국가기록원(National Archives and Records Service)'으로 개명·승격되고, 2005년 역사기록관이 서울기록정보센터로 개편되었으며, 2007년 12월 나라기록관과 대통령기록관을 개관하고 부산지원에서 역사기록관으로 개편되었다.

2004년 자료관시스템표준규격이 고시되고 각급기관 자료관 시스템 구축이 확산되었다. 2004년 국가기록원의 '기록물분류기준표'가 전면 시행되었고, 이후 2007년 업무에 기반한 기록관리 체계를 구축하기 위하여 '기록관리기준표' 제도를 운용하도록 규정되었다. 2006년 기록물 기술의 국가 표준안이라 할 수 있는 '국가기록원 기록물 기술규칙(안)' 마련 이후 2008년 12월 '영구기록물

기술규칙'이 제정되어 체계적인 기록관리의 기틀을 마련하였다.

기존의 기록물관리법이 '공공기록물관리에관한법률'로 2006년 10월 14일 전부 개정되고 시행령과 시행규칙도 전부 개정되었고, 2007년 '대통령기록물 관리에 관한 법률'과 시행령의 제정으로 공공기록물과 대통령기록물에 대한 체계적이고 효율적인 관리가 이루어지리라 기대된다.

3.3 기록관리학의 교육

1) 기록관리학의 교육

기록관리학의 위상을 정립하고 기록전문가 양성을 위한 기초단계로서 기록학 교육프로그램 개발은 매우 중요하다. 그러나 교육과정은 각국에서 독자적인 문화적·역사적 배경과 교육환경에 따라 다양하게 개설되어 있다. 각국의 교육제도에 따라 중국, 프랑스, 일본, 한국 등의 경우처럼 학부과정에 기록학 과정이 개설된 경우도 있고, 미국의 경우처럼 대학원 과정에 개설된 경우도 있다. 그중 중국은 28개의 대학교에 기록 관련 학과와 전공이 개설되어 있고, 각각 17개교와 2개교에 석사과정과 박사과정이 개설된 경우로 조금은 다르다.

개설학과도 매우 다양하여 문헌정보학과, 역사학과, 법학과, 경영학과 등에 개설된 경우도 있고, 둘 이상의 학과에서 협동과정으로 개설하여 운영되기도 한다. 주로 역사학 과정이나 문헌정보학과정에서 어느 한 학과가 주관하고 다른 학과가 협동으로 개설되는 예가 많다.

한편, 외국의 경우 기록학과가 대학 또는 대학원에 개설된 이래 지속적으로 교과과정에 대한 연구가 이루어지고 있다. 기록학 교과과정에 대한 연구 초기에는 기록의 매체별 특성에 따른 특징 파악과 전통적 평가 및 조직기법, 영역별 균형 확보, 대학원 과정 커리큘럼의 사례연구, 외국 사례와의 비교연구 등이 주종을 이루었다. 후기로 넘어오면서 문헌정보학 영역의 지식이 강화되어 자료의 조직과 이용 및 검색에 관한 비중이 높아졌다. 최근에는 기록의 디지털화와 전자기록, 웹기록에 대한 사항이 쟁점으로 부각되고, 관심 또한 매우 커져 최근 연구에 그러한 내용이 반영되고 있다.

2) 기록관리학의 영역

『기록관리학사전』에 의하면 기록관리학은 기록물의 평가 및 제적, 수집, 분류, 배열, 목록기술, 참고봉사, 전시 · 홍보, 보존, 그리고 기타 이용자 봉사 등에 대한 이론을 연구하는 학문이다. 따라서 기록관리학의 영역은 기록관리와 관련한 제반 업무를 대상으로 하며, 이는 기록의 일생주기 단계와 밀접한 관계가 있다고 할 수 있다. 즉, 기록관리학은 기본적으로 기록의 수집에서부터 조직(분류와 기술), 평가, 이용 및 봉사를 포함하여 관리와 보존에 대하여 포괄적으로 교육한다.

미국기록전문가협회(SAA)는 1936년에 창립된 이래 1977년부터 기록관리학교육의 지침서를 지속적으로 연구하고 개정하여 네

번의 지침서를 발행하였다(정연경 2003). 구체적인 내용은 다음
<표 1>과 같다.

〈표 1〉 미국기록전문가협회의 기록관리학 교육지침서

연도	지침서	내 용
1977	Guidelines for Graduate Archival Education Program	오늘날 기록관리교육의 최소 수준을 제공한 것으로 세 개의 교과목을 설정
1988	Guidelines for Graduate Archival Education Programs	1977년의 내용을 기록관리교육의 대학원의 구조뿐만 아니라 교과과정의 요소까지 제시
1994	Guidelines for the Development of a Curriculum for a Master of Archival Studies Degree(MAS Guidelines)	기록관리학 석사학위를 위한 교과과정 개발 지침서로 처음으로 역사학이나 문헌정보학과 독립되는 기록관리학 학위를 제안
2002	Guidelines for a Graduate Program in Archival at Studies(GPAS, 2005년, 2011년 수정)	기록관리학 교육 사명과 목표, 교과과정, 행정 및 교수진 기본 구조에 대한 최소한의 지표를 제공하는 등 구체적인 기록관리학 대학원을 위한 지침을 제공

　　미국기록전문가협회에서 기록관리학 표준과목으로 권고하는 교과목
은 배경적 지식영역에서부터 연구조사영역에 이르기까지 다섯 영역이
다(최정태 2006, 86‐88). 첫째, '배경지식(contextual knowledge)
영역'으로 기록의 생성, 보존, 유지 및 이용되는 절차와 과정, 기
록의 생산 및 관리와 관련한 문화적 환경에 대한 지식 부분이다.
미국의 조직제도사, 법률지도, 재정제도 등이 포함된다. 둘째, '기
록지식(archival knowledge) 영역'으로 이는 곧 기록관리학 관련
전문지식 부분을 말한다. 기본적인 기록, 기록관, 기록관리법, 기
록전문직에 대한 지식 외에 기록관리의 실제와 학문적인 부분을
포함한다. 셋째, '보충지식(complementary knowledge) 영역'으로
이는 기록관리 관련 다른 학문분야의 지식 부분이다. 화학적·생

물학적 보존학, 문헌정보학, 경영학, 역사학, 조사방법론 등이 포
함된다. 넷째, 공공기관과 민간기관에서의 '실습(practicum) 영역'
과 다섯째, 논문작성을 위한 '연구조사(scholarly research) 영역'
등이 포함된다. 이러한 기록관리학의 영역은 캐나다의 기록전문가
협회(ACA: Association of Canadian Archivists)도 유사하게 권
고하고 있다.

우리나라 경우 공공기록물관리법 시행규칙 제42조 기록관리학
교육과정 관련 별표 16에 의하면 기초영역, 전문영역, 업무영역
그리고 실습 및 논문지도로 규정하고 있다. 해당 교과기준은 다음
<표 2>와 같다.

〈표 2〉 공공기록물관리에관한법률시행규칙 규정의
기록관리학 교과과정 교과기준

구 분	교 과 내 용
기초영역	정부조직사
전문영역	기록관리학개론, 기록평가선별론연구, 분류·기술방법론연구, 전자기록관리론특강
업무영역	현용기록관리론, 기록의 물리적 보존방법연구, 기록정보서비스론, 기록관리법·제도연구, 기록관리시스템 특강, 업무분석론 특강
실습 및 논문지도	기록관리실습, 논문지도

한편, 한국기록관리학회와 협회는 기록관리학의 기록 내용 이해
영역과 기록물 자체 및 수록된 내용의 조직기법 관련 관리영역,
보존관련 영역, 기타영역으로 구분하고 있다(한상완 외 2002, 183 -
189).

첫째, '내용관련 영역'으로 기록의 내용과 관련하여 역사와 언

어, 가치규범 등 우리의 문화에 대한 종합적인 이해부분이다. 행정제도와 법률체계, 경제구조, 종교, 예술, 민속 등 문화전반에 대한 역사적인 이해와 기록의 제작과 관리기법, 커뮤니케이션 체계와 관련된 특수한 문화 환경에 대한 이해가 요구된다. 이와 관련한 구체적인 교과과정으로 한국의 행정조직, 한국법제사, 한국사, 고미술사, 고전강독, 사료론, 고문서학, 고서지학, 한국의 인쇄문화, 한국의 전통문화 등이 포함된다.

둘째, '기록관리관련 영역'으로 이는 기록전문가 교육의 가장 핵심이 되는 전문영역으로 국제적이고 다문화적인 부분이다. 이와 관련한 교과과정은 기록관리론, 기록의 조직, 기록관리체계, 데이터베이스론, 정보검색론, 외국의 기록관리제도 등이 포함된다.

셋째, '보존관련 영역'으로 기본적으로 기록 자체에 관련한 지식에 기반을 두지만, 특히 문화유산으로서의 기록을 온전히 유지·보존하기 위한 과학적이고 체계적인 기법과 관련한 영역이다. 인쇄나 필사된 기록류, 사진, 그림 등을 원형 그대로 보존하기 위한 이론과 실제에 대한 이해와 종이 이외의 기타 매체의 기록을 효과적으로 보존하기 위한 기법에 대한 이해가 주된 내용이 된다.

넷째, '기타 영역'으로 교과과정을 통해 습득된 지식 전반을 실제현장에 적용하는 영역이다. 기록관리기관의 기록처리과정 전반에 대한 실무·실습으로 기본적으로 정규교과과정으로 포함되어야 한다. 요컨대 우리나라의 경우 기록관리학의 영역으로 기록 자체의 내용·기록관리·기록보존 및 실습의 네 영역을 기본으로 하고, 더 나아가 기록을 연구하고 학습목적을 달성하기 위한 최선의 방법으로 학위논문 작성 또한 필요함을 제안하고 있다.

3.4 기록관리학의 교육과정

1) 미국

미국의 기록전문가 양성교육은 1930년대에 시작하였으며, 1977
년부터 미국기록전문가협회(SAA)의 대학원 수준의 기록관리학 교
육지침서의 발행과 계속 교육프로그램의 운영과 같은 제도적인 틀
안에서 미국의 기록관리학 교육은 빠르게 발전하기 시작하였다. 구
체적인 미국의 기록전문가 양성교육에는 대학 프로그램으로 설치된
전문교육과정과, 기관 소속으로 설치된 계속교육과정이 있다. 대학
에서의 전문교육은 대학원 석·박사과정에서 학위취득으로 이루어
지고, 계속교육은 미국기록전문가협회나 국립기록청(NARA), 그리
고 일부 대학에서 행하는 현직자를 위한 장·단기 교육과정으로 이
루어진다(최정태·윤송원 2001, 116 - 124; 김태수 2000, 11 - 39).
　기록관리학에 대한 교과과정이 1939년에 대학에 처음 개설된
후, 2000년대 들어 41개 대학에 설치되어 있다. 석사과정은 28개
교, 석·박사과정은 13개교이며, 이들 대학은 대개 협동과정으로
이루어지고 있다. 문헌정보학 소속대학 15개교, 문헌정보학과와
사학과의 협동과정으로 개설된 대학 5개교, 사학과에 개설된 학교
16개교, 기타 교육정보학과, 법학과, 경영학과, 행정학과에 개설된
대학이 5개교이다.
　이들 대학에서 수행하고 있는 교육의 특성을 보면, 첫째, 문헌
정보학과와 사학과의 협동과정으로 운영되는 대학이 많다. 특히
교육과정이 문헌정보학과에서 이루어질 경우 그 교과내용은 대개

비도서자료의 조직이나 기술과 같은 정보자원관리기법, 기록매체론, 보존방법, 문서경영론, 정보시스템분석, 커뮤니케이션론, 자동화론 등으로 구성되고 있다. 역사학과에서 이루어질 경우 기록물 평가와 기법, 박물관 해석, 주(state)와 지방(local area)의 역사, 기록물복원, 문서와 필사본의 원리와 발달과정, 사료편집 등 기록물 자체의 성격을 규명하려는 교과목이 중점적으로 나타난다.

둘째, 자료의 매체별 특성 규명과 그에 따른 관리기법의 개발에 초점을 맞추고 있다. 이를 위하여 대학 내 관련 학과뿐만 아니라 타 대학과도 협력하여 공동연구를 수행하고 있는 경우도 있다.

셋째, 모두 현장실습을 제공하는 실용적 교과과정을 포함하고 있다. 대부분의 대학에서 학기 중 교과과정에 포함되는 실습 외에 많은 시간의 인턴제 실습을 요하고 있다. 이러한 현장실습은 주로 지역 내의 기록관, 도서관, 박물관, 기타 기업 등과 같은 유관기관과 연계하여 제공된다. 실습의 비중은 매우 높아서 대학별로 다소의 차이는 있지만 150 내지 200시간 이상의 실습시간을 요구하는 곳도 있다.

2) 영국

영국의 기록전문가 양성교육은 대학에서의 석·박사과정과 영국기록전문가협회(SA: Society of Archivist of UK)에서 제공하는 학위과정과 자격증 취득과정으로 나눌 수 있다. 기록전문가 양성을 위한 석·박사과정을 런던 대학교(University College London)과 리버풀 대학교(University of Liverpool)에서 1947년에 최초로 시작하였으며, 그 외 웨일스 대학교(University of Wales), 더블린 대학교(University College Dublin), 국립 아일랜드 대학교(National University of Ireland) 등이 있다.

SA에서는 1980년부터 현직자들을 위한 석·박사학위과정을 운영하고 있으며, 신청자격은 SA의 회원이거나 회원으로 가입된 기관에서 일하는 사람 중 기록관리 분야에서 1년 이상의 경험이 있는 자로 한정하고 있다[9]. 최소 2년에서 최대 4년 내에 모든 과정을 수료하도록 강제하고 있는 이 프로그램을 마치기 위해서 지원자들은 교과목 수강과 논문 및 시험을 모두 이수 또는 통과해야 한다.

보존전문가(Archival Conservator) 양성을 위한 자격증 취득과정은 1970년대 초반부터 시작되었으며, 교육은 실무·실습에 초점이 맞추어져 있다. 실습은 인증된 훈련기관에서 유자격 강사에 의해 진행되며, 26주간의 1대 1의 훈련인 것이 특징이다. 자연과학적 지식을 위한 1주간의 화학코스(chemistry course)와 1주간의 이론 강의도 더불어 이루어진다. 과정을 수료한 학생들은 필기시험과 구술평가를 통해 자격증을 취득하게 된다.

3) 프랑스

프랑스에서 기록관리학과 관련된 교육이 처음 실시된 것은 1821년 루이 18세 시절이다. 오랜 역사와 사회적 요구가 반영되어 오늘날 프랑스에서는 일반 문화유산을 포괄하는 의미로 기록관의 개

---

9) http://www.archives.org.uk/

넘이 사용되고 있다. 프랑스의 고등교육은 그랑제콜(Grandes écoles)
이라는 독특한 교육제도를 도입하여 직업영역까지 커다란 영향을
미치고 있다. 과거 전통적으로 그랑제콜 준비반(CPGE)을 거쳐 그랑
제콜에 입학하는 제도를 유지해온 국립고문서학교(École Nationale
des Chartes) 출신들이 졸업과 동시에 프랑스 공직사회에서 높은
지위와 안정된 위치를 점하고 있다.

프랑스의 '기록보존에관한법률(Loi sur les Archives 1979)'에
는 특별히 기록전문가에 대한 규정은 없다. 다만 대학이나 계속교
육이 아닌 프랑스에서 국가 공무원인 '기록관리사'가 되기 위한 방
법은 국립유산학교(INP: Institut National de Partrimoine)[10]에서
주관하는 시험에 통과한 다음, 일정기간 교육을 이수해야 한다. 이
는 국가지방공무원센터(CNEPT: Centre National de la Fonction
Publique Territoriale)와 함께하고 있으며, 현재 파리와 세인트데
니스(Saint-Denis) 두 곳에서 양성하고 있다.[11]

4) 독일

독일의 기록관리 교육의 특징은 행정 기록전문가(Administrative
Archivist) 양성과 학문 기록전문가(Scientific Archivist) 양성으로 이
원화되어 있다는 것이다. 기록전문가 양성 기관으로는 마르부스크 기록
학교(Marburg Archivschule)와 뮌헨 기록학교(Munich Archivschule)

---

10) 전신은 1990년에 설립된 국가유산학교(Ecole du partrimoine)이다. 1996년에 예술품
   수리복원학교(IFROA: l'Institut de formation des restaurateurs d'œuvres d'art)를
   흡수하여 2001년 12월 21일에 합법적으로 현재의 국립유산학교로 탄생하였다.

11) http://www.inp.fr/

가 대표적이다. 마르부스크는 행정 기록전문가 양성을 위한 기관을 '기록학 전문대학'으로, 학문 기록전문가 양성을 위한 기관을 '기록학 연구소'라는 고유한 명칭으로 부르고 있다. 이외에도 바이에른 기록학교, 포츠담의 전문대학과정, 코블렌츠의 연방기록관에 개설된 단기양성과정 등이 있다. 그리고 아키비스트협회에서 제공하는 6개월 아키비스트 입문과정, 주립기록보존소 부설의 양성과정 등 다양하다(김영애 2000).

행정 기록전문가는 1년간의 이론수업과 특별강연과 국내외 기록보존소 견학을 포함, 2년간의 현장실무 연수 등 전문대학 수준의 교육을 받고 졸업하여 기록관리 행정업무를 담당하게 된다. 교육과정은 문서보존행정, 제도 및 법제사, 행정사, 지방사, 사회경제사, 교회사, 미술사 등이며, 특히 근대사가 강조된다. 학문 기록전문가가 되기 위해서는 보통 역사학 박사학위를 취득한 후 18개월간의 전문교육과정을 수료해야 한다. 이들은 기록물의 선별, 평가, 보존제도 등의 업무를 담당한다. 또한 학문 기록전문가가 고문서 이외에 현대기록을 관리하도록 하기 위하여 코블렌츠의 연방기록보존소와의 협조하에 6주간의 훈련과정을 운영하고 있다(김유경 1997).

5) 일본

기록관리학이 일본에서 본격적인 전문교육의 일환으로 시작된 것은 1987년에 '공문서관법(公文書館法)'이 제정된 후 이를 계기로 관계기관 및 단체가 연수회를 개최하면서부터이다. 1990년대에 들어서 일부 대학에서 '문서관학', '사료관리학' 등의 교과목이 개설된 바 있다. 1994년에는 스루가다이대학(駿河台大學)의 학부에, 1999년에는 대학원에 기록학 전공과정을 개설하였으며, 이는 일본의 대표적인 기록관리 학위과정이라 할 수 있다. 도쿄대학에서는 2000년에 대학원 과정에서 전공분야를 신설하였고, 쓰루미대학에는 학사과정뿐 아니라 석·박사 과정도 개설되어 있다. 그리고 기비국제대학에는 학사과정이 개설되어 있으며, 시즈오카대학에는 관련 전공이 명확히 구분되어 있지는 않았지만 졸업 시 학예원 자격이 부여되는 과정이 개설되어 있다. 또한 가쿠슈인대학에는 정규과정은 아니지만, 학부에 교양과목을 개설해 법학부를 제외한 전 학부에서 수강하고 있다.

2002년에는 동경대학 대학원 인문사회계 연구과에 기록학의 포괄개념인 '문화자원학(文化資源學)' 연구전공과정이 설치됨으로 인해, 전문인력 양성을 위한 움직임이 활발히 진행되었다(김용원 2001). 이들 대학에 개설된 교과목을 분석해 보면, 전반적으로 기록학의 연구영역을 문서나 도서라는 전통적인 기록물로 제한하지 않고 민속자료나 회화·박물자료 등 문화재 전반을 포괄한 개념으로 접근하고 있음을 알 수 있다.

한편, 국립공문서관에서는 교육대상에 따라 성격과 기간 등을 달리하여, 세 종류의 연수과정을 개설해 놓고 있었다. 국립국문학연구자료관의 사료관에서 실시하는 사료관리학(학교 - 연구소) 연수회는 1988년부터 개설되어 기록사료의 관리지식을 보급하기 시작하였다. 이후 2002년부터 그 명칭을 사료관리학연수회로 고치고 더욱 본격적인 연수과정을 실시하기 시작했다. 본 연수회의 강의는 사료관에 재직하는 교수와 외부 전문가들이 담당하고 있으며, 1994년부터 장기교육과정을 이수한 경우에는 대학원 학점으로 인정하는 제도가 만들어졌다(김광옥 1997). 또한 호세대학 산업정보센터는 기업사료협의회와 공동주체로 기업사료관리를 위한 양성과정을 개설하였으며, '역사자료 보존 이용기관 연락협의회'에서도 전국대회 하루 전날 연수회를 개최하고 있다.

현재 일본은 기록관리전문요원제도는 확립되어 있지 않다(김용원 2001). 또한 사서나 학예원의 자격취득에 있어서도 학과단위 정규교육과정보다는 2년제 단기대학과정이나 특정기관에서 기준치 이상의 단위를 이수하도록 정해져 있다. 이와 같은 일본의 교육환경은 기록전문요원 양성제도에서도 마찬가지로, 정규교육과정보다는 각종 기록관리기관에서 개설하는 단기강좌가 중점적으로 개최되고 있는 실정이다.

6) 중국

중국에서는 초기에 당안학이 역사학의 보조과학으로 인식되었으나, 다년간의 중국당안학 연구로 독립적인 연구대상과 연구영역을 확립하게 되어 하나의 독립된 학과로 인정받게 되었다. 중국의 기록관리 교육은 당안법 제9조에서 언급하고 있으며, 전문인력을 확보하기 위한 교육도 상당한 체계를 갖추고 있다.

2010년 현재 중국의 기록관리학 교육 현황을 보면 국가기구와 고등교육기관에서의 교육 및 인재양성으로 구분할 수 있다. 우선 전자의 경우 국가당안교육양성기구(國家檔案敎育培訓機構)인 국가당안국당안간부교육센터(國家檔案局檔案幹部敎育中心) 1곳과 북경시당안간부양성센터(北京市檔案幹部培訓中心)를 포함한 15곳의 성급당안교육양성센터(省級檔案敎育培訓中心), 후자의 경우 28개 대학교에 당안전공이 개설되어 있고, 대학원의 경우 17곳의 석사과정과 2곳의 박사과정이 개설되어 있다.12) 박사과정의 경우 중국인민대학교(中國人民大學) 정보관리대학(信息管理學院)의 당안학교(檔案學校)와 정무정보과(政務信息系) 그리고 무한대학교(武漢大學) 정보관리대학(信息管理學院)의 도서당안과(圖書檔案系)에 개설되어 있다.

중국의 당안학은 독립된 학과로 구축·확대되고 있다. 특히 1998년 전국 대학교·대학원 목록을 살펴보면 역사문헌학에 속하지 않고 하나의 독립된 학과로 인정되어 도서관·정보학과와 같은 선상에 놓이게 되었으며, 관리학 부분으로 예속되고 있다. 당안학을 전공하고 졸업하게 되면 관리학 학위를 받는다(馮惠玲 2001, 42). 그렇지만 당안학은 연관학과와의 지식 및 기술과 연구방법을 응용하고 있으며, 구체적으로 역사학·고고학·철학·통계학·법학·문헌정보학·컴퓨터공학·화학·생물학·건축학 등이 있다.

7) 한국

국내 대학의 경우 대학원 학위과정 속에 기록학 또는 기록관리학 등의 교과명을 가지고 협동과정 또는 단독으로 설립하였고, 한

---

12) http://www.saac.gov.cn/articleaction.do?method=view&id=ff80808117313bf90
117332083cf000b

성대학교는 지식정보학부과정에서 '기록관리필드'로 설치하고 있다. 한국학중앙연구원(구 한국정신문화연구원)은 '고문헌관리학' 대학원 과정을 설치하였다. 한편, 명지대학교에는 대학원과는 별도로 행정자치부장관이 정하는 기존의 기록물관리법 제40조 제1항 관련 '한국기록관리학교육원'이 설치되어 있다.

목포대학교는 1999년 2학기부터 2000년부터 명지대, 충남대, 한남대, 청주대, 원광대, 경남대, 공주대 등의 9개 대학이 강의를 시작하였다. 2001년에 외국어대학교에 정보기록관리학과가 개설되고, 같은 해에 서울대학교 내에 협동과정으로 기록관리학과 석사과정이 개설되었다. 특히 명지대는 기존의 기록과학대학원을 2007년 3월에 기록정보과학전문대학원으로 설립하여 2개 과정(박사, 석사) 및 2개 전공(기록관리전공, 스포츠기록분석전공)을 설치하였고, 같은 해 신라대에도 석사과정에 기록관리학 전공이 개설되었다. 다음 <표 3>과 같다.

〈표 3〉 기록관리학과(전공) 개설 현황

학 교 명	소 속	교 육 과 정
경남대학교	대학원	협동과정 기록관리학
공주대학교	대학원	협동과정 기록관리학과
명지대학교	대학원	기록정보과학전문대학원
목포대학교	대학원	협동과정 기록관리학과
부산대학교	대학원	협동과정 기록관리학
서울대학교	대학원	협동과정 기록관리전공
신라대학교	대학원	인문계열 기록관리학과
원광대학교	대학원	기록관리학과
이화여자대학교	대학원	정책과학대학원 정책과학과 기록관리학전공
전북대학교	대학원	정보과학대학원 정보과학과 기록관리학전공

중부대학교	대학원	인문산업대학원 기록물관리학과
중앙대학교	대학원	협동과정 기록관리학과
충남대학교	대학원	협동과정 기록보존학과
한국외국어대학교	대학원	정보 · 기록관리학과
한남대학교	대학원	협동과정 기록관리학과
한성대학교	학부	인문대학 지식정보학부 기록관리학 전공
한양대학교	대학원	협동과정 기록관리학전공

이를 분석해 보면 한남대, 목포대, 공주대, 명지대, 충남대, 원광대, 서울대, 부산대, 신라대 등에서 석사과정에 '기록관리학 전공'을 개설하고 있으며, 명지대와 부산대에서 박사과정을 개설하고 있다. 협동과정으로 기록관리 전공업무를 사학과가 주관하는 대학은 경남대, 공주대, 명지대, 목포대, 서울대, 원광대, 한남대 등이며, 문헌정보학과가 주관하는 곳은 부산대, 충남대, 신라대 등이다.

요컨대 우리나라의 기록관리학 교육과정은 상술의 대학과 일부 대학원에서 협동과정 또는 단독과정으로 그리고 한국학중앙연구원과 국가기록원 및 한국기록관리학교육원에서 기록전문가 교육 프로그램으로 진행되고 있다.

4. 기록관리의 법제화

선진 외국에서는 오래전부터 공공기관의 기록물들을 계획적이고 체계적으로 보존·관리하여 역사적 기록물로서의 사료뿐만 아니라 실생활에 실제 활용되는 정보로써 널리 이용하고 있다. 따라서 공공기관의 기록물은 기본적으로 기록관리 관련법에 근거하여 수집·관리·보존되고, 기록물 정보공개법에 의하여 합법적으로 공개 및 활용되어야 한다.

4.1 해외의 기록관리 법제화

1) 미국

미국의 국가기록물에 대한 관리는 기본적으로 독립기관인 국립기록청(NARA: National Archives & Records Administration)에서 주관하고 있다. 그 산하기관으로 메릴랜드 칼리지파크의 제2 국립기록청(Archives Ⅱ), 16개의 연방기록물센터, 13개의 지역기록보존소, 13개의 대통령기록관, 국가역사출판기록위원회와 기록물센터가 있다. 이를 운영하는 연방국립기록청법(44 U.S.C. Chapter 21, section §2101 – 2118)[13])은 국립기록청장의 책임과 의무에 대한 각종 규정이다. 그 규정내용을 보면 국립기록관리청 설립, 임

---

13) http://www.archives.gov/about/laws/nara.html

원, 행정규정, 의회에 대한 보고, 수집, 기록물의 보존, 사용 및 폐기에 대한 책임, 기록의 보존, 정리, 복제 및 전시, 기록의 이용편의, 보존용으로 수집한 자료, 대통령기록관, 주간(州間)협정보존소(Depository for Agreements between States), 영화필름, 사진 및 녹음자료의 보존, 보고, 위반사항의 시정, 책임의 한계 및 의회기록에 대해 기술하고 있다.

본 법률 중 제2107조 역사적 보존을 위한 기록물의 수집 a항에 의하면 '미국정부가 계속하여 보존할 만한 역사적 가치 또는 기타의 가치가 있다고 국립기록청장이 판정한 연방기관, 의회, 의회의 사당 또는 대법원의 기록물을 국립기록청에 보존하기 위하여 수집하도록' 하고 있다. 또한 b항에 의하면 '국립기록청장은 생산된 지 30년 이상 지난 연방기관의 기록물로서 미국정부가 계속하여 보존할 만한 역사적 또는 기타 가치가 있다고 인정하는 기록물은 국립기록청에 이관토록 지시한다'고 규정하고 있다. 여기서 역사적 자료란 제2101조 정의에 의하면 '역사적 또는 기념적 가치가 있는 도서, 서신, 서류, 문서, 팸플릿, 예술작품, 모형, 그림, 사진, 도면, 지도, 필름, 영화, 녹음 및 기타 물건 또는 자료'를 포함하고 있다. 제2110조 '기록의 이용편의'는 정보공개 및 열람에 대한 규정이다. 특히 제2118조 '의회의 기록'을 보면 상·하원의 사무총장은 각원의 회기가 종료되었을 때, 상·하원 및 소속의원회의 비현용기록물을 인수하고, 상·하원의 명령에 따라 이를 국립기록청에 이관하고 보존토록 규정하고 있다. 이는 국립기록청이 최종적인 영구기록물관리기구이기 때문이다.

그 외 국립기록청장과 총무처장관에 의한 기록물관리법(44 U.S.C.

Chapter 29)14)이 있다. 이는 연방정부기록물의 관리, 각 기관장의 의무, 기록물 검사, 기록물 선별절차 및 기준 등에 대해 규정하고 있다.

한편 '연방관보법(Federal Register, 44 USC Ch. 15)', '대통령 기록물법(Presidential Records, 44 USC Ch. 22)', '신탁기금법 (Trust Fund, 44 USC Ch. 23)', '의회기록물법(Records of Congress, 44 USC Ch. 27)', '연방기록물센터기록관리법(Records Management/ Federal Agencies, 44 USC Ch. 31)', '기록폐기법(Disposal of Records, 44 USC Ch. 33)' 등도 있다.15) 그리고 정보공개법과 관련 하여 1966년에 제정된 '정보자유법(FOIA: Freedom of Information Act)'이 있으며, 1996년에 이를 '전자정보공개법'으로 개정했다. 2007년에는 다시 '오픈정보자유법'으로 개정했다.

2) 영국

영국의 국가기록관리는 '공공기록법(Public Records Act 1958 년 제정, 1967년 개정)'에 의하여 대법원장의 지휘 감독을 받는 국가기록보존소를 중심으로 이루어지고 있다. 영국의 기록물 관리 및 보존업무 체계를 규정하고 있는 본 법률은 공공기록물에 대한 대법원장의 책임, 국가기록보존소의 기능과 역할, 공공기록물의 선별 및 보존, 보존장소, 기록물의 열람과 폐기, 공공기록물 및 인

---

14) 'Records Management by Archivist of the United States and by the Administrator of General Services'(http://www.archives.gov/about/laws/records-manageme nt.html).

15) http://www.archives.gov/about/laws/

증사본의 법적 효력, 그리고 법원 기록관리 등에 대해서 규정하고 있다.16) 본 법의 가장 큰 특징은 열람권을 중시하고 있다는 것이다.

한편 제4조 '공공기록물의 보존장소'를 보면, '대법관은 국가기록보존소 이외의 장소로서 기록물을 보관·보존할 수 있는 적절한 시설을 갖추고 있고 일반인이 이를 열람하기에 편리하다고 인정되는 장소는, 해당 장소의 기록물 보존에 책임을 지는 자의 동의하에 공공기록물의 보존장소로 지정할 수 있다'라고 규정하고 있다.

따라서 영국의 경우 지방기록보존소 외에 대학기록보존소나 런던법학원 기록보존소 같은 특수기록보존소가 존재하며, 이중 일부는 국가기록보존소로부터 공공기록물을 보존하는 보존소로 승인을 받아 공공기록물을 보존 관리하고 있다. 국가기록보존소와 기타 보존소와의 법적 관계는 국가기록보존소가 그 기록보존소 공공기록물을 위탁 소장하고 있는 경우에만 성립한다(이상민 1997).

한편 지방기록물관리를 위하여 '지방정부기록물법(Local Government (Records) Act 1962)', '지방정부법(Local Government Act 1972)' 그리고 '지방정부정보접근법(Local Government(Access to Information) Act 1985와 (Variation) Order 2006)'도 제정되었다. 2000년에 '정보자유법(Freedom of Information Act 2000)'이 제정되었다.

3) 프랑스

프랑스의 기록관리제도와 체계 규정은 1979년에 제정되고 2004년에 수정 보완된 '기록보존에 관한 법(Loi sur les archives)'에 의

---

16) http://pro.gov.uk/about/act/act.htm

거한다. 본 법은 6장 32조로 구성되어 있으며, 공공고문서와 개인 고문서 및 처벌조항 등에 대하여 다루고 있다. 본 법의 특징은 공공고문서에 대한 철저한 관리규정과 처벌 조항을 담고 있다는 것이다. 우선 공공고문서에 대한 관련 규정을 살펴보면, 제3조 3항에서 '공공문서는 소유주가 누구든지 간에 시효소멸이 없다'고 규정하고 있으며, 제14조에서도 '역사적 문서의 분류는 시효소멸이 없다'고 규정하고 있다. 또한 제20조에서는 '국가적인 문서 유산의 보호에 필요한 경우에는 국가가 고문서 관리당국의 중개를 통해 일반인에게 매매되는 사적인 고문서들에 대해서 우선매입권을 행사'하도록 함으로써 사적 기록물, 즉 민간기록물에 대한 철저하고 강력한 국가적 차원의 관리 책임의지를 밝히고 있다(한상완 외 2002).

더불어 비밀유지와 역사적 기록에 대한 철저한 관리를 위해서 강력한 처벌조항을 두고 있는 것도 큰 특징이다. 제28조에 의하면 공무원이 직무 수행 중에 소지하였던 공문서를 착복한 경우에는 고의 유무에 상관없이 처벌하도록 하고 있으며, 제29조는 고문서 관리를 맡은 공무원들이나 대리인이 합법적으로 일반에게 공개될 수 없는 전문적인 기밀사항을 누설한 경우에도 형에 처하도록 규정하고 있다. 특히 역사적 문서로 분류된 문서의 파괴 행위를 금하고 있으며(제15조), 역사적 문서를 소유한 자는 고문서 관리당국에 고지하고 문서를 양도하도록 규정하고 있다(제17조). 또한 개인고문서의 경매 담당공무원은 고문서관리당국에 매매시간과 장소, 문서의 유용성 등을 담은 의견서를 사전에 제출하도록 규정하고 있으며(제19조), 이들 사항을 위반한 경우에도 처벌할 수 있도록 하고 있다(제30조).

4) 독일

독일 기록관리제도의 근간을 이루는 법은 1988년에 제정된 '연방기록보존소법(Bundesarchivgesetz)'이다. 본 법은 독일 통일 이후인 1992년과 2002년에 개정되었으며, 연방기록보존의 설치 목적과 역할 및 연방기관의 기록관리에 대한 지도감독, 그리고 기록의 이관과 열람 등에 대해서 규정하고 있다.[17]

연방기록보존소법은 제1조에서 기록의 학술목적의 이용을 규정함으로써 기록의 활용을 강조하고 있다. 제2조에서는 연방기관들이 생산한 기록 중에서 더 이상 공공 목적에 사용하지 않고 비밀을 유지할 필요가 없게 된 문서들은 연방기록보존소에 의무적으로 이관하도록 규정하고 있다. 그리고 제7조에서는 연방기록보존의 주된 업무는 '독일 역사와 관련된 연구업무'라고 명시하고 있으며, 제9조에서는 기록보존소에 근무하는 공무원들의 비밀 준수의무를 규정하고 있다. 본 법의 가장 큰 특징은 연방기록보존소가 독일 역사연구를 위해서 일반시민과 연구자들에게 기여해야 함을 강조하고 있다는 것이다(송기호 · 소매실 2004).

5) 일본

일본의 경우 1987년 12월 15일 의원 입법으로 '공문서관법(公文書館法, Archives Offices Act)'을 공포, 이듬해 6월부터 시행하였으며, 1999년 개정(법률 제161호)하였다. 이후 1999년 6월

---

17) http://www.bundesarchiv.de

'국립공문서관법(國立公文書館法, National Archives Act)'이 제
정되고 2000년 5월 개정(법률 제84호)되었다. 전자는 공문서 등을
역사자료로 보존·열람 제공하는 것의 중요성에 비추어 공문서관
에 관해 필요한 사항을 정하는 것을 목적으로 하고 있으며, 후자
는 독립행정법인 국립공문서관 또는 국가기관이 보관하고 있는 역
사자료로서 중요한 공문서 등의 적절한 보존 및 이용에 기여하는
것을 목적으로 하고 있다.

일본의 기록관리관련 법령으로 '공문서관법(公文書館法)'을 살
펴보면 제5조 2항에 '지방공공단체가 설치하는 공문서관의 설치에
대한 사항은 해당 지방공공단체의 조례로 규정해야 한다'라고 기
술하고 있듯이 설치관련 규정은 국립공문서관은 국립공문서관법을
기준으로, 지방공문서관은 지방공공단체의 조례에 따라 정하도록
되어있다. 또한 문서보존관련규정에 관해서도 중앙정부의 경우는
각 성청(省廳)이, 지방정부의 경우에는 각 지방공공단체가 각각
독자적으로 제정·시행하고 있다.

수집대상문서를 살펴보면, 국립공문서관은 각성청의 국가행정문
서를, 도부현 및 정부지정도시의 공문서관은 해당 지역에서 생산
된 문서를 수집대상으로 한다. 영구보존문서는 일정 기간이 경과
하면 이관받아 보존하며, 영구보존대상이 아닌 문서들도 보존기한
이 만료되면 생산기관과 협의하여 역사적 가치가 있는 공문서를
선별·보존하도록 되어 있다.

한편 정보자유 관련 법제화의 경우 1982년 일본 야마카타현에
서 지방자치단체의 정보공개를 규정한 조례를 시발점으로 중앙정
부는 17년 후인 1999년에 정보공개법을 제정하여 2001년부터 시

행에 들어갔다.

6) 중국

중국의 기록관리는 '중화인민공화국당안법(中華人民共和國檔案法)'을 근거로 하고 있다. 본 법은 6장 27조로 이루어져 있으며, 기록관리의 원칙과 기록관리기구들의 임무, 관리, 활용, 공개 및 위법자 처벌 규정 등을 기술하고 있으며, 당안공개와 관련된 내용 또한 포함하고 있다.

제2조에는 당안(檔案)에 대해 '과거와 현재의 국가기구·사회 조직 및 개인이 정치, 군사, 경제, 과학, 기술, 문화, 종교 등의 활동을 통해 형성된 것으로 국가와 사회에 대해 보존할 가치가 있는 각종의 문자, 도표, 시청각자료 등 여러 형식의 역사기록'이라고 정의하고 있다. 제5조는 중국 기록관리행정의 대표적인 '통일영도(統一領導), 분급관리(分級管理)' 원칙을 제시하고 있다. 제4조와 제6조에서는 각급 인민정부가 당안 관리업무의 지도를 강화하고, 국가 당안행정 관리부문은 전국의 당안관리 업무를 주관하며, 현급 이상의 지방인민정부의 당안행정 관리부분이 본 행정구역 내의 당안 관리 업무를 주관하도록 하고 있다.

그리고 제9조에서는 당안관리업무 담당인원은 직무에 충실하고 기율을 엄수하며 전문지식을 구비해야 한다고 명시함으로써 기록 담당자의 전문성을 확보하도록 하고 있다. 제12조에서는 '박물관, 도서관, 기념관 등의 기관이 보존하고 있는 문물, 도서자료 또한 당안과 같으므로 법률과 행정 법규의 규정에 따라 당해 기관이 자체적으로 관리할 수 있다'라고 규정하고 있다. 이는 당안관 이외 기관에서의 당안 보존·이용에 대해 포괄적으로 규정함으로써 당안의 중요성을 강조하고 있는 것이다.

제19조에서는 당안의 공개 기한에 대해 언급하고 있는데, 국가당안관이 보관하고 있는 당안은 형성된 날로부터 30년이 경과하면 공개하도록 하고 있으며, 국가안전 및 중대한 이익과 기타 이유로 공개가 적당치 않은 경우에는 연기할 수 있도록 하고 있다. 제24조는 당안 관리에 대해 법적 책임을 부여하고 있는데, 특히 위법 행위를 통해 얻은 소득에 대해서는 몰수하며 판매 및 증여한 당안에 대해서 징발하도록 하고 있다.

그 외 2011년 현재 '중대건설항목당안검수시행규칙(重大建設項目檔案驗收辦法, 2006)', '전자공문서당안화관리임시시행규칙(電子公文歸檔管理潛行辦法, 2003)', '예술당안관리시행규칙(藝術檔案管理辦法, 2001)', '기업당안관리규정(企業檔案管理規程, 2002)' 등을 제정하여 각종 당안을 체계적으로 수집·관리하도록 하고 있다.

4.2 한국의 기록관리 법제화

우리나라는 1999년에 들어와서야 비로소 '공공기관의기록물관리에관한법률'이 제정되고, 2000년 1월 1일부터 시행되었다. 이에 대한 시행령과 시행규칙도 각각 2000년과 2001년에 제정·시행되었다.

그러나 기록물의 전자적 생산, 관리체계의 구축, 기록물의 공개, 열람범위의 확대, 기록관리의 표준화 및 전문화를 높이기 위한 제도의 마련 등 공공기록물의 관리에 관하여 필요한 사항을 정하는 한편, 그 밖에 현행 제도의 운영상 나타난 일부 미비점을 개선·보완하기 위하여 상기 법률을 전부 개정하였다. 즉, '공공기록물관리에관한법률(법률 제8025호)'이 2006년 9월 8일 국무회의에서 의결되고, 10월 14일 제정되어 2007년 4월 5일 시행되었다. 본 법률은 기록관리 대상을 종전의 공공기관 기록물뿐만 아니라 국가차원에서 보존할 가치가 있는 중요 민간기록물로 확대하고, 영구기록물관리기관으로 지방기록물관리기관 설치의 의무화 외에도 국가기록관리위원회를 국무총리 소속으로 두고 기록관리 표준화 심의 등 기록관리 정책을 총괄토록 하고 있다. 이 법률과 관련된 시행령과 시행규칙도 2007년에 각각 전부 개정되었다.

그 외에 2011년 현재 각급기관 기록물관리 관련법령으로 '국회기록물 관리 규칙', '법원 기록물 관리 규칙', '헌법재판소 기록물 관리 규칙', '선거위원회 기록물 관리 규칙', '외교문서 보존 및 공개에 관한 규칙' 등이 제정되어 있다. 이는 국가의 각급 기관의 특성에 따른 기록물관리 관련 법령들로서 기존 법령을 개정하거나 신규 제정한 것이다. 그리고 사무관리 관련 법령으로 '사무관리 규정', '사무관리 규정 시행규칙', '법원 사무관리 규칙', '헌법재판소 사무관리 규칙', '선거관리위원회 사무관리 규칙'도 제정되어 있다. 한편 정보공개 관련 '공공기관의 정보공개에 관한 법률'과 시행령과 시행규칙 외에 각급 기관의 정보공개규칙도 마련되어 있다.

5. 기록의 관리

5.1 기록의 관리

'기록관리'라 함은 기록물의 생산·분류·정리·이관·수집·평가·폐기·보존·공개·활용 및 이에 부수되는 제반업무를 말하며, 구체적으로 기록을 적법·적절하게 생산·관리하여 효율적으로 사용하고 불필요한 기록을 폐기하고 증거적 가치나 영구보존 가치가 있는 기록을 보존하여 쉽게 검색하고 활용할 수 있게 하는 일을 말한다. 이를 국가기록원에서 제공하고 있는 각 기록관리 표준업무의 처리상황에 대하여 살펴보면 다음 <그림 9>, <그림 10>과 같다.

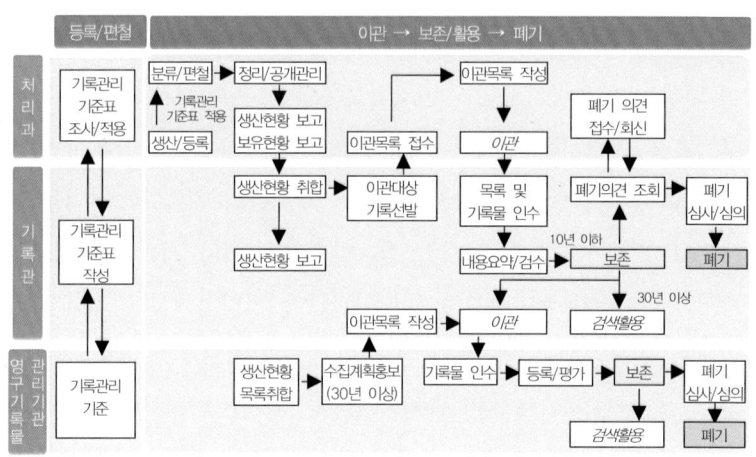

〈그림 9〉 국가기록원의 기록관리 표준업무 처리도

이상 <그림 9>에 의하면 국가기록원의 기록관리 업무는 처리
과 →기록관 →영구기록물관리기관의 단계별로 업무가 수행됨을
알 수 있다. 우선 처리과에서는 효율적으로 기록을 생산하고 이용
하기 위한 목적으로 기록을 관리하며, 현행업무를 수행하는 중의
현용기록을 대상으로 관리하므로 현행기록관리라고 한다. 다음 단
계인 기록관은 기록물의 보존·관리 및 활동 등 해당 기관 기록
물 관리 업무의 전담기구로서 해당 공공기관 기록물의 수집, 보존
및 활용하고, 영구 기록물관리기관으로의 기록물 이관 및 영구 기
록물관리기관과의 협조에 의한 기록물의 상호활용 및 보존의 분
담, 해당 공공기관의 기록물에 대한 정보공개청구의 접수 등 기록
물 관리업무를 전담한다.

마지막으로 최종의 영구기록물관리기관은 중앙기록물관리기관,
헌법기관기록물관리기관, 지방기록물관리기관 및 대통령기록관으
로 구분된다. 그중 중앙기록물관리기관인 국가기록원의 경우를 살
펴보면 ① 기록물의 생산과 관리에 관한 기본 정책의 결정, 제도
의 확립, ② 증빙기록물과 역사기록물의 항구적 보존, ③ 보존 영
구기록을 정리하여 목록을 작성하고 열람 활용할 수 있게 준비하
여 국민에게 필요한 정보를 제공, ④ 기록관리 기술 및 기법을 연
구하고 표준화하여 이를 보급, ⑤ 일선 조직이나 기관에서 영구적
으로 보존할 기록을 수집하거나 이관받아 정리하여 보존, ⑥ 공공
기관의 업무수행과 관련하여 생산되고 국가적으로 보존할 가치가
높은 민간보유 기록물을 국가기록물로 지정·관리하여 민간보유
중요기록물의 훼손·멸실 방지와 공적 가치가 있는 기록물을 보
존, ⑦ 공공기관의 기록물관리 추진실적을 종합평가하여 우수기관

및 유공공무원을 표창하여, 기록물관리 제도의 조기정착과 업무종
사자들의 관심과 사기를 진작한다.

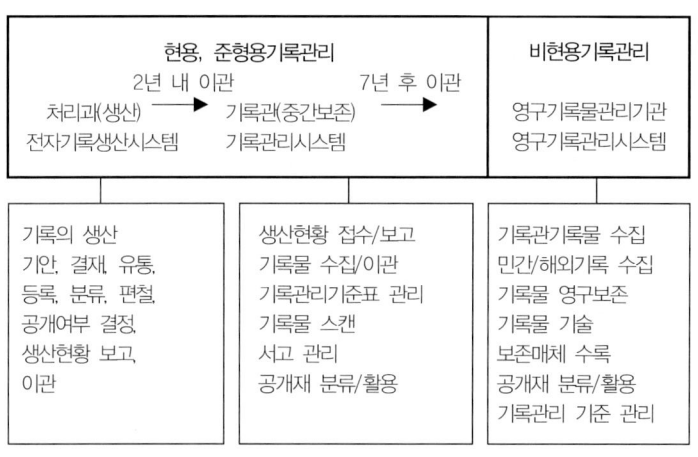

〈그림 10〉 국가기록원의 기록물의 단계별 관리구조

한편 <그림 10>과 같이 기록물은 기록의 단계별 흐름 또는 일
생주기에 의한 현용, 준현용, 비현용 단계에 따라 처리과, 기록관,
영구기록물관리기관 등에서 다른 가치와 역할로서 처리·관리된다.
따라서 단계별 전반적인 기록관리의 고찰이 필요하나, 본장에서는
기록물의 조직으로 분류와 기술에 대해서만 살펴보기로 하겠다.

5.2 기록의 분류

1) 기록분류의 정의

문헌분류는 『도서관정보학용어사전』에서 '체계적으로 편성된 분류표에 의거하여 한 도서의 내용, 주제 또는 형식에 일치하거나 유사한 분류번호를 찾아서 그 도서에 배정하는 행위' 또는 '데이터처리에 필요한 기록코드화의 체계를 의미하는 것' 등으로 정의하고 있다. 따라서 문헌분류는 도서관(library), 기록관(archives), 그리고 정보센터(information center)가 소장하고 있는 자료를 유사성 또는 기능에 따라 이용과 보관이 용이하도록 유(類) 개념에서 종(種) 개념으로 논리적 체계로 조직하는 행위라고 말할 수 있다. 반면, 기록물의 분류란 개별 기록물로부터 기록물군에 이르기까지 기록물에 내재되어 있는 논리적 연관성에 따라 서로 구분 짓고 또한 통합시키는 기록물관리 행위라고 할 수 있다(이원규 2002, 151).

문헌분류 중, 도서(book)에 대해서는 문헌정보학자나 도서관 사서에 의해 상당수의 분류표(classification scheme)가 고안과 발전을 거듭하여 도서관 현장과 이용자들의 요구를 어느 정도 충족시키고 있다. 그러나 기록관에서의 기록물 분류(archival arrangement)는 세계적으로 아직까지 통일된 이론이 없고, 국내에서는 오랜 기간 정부가 공문서분류에 관한 '규정'과 '규칙'을 만들어 자료관이나 일선행정기관에 보급해 왔다. 이처럼 규정과 규칙에 의거하여 이루어지던 문서분류는 1999년 기록물관리법이 제정·공포됨에 따라 '기록물의 분류' 항목이 시행령 속에 설정되어 법규상 분류문제는 제 위치를 확보하게 되었다.

2) 기록분류의 목적

기록물을 논리적 연관성에 따라 구분 짓고 통합하는 기록분류의 목적에 대하여 이원규(2002)는 세 가지로 기술하고 있다. 이를 좀 더 구체적으로 살펴보면 다음과 같다.

첫째, 기록물 및 기록정보의 체계화. 개별적인 기록물은 개별적인 정보에 국한하며, 해당정보의 전체상을 온전하게 유지 · 관리하기 위해서는 유관 기록물을 연계하여 관리하는 것이 필요하다. 따라서 연계적이고 체계적인 분류구조에 의해 기록물을 관리함으로써 기록물과 기록정보를 체계화하는 것이 분류의 목적이다.

둘째, 관련 기록물의 구조화. 기록물은 기능, 주제, 시기 등 다양한 요소들의 복합적인 논리작용 속에서 연계되어 있다. 따라서 이들 제요소의 분석을 통한 기록물의 특성과 상관성을 기반으로 관련 기록물을 구조화하는 것이 분류의 근본적인 목적이다.

셋째, 검색 및 활용의 효율화. 관련 기록물까지 폭넓게 이용하고자 할 경우는 분류체계에 의한 검색이 필요하다. 기록물의 연계성과 구조적 특성을 반영하여 분류 · 관리된 기록물을 효율적으로 검색 및 활용토록 하는 것 또한 분류의 목적이다.

요컨대 기록물은 분류를 통하여 기록물과 기록정보가 체계화되고 관련 기록물이 구조화되며, 더 나아가 효율적으로 기록물을 검색 및 활용할 수 있게 된다.

3) 기록 분류체계

지식의 발달과 더불어 기록은 끊임없이 생산되었으며, 기록을 분류하기 위하여 다양한 분류체계가 등장하였다. 19세기를 전후한 주요 분류체계는 다음의 다섯 가지 유형으로 정리 구분된다.

첫째, 출처원칙분류(principle of provenance classification). 자료의 생산 출처를 근거로 하여 분류하는 방식으로 1910년 브뤼셀(Brussels)에서 열린 '기록전문가·사서 국제회의(International Congress of Archivists and Librarian)'에서 보존기록의 정리를 위한 분류법으로 채택되었다.

둘째, 연대-지리분류(chronologic-geographical classification). 지리분류는 1897년 미국의회도서관에서 개발된 것으로 여기에 DDC의 역사분야 분류표를 전개하여 문서를 역사적인 시기구분과 지역에 따른 구분을 한 것이다.

셋째, 행정기능분류(administration classification). 행정기관을 계층적으로 구분하여 분류하는 방식으로 미국 아이오와주 공공기관의 행정조직에 기초하여 만들어진 것이다. 1906년 아이오와주의 역사학자인 샴바우(Benjamin F. Shambaugh)에 의해 발표되어 미국 역사학회의 수차례의 공청회를 거쳐 만들어졌다.

넷째, 역사분류(historical classification). 한 지역의 역사적 구분과 헌정사(constitutional history)의 변동에 따라 구분하는 방식으로, 모든 정부보존문서를 한 지역의 발전 시작과 전개를 기준으로 분류하여 역사적으로 전개하려는 것이다. 상술의 '기록전문가·사서 국제회의'에서 '논리적이고 과학적인 분류표로서 어디서나 쓰일 수 있는 유사성과 통일성을 가진 분류체계'라는 평가를 받기도 했다.

다섯째, 주제분류(subject classification). 주제에 따라 모든 문서를 분류하는 방식이다. 매사추세츠 역사학회의 사서였던 펠트(James Barlow Felt)가 1936년부터 10년에 걸쳐 주정부 문서를 75개의 주제명으로 분류하고, 주제에 따라 242권으로 제본하여 관련 주제에 따라 서명을 붙인 것으로 최초의 문서에 대한 주제분류이다. 이는 매사추세츠주 최초의 보존문서 관리자인 트레시(Fames J. Tracy)에 의해 계승되어 같은 주제명하에 84권의 발행물이 추가되었다.

상술의 분류체계는 1930년 이후에 정립된 정부간행물 분류체계의 기원이 되었다. 한편 기록물의 분류는 분류기준을 어디에 두느냐에 따라 다음과 같은 다양한 분류원칙으로도 구분된다.

첫째, 기록물의 생성 주체에 입각한 분류. 조직기구 분류법과 생산자 분류법이 속한다. 전자는 기록물 생성기관 내부의 조직기구에 따른 분류이고, 후자는 기록물 생성단위 및 업무 담당자에 따른 분류이다.

둘째, 기록물의 생산시기에 따른 분류. 연도분류법과 시대분류법이 포함된다. 전자는 서력에 의한 기년(紀年)뿐만 아니라 특정 연도에 따른 분류이고, 후자는 특정 시기에 대한 분류로서 하위에 연도별 분류 기능을 넣은 것이다.

셋째, 기록물의 내용 및 성격에 따른 분류. 기능 분류법, 대상 분류법, 지역 분류법이 있다. 기능분류법은 업무 기능과 주제 등에 따른 분류이고, 대상 분류법은 기록물에서 다루고 있는 대상에 따른 분류이다. 지역 분류법은 기록물에서 다루고 있는 지역에 따른 분류이다.

넷째, 기록물의 형식에 따른 분류. 종류(명칭)분류법과 매체분류법이 포함된다. 전자는 기록물의 종류 및 형식상의 명칭 등에 의한 분류이고, 후자는 기록재료 및 기록매체 등에 의한 분류이다.

상술한 분류법 중에서 일반적으로 많이 사용되는 분류법은 연도분류법, 조직기구분류법, 그리고 기능분류법이다. 연도분류법이 많이 사용되는 이유는 일반적으로 조직 및 기관의 업무 활동은 연도별로 기획·수행되어 종결되므로 연도별 특성을 이해하기에 유용하기 때문이다. 또한 기록물을 정리하거나 이관하는 것도 대체로 연도를 단위로 하고 있어 기록물 분류가 용이하기 때문이다. 다만 포괄되어 있는 연도별 기간이 너무 짧다거나 연도가 무의미할 경우, 혹은 연도별로 구분할 수 없을 정도로 기록물의 연도가 불분명한 경우에는 적용할 수 없다.

조직기구분류법은 기록물의 운영 주체와 업무 기능의 역사적 연관관계를 이용한 분류의 가장 일반적인 방식이다. 이는 가장 용이한 분류방식이면서도 기록물의 생성과 작용의 실상을 명확하게 반영하고, 주제분류법의 장점을 취할 수 있는 특성이 있다. 다만, 조직 기구가 너무 단출하거나 인원이 적고 업무기능이 간단한 경우는 바람직하지 않다.

마지막으로 기능분류법은 기록물의 내용과 주제의 성질을 근거로 분류함으로써 업무활동의 면모를 가장 잘 반영할 수 있으며, 기능 및 주제 분야에 따른 검색에 매우 유용하다. 다만, 기록물의 내용과 주제가 복잡하고 업무활동 역시 지속적으로 변화하므로 일반적으로 하위 분류에 적용되는 경향이 있다.

4) 세계의 기록분류법

(1) 국제 분류체계

■ **국제연합 문서분류(UN Documents Classification System)**

범국가적 기구인 국제연합(UN: United Nations)은 매일 수만 건의 문서자료와 간행물을 여러 언어로 발행하여 전 세계에 배포하고 있다. 전 세계 200여 국가 중 현재 UN에 가입된 회원국은 192개국에 이른다.

UN 간행물의 분류기호는 사선(/)으로 구분되며, 문자와 로마숫자, 그리고 아라비아 숫자로 구성된다. 여기서 문자는 각각 발행기관이라든가 문서의 특정 내용을 표시하며, 로마숫자는 주제영역별로 구분된 카테고리를 뜻한다. 그리고 아라비아 숫자는 그 위치에 따라 발행 연도 또는 일련번호 등을 나타낸다.

■ **유럽연합 자료분류(EU Publication Classification)**

유럽연합(EU: European Union)의 자료는 9개의 언어로 발행된다. 자료의 유형은 단행본과 연속간행물로 나누어지며, 기타 CD-ROM 형태와 데이터베이스 형태 등이 있다. 이는 기본적으로 주제 분류 방법을 채용하고 있으며, 유럽연합에서 생산되는 모든 자료를 대상으로 하고 있다. 구체적으로 분류색인(classified index), 연속간행물색인(periodical index), 알파벳순색인(alphabetical index), 서명색인(title index), 총서색인(series index) 등의 5개의 목록색인과 함께 고용과 노동, 재정, 사회문제, 에너지, 종교정책, 에너지, 통계 등의 17개의 주제로 분류하고 있다.

(2) 해외의 분류체계

현재 세계적인 기록물 분류의 통일된 표준은 정해진 것이 없다. 다만 미국은 기록물일정표(General Records Schedule)[18]를 중심으로 기능별 분류를 하고 있으며, 중국은 문서당안보관기한표에 조직별로 기능별 구분을 하고 있다. 각 국가별 기록물 분류기준, 구성방식, 기록물의 보존기간이나 분류결정 등은 <표 4>와 같다 (한상완 외 2002, 73 - 74).

〈표 4〉 국가별 기록물 분류체계

국가	분류기준표	구성방식	보존기간	분류결정
미국	기록물처리 일정표	기능별 분류	1년, 2년, 3년, 4년, 6년, 영구	처리일정표에 의해 생산기관에서 자체 처리
영국	분류기준표	출처별 분류		1차: 부처별문서담당자 2차: 국가기록보존소 내 문서보관소
프랑스	국가기록 보존소분류	공통기준에 의한 알파벳순 정리		혁명전후, 현대사, 해외영토부분으로 분류
중국	문서당안 보관기한표	기관조직별 구성에 기능별 구분	단기, 장기, 영구	각급기관의 실무자가 결정
일본	각 성청(省廳)의 문서관리규칙	기관별 대분류, 기능별 소분류	비보존, 3년, 5년, 10년, 영구	

---

18) http://www.archives.gov/records-mgmt/ardor/

(3) 한국의 기록관리기준표

우리나라의 기록물 분류체계는 1992년의 '공문서분류번호 및 보존기간표', 2004년의 '기록물분류기준표'에 이어 2008년에 '기록관리기준표'가 마련되었다. 2003년까지 사용된 '공문서분류번호 및 보존기간표'는 정부의 기능을 기능별십진분류방법에 의해 분류하고, 그 세부기능항목별로 보존기간의 책정기준을 제시한 것이었다. 이는 기능별로 문서가 편철되어 특정한 단위업무(프로젝트) 내에서 생산한 문서들이 각기 다른 문서철에 흩어져 보관된다든지, 기능분류항목에서 누락되어 관련된 기록물들이 관리되지 않는 경우가 있다든지, 찾아 사용하기 불편하여 임의로 낮은 보존기간을 책정할 수 있는 여지가 있다든지, 5년 단위로 개정됨으로써 업무현실을 즉각적으로 반영하지 못하였다든지 하는 단점을 갖고 있었다.

국가기록물의 체계적 관리가 필요하다는 인식이 확산되어 1999년 기록물관리법 제정을 준비하면서, 기존의 미흡한 사항을 개선하기 위하여 새로이 채택된 것이 '기록물분류기준표' 제도이다. 기록물분류기준표는 각급 기관별 및 처리과별로 수행하는 각 단위업무(업무단위, 프로젝트단위)를 확정하고, 확정된 단위업무별로 기능분류번호와 보존기간·보존장소 등의 보존분류항목별 기준을 제시하여 생산기록물에 적용하도록 하였다. 이는 기존의 기록물 관리방법과는 달리 모든 기록물에 대해 보존기간을 건(件) 단위로 적용하던 것을 철(綴) 단위로 적용하고, 기존에는 동일업무 수행과정에서 생산된 기록물이라도 설계도면만이 영구보존하던 것을 동일업무(프로젝트)단위가 영구로 책정되었다면 일정기간 경과 후 전문관리기관, 즉 국가기록원으로 이관하여 평가과정을 거친 다음

보존 여부를 결정하여 폐기 또는 보존하게 하였다. 그리고 조직이
변경될 경우 전문관리기관의 승인을 받아 5년 단위로 변경되던
분류기준표가 즉시 변경되어 사용 가능하게 하였으며, 단위업무별
로 운영되던 표준평가표였다.

　이후 2007년 '공공기록물관리에관한법률'이 제정되면서 업무에
기반한 기록관리 체계를 구축하기 위하여 '정부기능분류체계(BRM:
Business Reference Management Model, <그림 11> 참조)'를 기록
분류체계로 도입하여 '기록관리기준표(RMS: Records Management

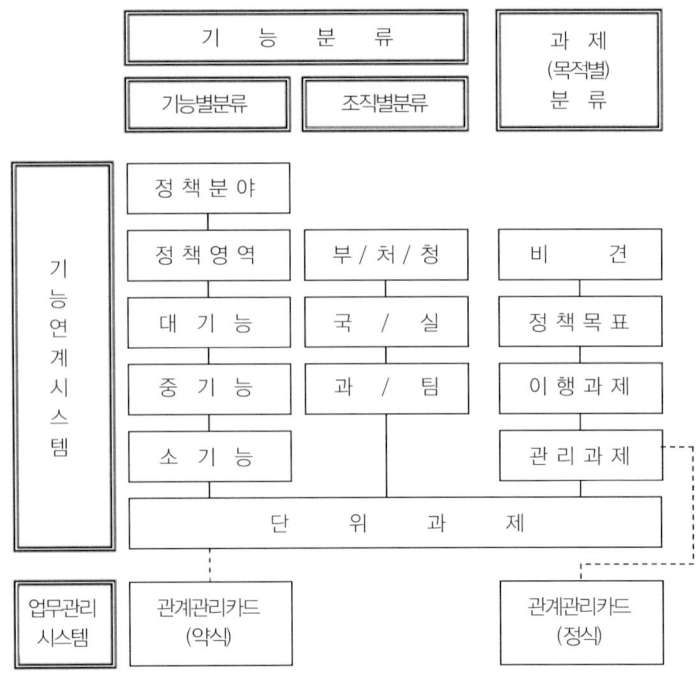

〈그림 11〉 정부기능분류체계(BRM)의 구조

System)' 제도를 운용하도록 규정되었다. 이는 공공기록물관리법 시행령 제22조 기록물의 분류에 의거 공공기관은 제25조 기록관리기준표에 따라 처리과별·단위과제별로 해당 기록물을 분류하여 관리하도록 규정하였으며, 2008년에는 중앙행정기관에서 운영하고, 지방자치단체, 교육청 및 그 밖의 공공기관은 2009년부터 도입하여 운영하도록 하였다. 이에 따라 공공표준인 '기록관리기준표 작성 및 관리절차(NAK/S 4:2009(v.201))'의 2007년 제정 이후 2009년 9월 28일 개정되었다. 구체적인 기록관리기준표의 특징은 다음과 같다.

첫째, 운영. 기록관리기준표는 행정안전부 장관이 정하는 BRM의 단위과제별로 기관별로 작성하는 것을 원칙으로 하며, 공개 여부와 접근권한 등은 공공기간별로 달리 정할 수 있다

〈표 5〉 기록관리기준표

업무분류체계(BRM)							기록관리항목			
조직분류	기능 분류									
처리과명	1레벨 (정책분야)	2레벨 (정책영역)	3레벨 (대기능)	4레벨 (중기능)	5레벨 (소기능)	6레벨 (단위과제)	업무 설명	보존 기간	보존기간 책정사유	기능 유형
							200자 내외	1,3,5,10,30, 준영구, 영구 중 택일	100자 내외	고유/ 공통

둘째, 업부분류체계. 구체적인 BRM의 기능별 분류체계는 여섯 레벨로 구성되어 있다(<표 5> 참조). 즉, ① 1레벨은 정책분야로 정부의 업무 활동, 대국민 서비스, 정부의 예산배분체계 등을 고려하여 구분한 최상의 계층, ② 2레벨은 정책영역으로 정책분야를 각 공공기간별로 수행하는 기능과 체계가 연결될 수 있도록 공공기관의 업무 영역을 구분, ③ 3레벨은 대기능으로 공공기간 내의

사위 조직별(실·국)로 담당하는 기능, ④ 4레벨은 중기능으로 공공기간 내의 사위 조직별(과·팀)로 담당하는 기능, ⑤ 5레벨은 소기능으로 중기능을 수행하기 위하여 업무 담당자가 수행하는 기능으로 직제 규정 등 법규를 근거로 정해진 기능, ⑥ 6레벨은 단위과제로서 업무 간 유사성, 독자성을 고려하여 업무 담당자가 소기능을 영역별, 절차별로 세분화한 업무영역이다.

셋째, 기록관리항목. 단위과제별로 업무설명, 보존기간, 보존기간책정사유, 기능유형을 규정하여 운영한다(<표 5> 참조).

넷째, 보존기간 관리 주체. 국가기록원에서 모든 단위업무에 대해 보존기간을 정하는 방식에서 벗어나 각 기관의 고유한 기능에 대한 전문성과 자율성을 고려하여 기관에서 단위과제별로 보존기간을 책정하여 사용하도록 규정하였다.

다섯째, 보존기관 종류. 이전에는 '1년', '3년', '5년', '10년', '20년', '준영구', '영구'로 규정하여 보존하였는데, 보다 더 국제적인 기준을 적용하여 '1년', '3년', '5년', '10년', '30년', '준영구', '영구'로 규정하여 보존토록 하였다. 기본적으로 고유업무의 보존기간 책정기준은 공공기록물관리법 시행령 별표 1 '고유업무 보존기간 책정기준표'에 따른다. 그 외 중앙행정기관의 처리과별 공통업무는 '처리과공통업무 보존기간표'에 따르며, 중앙행정기관의 기관 공통업무에 대한 보존기간은 '기관공통업무 보존기간표'에 따른다. 즉, 단위과제별 보존기간은 중앙기록물관리기관의 장이 정하는 보존기간 준칙에 따라 공공기관에서 설정·시행하되, 영구기록물관리기관의 장과 협의하여 확정한다.

여섯째, 보존기간의 변경. 영구기록물관리기관의 장이 보존가치가 높다고 판단하여 단위과제 보존기간의 변경을 요구한 경우에는 그 공공기관의 장은 이를 반영하여 기록관리기준표의 해당 사항을 준수하여야 한다.

일곱째, 기록관리기준표의 고시. 공공기관은 매년 기록물 정리 기간 종료 직후 전년도에 신규로 시행하였거나 보존기간이 변경된 단위과제명, 단위과제 업무설명 및 단위과제별 보존기간 등을 관 보 또는 그 기관의 홈페이지 등 정보통신망에 고시하여야 한다.

5.3 기록의 기술

1) 기술의 정의

일반적으로 도서관 및 정보센터의 '목록'에 대하여 기록관의 경 우 '기술', '목록기술' 또는 '기록기술'의 용어가 사용한다. 우선 목록의 정의를 살펴보면 『문헌정보학용어사전』에 의하면 도서관 에서의 목록은 일반적으로 '일정한 순서로 배열된 소장 장소, 상 품, 지도, 기타 자료들의 리스트 또는 리스트하는 행위'를 말한다. 반면 목록기술(descriptive cataloging)에 대해 『기록관리학사전』 에 의하면 '목록기입의 구성요소의 하나로서 기입의 주체를 구성 하는 부분으로 기록관의 소장기록을 확인·관리·소재파악·해설 하는 데 도움을 주며, 소장 기록이 선택된 경위와 기록시스템을 설 명해 줄 수 있는 정보를 확보·대조·분석·조직하는 과정'이다. 국가기록원의 정의에 의하면 기록기술은 기록물 정리 결과 '생산된 기록물에 관한 생산맥락, 내용과 구조, 열람조건, 관리내력, 관련기록물 등'의 내용을 분석·서술하여 열람에 제공함으로써 소장 기록물에 대한 최상의 검색도구를 마련하는 일련의 과정을 말한다. 요컨대 기록관에서 행하는 목록기술은 기록물의 기술사항을 목록하기 위하여 기술(記述, description)하는 과정이라 할 수 있다.

한편, 일반적인 기술은 종이기록물을 대상으로 최종의 전문기록관리관에 이관된 영구보존기록에 대하여 행하게 되는 집합적이고 계층적인 목록기술을 의미한다. 그러나 전자기록이 보급화되고 전자기록관리가 보편화되면서 기술은 생산기관에서의 기록물 등록을 포함하여 기록의 전 일생주기에 걸쳐 이루어지는 메타데이터 추출 작업을 모두 포괄하는 개념으로 확장되고 있다(설문원 2004, 218). 이에 대한 내용은 전자기록의 관리에서 살펴보도록 하겠다.

2) 기술의 특징

기록물 목록기술의 가장 큰 특징은 기본적으로 계층적 구조, 즉 다계층 구조로 기술(multi-level description, <그림 11> 참조)된다는 것이다. 본 개념은 국제표준기록물기술규칙인 ISAD(G)의 가장 중요한 부분이기도 하다. 다계층구조는 <그림 11>과 같이 기본적으로 퐁(fonds), 시리즈(series), 파일(file), 아이템(item)의 기술단위로 대별되나, 다음과 같이 서브퐁(sub-fonds)과 서브시리즈(sub-series)를 포함하여 여섯 단계[19]의 기술단위로 이루어진다.

퐁(fonds)[20]은 개인이나 단체의 활동에서 생산, 축적, 이용되는

---

19) http://scaa.usask.ca/rad/section2.htm#2.3

기록물의 가장 광범위한 기술단위로 최상위군의 '기록물군'이다. 시리즈(series)는 파일링시스템에서의 하나의 단위로 유지되는 '기록물계열'이며, 파일(file)은 최소의 기록물의 집합이며, 아이템(item)은 최소의 기록물 단위이다. 서브퐁(sub-fonds 또는 sous-fonds)과 서브시리즈(sub-series)는 퐁과 시리즈의 하위그룹이다(<그림 12> 참조).

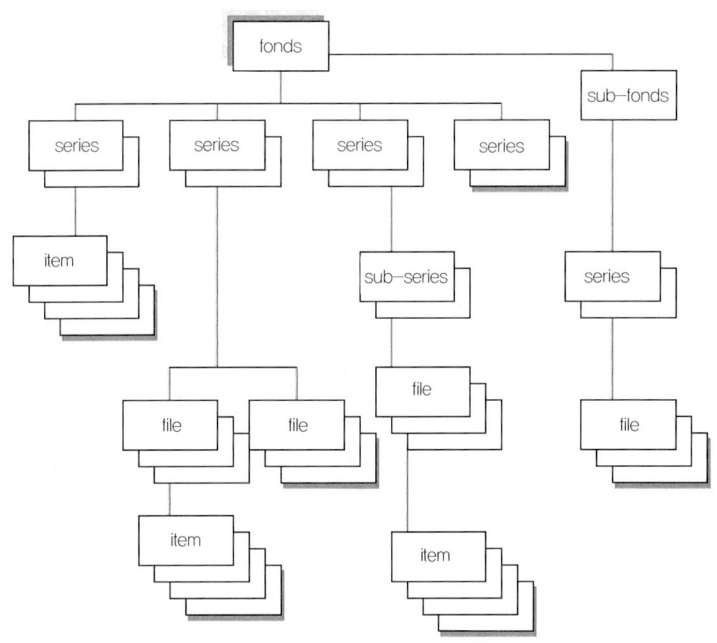

〈그림 12〉 기록물 기술의 계층적 구조

---

20) 영어로 '폰즈'로 발음되는 'fonds'에 대하여 프랑스와 러시아 등에서는 '퐁'으로 발음한다. 현재 이는 단어 생성시기에 따라 일반적으로 '퐁'으로 불린다.

이들의 목록기술의 범위는 기술단위의 성질과 정보시스템의 요구에 따라 다르며, 원칙적으로 목록기술은 계층적으로 배열·기술된다. 계층적으로 기술된다는 것은 기록물의 다계층 구조 기술로서 ISAD(G)가 규정한 네 가지의 원칙을 기본으로 한다. ① 일반적(포괄적)인 계층에서 구체적인 계층으로 기술한다. ② 각 기술계층에 적절한 데이터만 포함하여 기술한다. ③ 각 기술은 상위계층의 기술단위와 연계하여 기술한다. ④ 관련된 계층에서의 정보의 중복기술은 지양한다.

3) 기술의 원칙

기록의 목록기술에는 상술한 ISAD(G)의 다계층 기술원칙을 포함하여 다음과 같은 네 가지 원칙을 기본으로 한다(국가기록원평가분류팀 2006. 1 - 2).

제1원칙, 출처존중의 원칙. 어느 한 개인이나 기관이 아닌 다른 생산자의 기록물과 섞이지 않도록 관리한다는 원칙이다. 이는 기록물의 소장자보다 생산자가 더 중요하므로 기록물과 생산자와의 관계를 중시하는 것으로, 기록물 자체뿐만 아니라 기록물 생산자에 대한 정보도 함께 보존한다는 것이다.

제2원칙, 원질서존중의 원칙. 생산기관이 공식 활동을 수행하는 과정에서 기록을 축적한 순서와 질서를 그대로 유지한다는 원칙이다. 이는 출처존중의 원칙을 바탕으로 하고 있으며, 특정한 기록물 계열들 사이의 상관관계 및 전체 기록물철의 기본 구조를 보존한다는 것이다.

제3원칙, 집합기술의 원칙. 상기한 제1원칙과 제2원칙에 입각하여 목록기술은 개별건이 아닌 집합적 수준으로 이루진다는 원칙이다. 이는 개별적인 기록의 내용보다 전체적인 내용을 포괄하는 윤곽을 기술한다는 것이다.

제4원칙, 다계층기술의 원칙. 이는 가장 포괄적인 상위계층에서부터 가장 구체적인 하위계층까지 계층에 따라 기술한다는 원칙이다.

4) 표준 기술의 발달

기록관에서 목록기술하는 기본 목적은 방대한 양의 소장 기록물의 관리상 식별을 용이하게 하고, 이용상 검색을 효율적으로 하기 위한 것이다. 최초의 필사본 목록규칙이 미국에서 1888년에 만들어졌으나, 목록기술의 표준화는 1970년 말에 이르러서야 인식·개발되기 시작하였다. 도서관 전문가들이 도서관 소장자료의 정보공유를 위하여 자동화표준포맷을 개발·발전시키자, 1977년 미국의 기록전문가들도 자동화를 통한 기록보존과 기관의 용이한 정보교환을 위하여 미국기록전문가협회(SAA)의 국가정보시스템연구단(NISTF: National Information System Task Force)과 연구도서관그룹(RLG: Research Library Group)이 기록물 표준데이터구조인 국가적 시스템(MARC) 개발에 착수하였다.

1983년에 최초의 표준화된 기록물 기술규칙이라 할 수 있는 APPM이 개발되었다. 이는 각 항목의 편성을 영미록목규칙(AACR2)과 MARC 포맷에 적용시켜 소장기록물의 정보를 연구도서관정보네트워크(RLIN)와 공유할 수 있도록 한 것이다. 그해 기록물과 필사본의 정보교환을 위한 초기의 표준화인 USMARC AMC 또한 개발되었다. 이는 주요 역사단체나 기록관에 빠르게 확산·적용되었고, 세계적인 OCLC와 미국필사본장서종합목록(NUCMC) 포맷에 채택되었다.

1989년 APPM2가 개정되고 USMARC AMC와 통합을 시도, 표준화된 기록물의 통합과 정보교환이 무르익어갔다. 1993년 World Wide Web을 통하여 새로운 표준데이터구조의 개발계획 하에 국제표준 기록물 기술(ISAD(G))이 개발되었으며, 1995년의 국제표준 전거기록물 기술(ISAAR(CPF))도 개발되었다.

5) 국제 표준

■ **국제표준 기록물 기술(ISAD(G)：General International Standard Archival Description)**

ICA(International Council on Archives)는 기록물 기술에 대한 국제적 표준 제정의 필요성을 인식하고 기술표준위원회(ICA/CDS: Ad Hoc Commission on Descriptive Standards)를 구성했다. 영국의 크리스토퍼(Christopher J. Kitching) 위원장을 위시하여 캐나다, 프랑스, 스웨덴, 포르투갈, 스페인, 호주, 미국, 말레이시아에서 위원들이 참여하고 사무국은 캐나다가 맡아 적극적으로 지원했다. 1991년 ICA/CDS는 일반규칙 초안 작성을 위해 소위원회를 구성, 1992년 1월 마드리드에서 열린 회의에서 ISAD(G) 초안을 승인받았다. 1993년 1월 스톡홀름에서 각국의 의견을 반영한 수정안을 채택, 1994년에 출판하였다.

ISAD(G)는 일반적 규칙(general rules)의 성격을 가지며, 기록의 일생주기 중 최종의 전문기록관리기관으로 이관된 보존기록을 대상으로 기술할 때 적용되는 기술규칙이다(설문원 2004, 220).[21] 또한 기술단위(unit of description)의 성격이나 범위에 상관없이 모든 기록물의 기술에 광범위하게 적용할 수 있도록 만들어진 표준이다. ISAD(G)는 기록물을 기술하는데 사용할 수 있는 26개의 기술요소를 정하고, 6개의 사항으로 구분하고 있다.

ICA/CDS는 구체적인 기술의 표준안을 마련하기에 앞서 오랫동안 기록관리실무를 통해 확립되어 온 '마드리드 원칙'을 채택하였으며, 이는 전술한 ISAD(G)의 '다계층기술'로 구체화된 것이다.

■ 국제표준 전거기록물 기술(ISAAR/CPF: International Standard Archival Authority Record for Corporate Bodies, Persons and Families)

1993년 1월 ICA/CDS는 기록물 기술에서 접근점(access point)의 형식과 내용을 통제하는 데 필요한 표준을 개발하기 위한 소위원회를 구성했다. 소위원회는 캐나다와 미국에서 진행 중인 관련 연구와 1970년대부터 80년대까지 IFLA에 의해 만들어진 고서관계의 국제 표준들을 참조해서 접근점의 전거통제에 관한 국제표준 초안을 개발했다. 범세계적 검토를 통해 수정된 ISAAR(CPF)는 1995년 11월 파리에서 열린 ICA/CDS 회의에서 채택, 1996년에 출판되었다.

---

21) 전술하였듯이 현용 및 준현용의 기록관리에 관한 국제표준에 대해서는 전자기록과 기록관리 부분에서 살펴보도록 하겠다.

ISAAR/CPF의 주요 목적은 기록물 전거기록(archival authority record)에 대한 일반적 규칙을 제시하는 것이다. 기록물 기술에서 작성자로 지명된 단체·개인 또는 가문의 이름을 기입하는 형식을 표준화하고, 기록물 작성의 배경을 이해하는 데 필요한 작성자에 관한 정보를 상세히 설명하는 방법을 표준화하였다. 그리고 기록물 전거기록에 포함되는 요소들을 전거제어사항(Authority Control Area), 정보사항(Information Area), 주기사항(Note Area)의 3개 사항으로 나누어 구조화했다.

6) 세계의 표준

■ **기록물, 개인문서, 필사본의 목록규칙(APPM2: Archives, Personal Papers and Manuscripts, 2nd)**

APPM2는 미국의 기록물 기술을 위한 국가표준으로 문자 중심의 텍스트뿐만 아니라 모든 매체를 포괄하는 기술표준이다. 본 표준의 목적은 기록보존소와 도서관 및 기타 기관에서 자관 소장 자료를 기록물 지향적으로 목록기술 할 때 이용하기 위한 것이다(Society of American Archivists 1989). 이러한 기록물 기술표준화는 도서관과 정보학계 인사들과의 협력을 통하여 자동화 시스템을 기반으로 하고, AACR2의 기본적인 구조를 참조하여 개발되었다. 그리하여 1983년에 미의회 도서관의 주체로 초판(APPM1)이 발행되었고, 1989년 2판(APPM2)으로 개정된 것이다.

APPM2는 USMARC AMC(Archives and Manuscripts Control)와의 통합을 시도하여 기술요소의 명칭과 정의를 USMARC 필드

에 가깝도록 변경하였다. 또한 USMARC 필드에는 있으나 APPM1 에는 없었던 기술요소를 추가하고 불분명한 설명을 보완하여, 비도 서자료의 기록물에도 적용할 수 있도록 개선했다. APPM2는 개별 아이템보다는 컬렉션과 그룹 계층에서 기록의 생산과 역사적 배경 을 기술하는데 초점을 두고 있다. 개별보존소의 요구사항에 따르 도록 하기 위하여 기록물 관리 행위에 대한 기술은 포함하지 않고 있다. APPM2는 AACR2의 영역구분을 그대로 채용하여 기술규 칙을 제시하고 있으며, 기술영역은 표제 및 책임표시영역, 판영역, 형태기술영역, 주기영역으로 구분하였다.

■ DACS(Describing Archives: A Content Standard)

DACS는 미국아키비스트협회에서 2001년 국제인문기부금을 받 아서 CUSTARD라는 미국-캐나다 공동기술표준프로젝트에 착 수, 모든 유형의 기록물 기술에 적용할 수 있도록 산출한 내용표 준이다. 이는 APPM과 RAD(Rules of Archival Description)를 대체할 수 있고, ISAD(G)2와 ISAAR/CPF의 모든 기술 요소와 일치한다.

DACS는 부분적으로 기타 목록코드의 필요성을 인식했던 AACR2 4장의 규칙을 대신하기 위해 개발되었으며, 목록레코드와 완전한 검색보조도구를 포함하여 모든 유형 및 모든 계층의 기록물 자료와 필사본 자료 기술에 사용가능하다. DACS는 ISAD(G)2의 26개 요 소와 ISAAR(CPF)의 요소를 일부 경우에 그대로 통합, ISAD(G)2 의 식별영역의 기술계층을 독립된 기술요소로 설정하고 나머지는 ISAD(G)의 영역별 요소와 동일하게 제시하고 있다. ISAD(G)2는 정리 및 기술의 계층으로 되어 있되, 실제 복잡한 기록물은 많은 계층을 포함하고 있어 일관성 있게 적용하기가 어려웠다. DACS 는 이에 대한 해결책으로서 정보시스템에서 다양한 기술계층을 모두 연결시킬 수 있는 수단을 제시하였다. 예를 들면 MARC 레코드와의 링크, EAD의 내부요소, 관계 DB의 연관테이블, 기타 지역적 해결책을 사용해야 한다고 제시하고 있다(박진희 2005).

■ 미국 기록물, 필사본 기계가독 목록(USMARC AMC: United States MARC for Archives and Manuscripts Control)

USMARC AMC는 미국아키비스트협회 국가정보시스템연구단 (NISTF: National Information Systems Task Force)에서 1983년 에 개발한 것이다. 이는 도서관에 이미 정착한 MARC를 지원하면서 도서관의 매뉴스크립트 콜렉션과 기록관리기관 간에 분산되어 있는 기록물의 서지데이터를 통합·검색하기 위한 서지통정의 목적으로 미국 내에서 수용되었다.

USMARC AMC의 보급에 따라 기존에 OCLC나 RLG 등 서지유틸리티에서 배제되었던 아카이브스와 매뉴스크립트 컬렉션에 대한 간략한 개요 수준의 종합목록 교환이 실현되었다. 다만 이것은 미국과 같이 도서관과 기록관에 기록물이 분산 보존되고 있는 현실에 적합한 것이었고, 컬렉션 레벨의 서지기술과 검색을 위해서도 유용하다. 그러나 2계층을 넘어서는 기술의 전개가 어려워 3계층 이상을 전개해야 하는 복잡한 기록물 집합에는 적합하지 않다.

■ EAD(Encoded Archival Description Document Type
Definition)

EAD는 기록물 검색도구 전자화를 위하여 형식을 통일시키고
일원적으로 관리하기 위해서 전문가 집단인 아키비스트들 간의 합
의를 거쳐 개발되었다. 이는 전자 검색도구에 필요한 기술요소와
기술요소의 구조를 정의하여 집적시킨 정의집이다.

EAD는 1993년 버클리 검색도구 프로젝트로 출발한 이래 여러
차례 개정을 거듭하며 발전해 왔다. 개발목적은 ① 전자 환경에서
국제기록물 규칙인 ISAD(G)를 효과적으로 적용하고, ② 기록관
리기관 간에 표준화된 전자 검색도구를 생산하여 웹 환경에서 상
호교환하며, ③ 궁극적으로는 이용자들이 여러 기록관리기관에 산
재해 있는 기록물들에 대해 통합 접근하도록 돕는 것이다. 한편
EAD는 SGML과 XML규약을 따르고 있다. 본래는 전자 검색도
구를 위한 SGML DTD로 개발되었다가, 1998년 EAD 1.0버전부
터는 XML과도 호환할 수 있게 되었다.

■ 캐나다 기록물 기술규칙(RAD: Rules for Archival
Description)

이는 캐나다의 기술규칙으로 오타와 소재의 아키비스트 사무소
(BCA: Bureau of Canadian Archivists) 기술표준 기획위원회의
(PCDS: The Planning Committee on Descriptive Standards)가
개발하였다. 1990년에 발행되었으며, 일부 내용이 순차적으로 개
정되어 오늘에 이르고 있다. AACR2를 적용하여 제정되었으며,
ISAD(G) 원칙부분의 기술요소 결정에 참조가 되기도 한 매우 상

세한 기술규칙이다.

■ **영국 기록물 기술규칙(MAD: A Manual of Archival Description)**

이는 영국의 기술규칙으로 리버풀대학 기록물 기술 프로젝트에 의하여 진행되었다. 초판(MAD)은 1986년에 쿡(Michael Cook)과 그랜트(Kristina Grant)가 주관하고, 제2판(MAD2)은 1989년에 쿡과 프로터(Margaret Proter)가 주관하여 발행하였다. 다계층기술 원칙을 필수원칙으로 하고 있으며, 세계 기록물 기술규칙에 있어서 선도적 역할을 수행하고 있다.

■ **한국 기록물 기술규칙**

국가기록원은 우리나라의 감사원에서부터 경찰청에 이르기까지 총 66개 중앙행정기관의 기록물 분류를 위하여 2006년 2월에 '국가기록원기록물기술규칙(안)'을 마련하여 7월 1일부터 시행하였다. 이후 영구기록물관리기관에서 관리·보존하는 영구기록물의 기술에 필요한 사항을 규정하기 위한 기록관리 업무 표준으로 '영구기록물기술규칙(Archival Description Rules V.1.0)'을 2008년 12월 23일 제정하였다. 이는 표준전문위원회의 전문심의 및 국가기록관리위원회의 심의를 거쳐 개정한 공공표준으로 전술의 국가기록원 기록물기술규칙을 부분적으로 개정 및 대체한 것이다.

영구기록물기술규칙은 ISAD(G), MAD3, RAD를 인용하고 있으며, 기본적으로 기록물관리법 제3조 제5호의 규정에 의한 중앙기록물관리기관, 헌법기관기록물관리기관, 지방기록물관리기관, 대통령기록관 및 기타 영구기록물관리기관에 준하는 기능을 수행하는 기록물관리기관에서 보존 중인 영구기록물 기술업무에 적용하고 있다. 기술의 계층(Level of Description)은 기록물군 > 기록물계열 > 단위과제 > 기록물건의 계층을 원칙으로 하였다(<표 6> 참조).

<표 6> 영구기록물기술규칙의 기술계층

기술계층	내 용	비 고
기록물군 (Group)	특정 기관, 조직, 단체, 개인이 업무와 활동을 수행하는 과정에서 생산 또는 수집한 모든 기록물의 총합	기록물의 수집방법, 형태, 내용 등에 따라 별도관리가 필요한 특정기록물에 대하여는 '컬렉션'으로 구성
기록물계열 (Series)	동일한 행위나 기능을 수행하는 과정에서 생산·접수·이용되었거나, 함께 파일링되었기 때문에, 또는 형태가 같기 때문에 하나의 단위로 관리되는 기록물의 집합	
기록물철 (File)	기록물계열 또는 하위기록물계열 내에서 최소의 단위사안별로 분류된 기록물의 집합	대체로 기록물 생산자에 의해 생산과 동시에 하나의 묶음으로 편철·생성
기록물건 (Item)	더 이상 나눌 수 없는 기록물의 최소단위	하나의 기록물건에는 다양한 유형의 첨부물이 존재 가능

적용범위와 인용표준, 용어정의에 이어 영구기록물기술항목과 규칙으로 구성되어 있으며, 부속서로 기술예제와 기록물 기술과 전거와의 관계가 첨부되어 있다. 기술서(Description)의 경우 영구기록물의 구조, 맥락 및 내용에 대한 정보를 표준화된 형식에 따라 기록하며, 기술단위별로 작성된다. 7개 기술영역과 27개 기술항목으로 표준에 포함된 기술항목은 모두 사용가능하나, 다른 기록물관리기관과의 기술정보의 교환을 위해 1) 참조코드, 2) 제목,

3) 일자, 4) 기술계층, 6) 생산자명, 10) 범위와 내용의 6개 항목
은 필수항목으로 지정하였다(<표 8> 참조).

<표 7> 영구기록물기술규칙의 기술영역 및 항목

영역	기술내용	기술항목
1. 식별	기술단위를 식별하는 데 필요한 필수 정보	1) 참조코드
		2) 제목
		3) 일자
		4) 기술계층
		5) 기술단위의 규모와 유형
2. 배경	기술단위의 출처 및 관리이력에 관한 정보	6) 생산자명
		7) 행정연혁/ 개인이력
		8) 기록물 이력
		9) 수집/이관의 직접적 출처
3. 내용과 구조	기술단위의 주제와 정리에 관한 정보	10) 범위와 내용
		11) 평가, 폐기, 처리일정 정보
		12) 추가수집 예상기록물
		13) 정리체계
		14) 색인어
4. 접근과 이용 환경	기술단위의 이용조건에 관한 정보	15) 접근환경
		16) 이용환경
		17) 자료의 언어
		18) 물리적 특성과 기술적 요 구조건
		19) 검색도구
5. 관련자료	기록단위와 밀접히 관련된 자료에 관한 정보	20) 원본의 존재와 위치
		21) 사본의 존재와 위치
		22) 관련되는 기술단위
		23) 출판물 설명
6. 추가설명	어떤 영역에도 기술할 수 없는 특별한 정보(주기사항)	24) 추가설명
7. 기술통제	언제, 어떻게, 누구에 의해 기술되었는가에 관한 정보	25) 기술담당자
		26) 규칙이나 협약
		27) 기술일자

전자기록물의 경우 생산당시부터 메타데이터가 구축되도록 하여 관리내력, 이용내력, 재생 시 필요한 장비와 소프트웨어 등의 내력 정보가 남도록 기술하여야 한다. 특히 메타데이터의 항목 중 수작업으로 작성하는 항목은 이상의 기술규칙에 따라 기술하여야 한다.

기술서는 기록물의 관리 및 열람 업무에 검색도구로 활용하며, 기술서의 원본 1부와 내용이 수록된 보존매체 1부는 서고에 영구 보존하며, 열람활용에는 사본을 사용해야 한다.

6. 기록의 평가와 보존

6.1 기록의 평가

1) 기록 평가의 의미

기록(또는 기록물)의 평가에 대해서 선별, 선별과 평가 등의 용어가 사용된다. 『기록관리학사전』에 의하면 기록물의 평가는 '기록관에서 기록물의 가치와 그에 따른 현행 행정적, 법적, 재무적 이용에 기초한 기록물의 처리를 결정하는 과정'으로 기록물의 증빙적·정보적 가치, 배열과 상태, 기록물의 본질적 가치와 다른 기록물들과의 관계에 기초한다. 이는 기록전문가가 기록물이 지니고 있는 각각의 가치를 분석하고 의미를 부여해주는 작업으로, 이를 토대로 실제 업무수행에서 기록물의 선별이 이루어진다. 업무진행상의 실무과정에서 기록물의 평가는 기록물을 선별하여 수집함을 말하며, 다만 그 결과가 수집이 될 수는 없다(Cox 2002).

기록물의 평가는 기록물에 내재된 요소에 대한 가치평가라 할 수 있으며, 이는 수집 여부 또는 지속적 보존 여부, 영구보존가치를 판단하는 것을 말한다. 구체적으로 수집 여부에 있어서의 평가는 수집 또는 접수 단계에서 이루어지는 선별을 의미하며, 평가는 보존기간이 만료된 한시기록물을 대상으로 지속적인 이용가치 및 보존가치 등을 검토하여 보존 여부를 판단하는 업무이다.

한편, 기록관에서의 기록물의 지속적인 보존관리 측면으로 기록

물의 '재평가(reappraisal)'로 표현하기도 한다. 다만 이때 재평가
는 적합한 평가를 받지 못한 기록물 또는 잘못 평가된 기록물을
평가 또는 식별하기 위해 정규적 업무과정에서 이루어지는 작업을
뜻하거나(서은경 2006, 38), 기록이 지닌 원래의 가치를 내재하고
있는지의 여부와 기록관의 계속적인 소장 필요에 부합하는지에 대
한 작업을 뜻하기도 한다(Hunter 1997, 5).

2) 기록 평가의 요인

(1) 결정요인

기록물에 의미를 부여하고 가치를 분석하는 기록물 선별과 평
가의 실제 결정요인은 다음과 같다(이승억 2005, 42 - 55).

첫째, 기록물의 일생주기. 기록이 존재하는 일생주기 각 단계에
서 계속적인 효용성에 의해 의미가 확인되고 가치가 실현되는 것
이라는 사고가 실제 기록물 선별과 평가를 위한 중요한 결정요인
이 된다.

둘째, 기록물의 가치. 초기 미국 국립기록관 아키비스트인 바우
어(P. Bauer), 쉘렌버그(T. R. Schellenberg) 등은 기록의 가치를
성격에 따라 구분하였다. 반면 영국의 젠킨슨(H. Jenkinson)은 기
록물은 일생주기의 특정한 단계에 존재하는 것이 아니라 본원적으
로 내재한 가치를 갖는 것이라 하였다. 독일의 만하리츠(Angelica
Menne-Haritz)는 기록물의 선별과 평가에 기록물의 생산목적과
관련된 증거로서의 가치를 우선시했다. 즉, 객관적인 측면에서 기

록물에 가치를 부여하는 것은 기록물의 선별과 평가에 대한 개념
적 수단이기 때문에 중요한 결정요인이 된다.

셋째, 사회의 표상. 기록물은 어떠한 목적으로 생산되었든지 그
것이 생산된 당대 사회를 반영하고 있는 사회의 표상이다. 독일의
붐스(H. Booms)는 기록은 기록 자체가 아니라 사회의 투영으로서
실재하며, 미국의 햄(G. Ham)은 미래를 위한 정보의 선택에 있어
중요한 것은 '당대의 대표적인 척도를 선별하는 것'이라 했다. 사
회라는 요인은 기록물의 선별과 평가에 중요한 역할을 하며, 따라
서 동시대를 표상하는 대표 척도가 될 잠재적 기록물에 존재하는
질서를 파악하는 것은 기록물 평가의 중요한 결정요인이 된다.

넷째, 기록의 배경. 여기에는 기록의 출처(provenance)와 기록의
활용이 포함된다. 전자는 근대적인 기록물관리의 모든 분야에서
가장 중요한 근거로서 기관의 업무활동 분석, 즉 기능에 기반한
기능출처(functional provenance)를 말한다. 후자는 기록물이 생산
목적과는 구별되어 다양하게 활용되기 때문에 이 또한 기록의 주
요 배경의 하나가 된다. 다만 이러한 기록의 배경은 예측이 쉽지
않으므로 이를 정합성 있게 설명할 수 있도록 정형화한다면, 기록
의 배경은 기록물의 선별 및 평가의 중요한 요인이 된다.

(2) 분석요인

영구적인 보존가치 측면에서의 기록물 평가 분석요인은 다음과
같다(김상호 1999, 28 – 34). 구체적으로 기록은 생산, 이용, 내용,
형태의 네 가지 요인을 고려하여 평가되어야 한다.

첫째, 생산요인(production factor). 이는 기록물 생산에 관여한 생산자(또는 생산기관)를 대상으로 하는 분석요인이다. 기록물 생산자의 지위와 위상, 생산과 관련된 조직 내의 해당기능과 활동의 중요성, 그리고 기록물 생산 목적을 분석·평가해야 함을 의미한다. 이는 기록물 생산자 자체가 기록물의 가치에 영향을 미치기 때문이다.

둘째, 이용요인(utilization factor). 이는 기록물 이용과 관련하여 이용제한요인을 분석하는 것이다. 기록물 원문의 난이도를 파악하는 지적 장애와 기록물 활용과 공개에 부정적 영향을 미치는 법적·행정적·도덕적 장애요인의 분석을 포함한다. 이는 기록물 이용 제한뿐만 아니라 보존 여부에도 영향을 미친다.

셋째, 내용요인(contents factor). 이는 기록물에 내재한 내용에 관한 분석요인이다. 기록물의 실제내용의 주제나 사안의 중요성, 신뢰할 만한 사실에 기초한 사실성, 내용기술의 체계성, 요약 또는 발췌 등과 구분되는 원문성, 수록 정보의 시간적·공간적 범위인 포괄성, 유일한 내용 여부의 희귀성 등이 포함된다.

넷째, 형태요인(configuration factor). 이는 기록물 보존과 관련한 분석요인이다. 기록재료에 따른 형태적 특성을 고려한 보존·열람·복제가부 등에 대한 보전성, 평가시점의 기록물의 상태와 손상 정도 및 복원가능성과 소요비용 등에 대한 온전성, 예술적·문화적 특징이나 물리적 형태면에 있어서 보존가치를 지니는 기록물에 대한 원형성 등이 포함된다. 이는 특히 유일하거나 희귀한 기록물 평가에 많은 영향을 끼치는 요인이다.

3) 기록 평가의 절차

기록물 평가절차와 관련하여 국가기록원의 예를 살펴보면 우선기록물이 생산, 정리 및 편철된 후 생산연도 종료 2년이 경과되면 기록관으로 모든 문서철이 이관, 정리 및 편철된다. 그 후 기록관에서의 기록물 평가를 실시하는데, 이는 보존기간이 만료된 한시기록물을 대상으로 지속적인 이용가치 및 보존가치 등을 검토하여 보존 여부를 판단하는 과정이다. 기록관에서 전년도 보존기간이 만료된 10년 이하의 한시적 기록물을 대상으로 목록을 작성하는 선정 작업을 거쳐 처리과 의견 조회 후 기록물관리전문요원의 심사후 기록물평가심의서가 작성된다. 최종적으로 기록물평가심의회를 통해 보존기간을 심의 의결한다. 구체적으로 다음 <그림 13>과 같다.22)

4) 기록의 처분

기록물 평가 결과 영구적인 보존가치를 지니지 못하여 더 이상 기록관에 보유하지 않기로 판정받은 기록물을 기록관으로부터 제거하는 작업을 '처분'이라고 한다. 서은경(2006)은 특수한 경우에 이루어지는 매각을 통한 처분을 제외하고, 사기관인 민간기관을 대상으로 하는 기록의 처분 유형으로 세 가지를 기술하였다. 이는 공공기관을 포함한 대부분의 기록관에 적용되는 일반적인 처분의 유형으로 다음과 같다.

---

22) http://www.archives.go.kr/next/manager/archivesAssessment.do

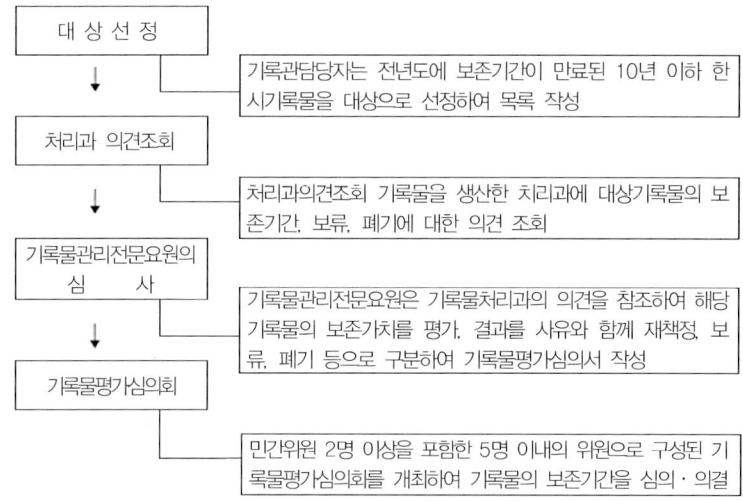

〈그림 13〉 기록관의 기록 평가절차

첫째, 원소유자로의 반환. 기록관의 기록물 수집 범위나 목적에 벗어난 기증 자료의 경우가 여기에 해당된다. 이 경우 법적 소유권이 원소유자에게 있는 경우 반드시 원소유자에게 반환하여 처분해야 하고, 비록 물리적 또는 법적 소유권이 기록관에 있다 하더라도 먼저 원소유자에게로의 반환을 고려해야 한다.

둘째, 이관. 다른 기관으로의 이관과 영구보존기관으로의 이관이 있다. 전자의 경우 기록관의 수집대상 영역에서 벗어난 기록물이거나, 동일한 범주의 기록물이 둘 이상의 기록관에 분리 보존되어 있거나, 자관보다는 타관이 우수한 환경을 갖추고 있는 등의 경우에 해당하는 경우이다. 후자의 경우 공공기록물에 있어서 최종적인 영구보존 기록물로 평가된 후 전문관리기관으로의 이관을 의미한다.

셋째, 폐기. 지속적 보존이나 영구적 보존의 필요가 없는 것으로 평가된 기록물은 폐기처분한다. 다만 완전폐기는 중복기록물, 형태적으로 손상되어 정보적 가치를 상실한 기록물, 증빙적 가치가 오도되는 기록물 등으로 국한하여야 한다. 호주기록청(NAA: National Archives of Australia)은 기록물 폐기와 관련하여 'Recordingkeeping: Disposal'과 'Recordingkeeping: Distruction'으로 구분하여 설명하고 있으며, ① 폐기기록물의 형태, ② 폐기기록물의 양, ③ 폐기기준, ④ 폐기일자, ⑤ 폐기방법을 반드시 기록하도록 제안하고 있다.[23]

6.2 기록의 보존

1) 기록보존과 훼손의 의미

『기록관리학사전』에 의하면 '기록보존'은 '손상된 문서의 수선, 보수와 손상의 예방 등 기록물에 대한 물리적 보존활동 및 절차의 총체'이다. 한편 '손상이나 열화를 대비한 도큐먼트의 안정성 확보와 보호, 그리고 손상 또는 열화된 도큐먼트의 처리에 관계되는 모든 과정 및 운영을 의미', 또는 '마이크로필름과 같은 다른 매체로 정보를 옮기는 활동'이라고도 정의내리고 있다. 즉, 보존은 첫째, 기록물이 훼손되거나 손상 또는 악화되지 않도록 기록물을 안정화시키고 보호하는 일, 둘째, 손상 또는 훼손되거나 상태가

---

23) http://nag.gov.au/recordingkeeping/disposal/disposal.html, http://nag.gov.au/recordingkeeping/disposal/distruction.html

나빠진 기록물의 취급, 셋째, 전자매체와 같은 다른 종류의 매체로 이전하는 일도 포함하고 있음을 알 수 있다.

기록물 훼손과 관련하여 페더(Feather 2004)는 훼손(decay), 관리(treatment), 저장(storage)의 세 가지 요소를 언급하고 있다. 발로펫과 제니(Ballofat & Jenny 2005)는 환경(environment), 교육(education), 재난계획과 대처(disaster planning and response), 저장방법(storage methods)의 네 가지 요소를 기술하고 있다. 이외 기록물 보존관련 연구물을 종합하면, 기록물 훼손은 다음과 같이 네 가지로 분류된다.

첫째, 기록물의 환경적 훼손. 이는 온도와 상대습도, 빛이나 조명과 같은 기록물 보존서고의 환경에서 비롯한 훼손을 의미한다. 그 외 자연재해에 해당하는 화재와 홍수도 포함된다.

둘째, 기록물의 생물학적 열화. 이는 환경의 악화로 더욱 심화되는 경우이기에 첫째 경우에 포함되기도 한다. 그러나 일반적으로는 세균이나 곰팡이와 같은 미생물에 의한 피해와 해충과 동물에 의한 피해를 들 수 있다.

셋째, 기록물 원재료의 변질. 이는 종이기록물, 시청각기록물 등의 종이나 자기매체 등의 원재료 외에 잉크와 필기류의 원재료의 변질도 해당된다. 그중 종이기록물의 경우 종이의 변질, 즉 원재료의 산성화로 대변되는 황변과 같은 현상이 일례이다. 이는 재료에 포함된 수소이온 지수인 페하(pH)의 지수가 낮을수록, 그리고 시간의 흐름과 이용과 같은 기타 변수가 함께 작용하면서 발생하는 현상이라 할 수 있다. 이는 공공기록물관리법 시행령 제50조 4항 별표 3의 '기록물의 상태검사 기준' 중 종이기록물 재질 비고에 의하면 종이의 경우 pH 7.0 이상이면 중성용지이고, 그 미만이면 산성용지로 구분하고 있으며, 시행령 제61조 기록매체 및 재료규격 제·개정 등에 따른 시행규칙 제38조의 별표 15의 '30년 이상 보존기록물의 기록재료'에 의하면 보존용지 1종 규격으로 pH 7.5 이상을 규정하고 있는 이유이기도 하다.

넷째, 기록물의 인위적 훼손. 이는 파손이나 마멸과 같은 기록물을 이용 또는 관리 및 취급하면서 발생하는 경우가 해당된다. 여기에는 의도적인 훼손뿐만 아니라 일부 비의도적인 훼손도 포함되며, 기록물 관리자의 관리부주의도 포함된다.

2) 기록보존의 종류

기록물의 보존에는 기록물 훼손 여부의 전후를 기준으로 예방적 보존(prospective preservation)과 사후적 보존(retrospective preservation)이 있다(국가기록원 2005, 22). 전자는 향후 일어날 기록물의 훼손을 미리 방지하는 것으로 보존환경의 수립에 중점을 두고 있다. 서고 보관환경의 개선, 온도와 상대습도 및 빛 등의 보존환경의 통제, 직원 및 이용자 교육, 재난관리 대응계획 등이 포함된다. 후자는 이미 발생한 훼손에 대해 처치를 하는 것으로 보존처리에 중점을 두고 있다. 수선 복원과 보존처리, 원본 복원 불가능, 기록의 사후적 매체 이전 등이 포함된다.

기록물의 형태와 내용을 대상으로 하는 물리적(형태적) 보존(physical preservation)과 내용적 보존(substantial preservation)으로 분류하기도 한다. 전자는 물리적 형태의 훼손정도가 내용보존 여부에 미치는 영향과 관련한 부분으로 역사적 기록물로서 형태자체가 희귀한 경우 더욱 고려되는 부분이다. 후자는 기록물에 실려 있는 내용 자체의 보존을 말하는 것으로 오늘날 전자기록의 경우 진본성의 여부문제와 관련하여 언급되는 부분이다.

한편, 우리나라의 공공기록물관리법 시행령 제29조 제1항에 의거 기록물관리기관이 보존 중인 전자적 형태로 생산되지 아니한 기록물 중 보존기간이 준영구 이상인 경우에는 다음 각 호의 어느 하나의 방법으로 보존하여야 하며, 기록물의 보존방법별 구분기준은 <표 8>과 같다.

〈표 8〉 기록물의 보존방법별 구분 기준

구 분	대 상 기 록 물
원본과 보존매체를 함께 보존하는 방법	① 보존 가치가 매우 높아 병행보존이 필요하다고 인정되는 기록물 ② 증명자료 또는 업무참고자료로서 열람 빈도가 매우 높을 것으로 예상되는 기록물 ③ 원본의 형상 또는 재질 등이 특이하여 문화재적 가치가 있을 것으로 예상되는 기록물 ④ 그 밖에 원본과 보존매체의 중복보존이 필요하다고 인정되는 기록물
원본을 그대로 보존하는 방법	① 보존가치는 높으나 열람 빈도가 높지 아니할 것으로 예상되는 기록물 ② 그 밖에 어느 정도의 기간이 지난 후에 보존방법을 결정하는 것이 타당하다고 인정되는 기록물
원본은 폐기하고 보존매체만 보존하는 방법	원본을 보존하지 아니하고 내용만 보존하여도 보존 목적을 달성할 수 있다고 인정되는 기록물

3) 기록물의 미생물학적 열화와 보존대책

상술의 기록물 훼손의 종류 중 중요기록물에서 보다 발생하기 쉬운 생물적 열화(Biological Deterioration)와 관련한 보존대책

상황은 시급하다. 공공기록물관리법 시행규칙 제30조 기록물의 보존처리 1항에 의하면 '보존기간이 30년 이상인 기록물은 미생물과 해충에 의하여 손상이 발생되지 않도록 서고에 입고하기 전에 소독을 실시하여야 한다'라고 규정하고 있다. 그러나 서고에 이미 입고되어 있는 기록물 또는 기존의 중요기록물들을 보다 더 정밀히 조사해 본다면, 미생물에 의한 열화가 심각함을 알 수 있다.

미생물은 일반적으로 크기가 작기 때문에 인간의 육안으로는 식별이 곤란한 생물로, 동물인지 식물인지 분류하기 힘든 중간형태이다. 일반적으로 다음과 같이 균류, 세균, 바이러스 등으로 분류한다.[24]

첫째, 균계(菌界)는 생물 분류의 하나로 효모, 곰팡이, 버섯 등이 포함된다. 둘째, 세균 또는 박테리아(bacteria)는 생물의 주요 분류군이다. 세포소기관을 가지지 않은 대부분의 원핵생물이 여기에 속한다. 셋째, 바이러스(virus)는 DNA나 RNA로 이루어진 유전 물질과 단백질로 이루어진 감염체를 말한다. 이는 '독'을 뜻하는 라틴어 낱말 '비루스(virus)'에서 왔으며, 크기는 종류에 따라 다르나 10~1000nm 사이이다. 스스로 신진대사를 할 수 없기 때문에 자신의 DNA나 RNA를 다른 세포 안에 침투시킨 뒤 소기관들을 이용하여 이들을 복제하고, 자기 자신과 같은 바이러스들을 생산하며 이로 인해 대개 숙주 세포는 파괴된다.

이러한 미생물로 인한 열화관련 기록물 보존의 현 상태와 보존대책 및 그 기대효과를 살펴보면 다음과 같다(신종순 2001, 21 - 32).

첫째, 중요 원본 기록물의 90% 이상이 곰팡이 등과 같은 미생

---

24) http://ko.wikipedia.org/wiki/%EB%AF%B8%EC%83%9D%EB%AC%BC

물에 노출되어 훼손이 심각하고, 이로 인한 원형복원과 내용 판독이 불가할 경우가 많다. 따라서 훼손상태, 즉 미생물로 인한 열화상태를 정밀하게 조사하고, 서고별 또는 기록물 단위별로 주기적인 진공살균처리를 실시해야 한다.

둘째, 현재 국내외에서 사용 중인 문서소독약제인 멜틸브로마이드(Methylbromide)와 에틸네오사이드(Ethyleneoxide)의 혼합기체는 맹독성으로 인체에 유독하고, 국제적으로 사용규제 대상이다. 따라서 인체에 무해하고 환경친화적이며 검증된 100% 식물성 천연항균제(BM-Solution)와 친환경적 기록물소독장비(BM-MASTERM) 등과 같은 천연 소독처리시스템[25]을 설치해야 한다.

셋째, 기존장비의 소독처리량·시간·작업성 등을 최대한 개선하고, 단시간에 대량처리가 가능한 최신 자동 설비를 설치하여 근본적인 작업 효율성을 증대해야 한다. 또한 천연소독처리시스템을 도입하여 추가인력이나 전문인력의 필요 없이 기존 기록물관리 인력을 활용해야 한다.

이에 대한 기대효과는 첫째, 주기적인 진공살균처리를 함으로써 현재 훼손 기록물의 약 30% 이상의 미생물 피해를 예방할 수 있고, 중요 기록물들의 보존수명을 연장시킬 수 있다. 둘째, 천연항균제를 사용한 소독으로 인체의 치명적인 피해와 오존층 파괴와 같은 자연환경의 오염과 파괴를 예방할 수 있다. 셋째, 국가공인기관의 검증을 통과한 순수 국내 개발의 환경친화적인 소독장비이

---

25) 천연소독처리시스템의 처리효과는 한국원사직물시험연구원(99.9% 이상의 살균력과 항균력 효과 인정), 한국화학시험연구원(안정성 보증 및 항균마크 부여), 특허청(천연항균제에 의한 기록물의 소독방법 및 소독장치 특허 인정, 제99 - 0146703호)과 같은 국가공인기관을 통하여 검증되었다.

기 때문에 경제적이다. 또한 본 장비사용에 따른 약 50% 이상의 소독처리시간 단축으로 단시간 내 대량소독처리라는 작업효율성을 최대화시킬 수 있다.

4) 이상적 기록보존

진정한 기록물 보존은 사후적 보존 처리가 발생하기 이전에 행하는 예방적 보존을 의미한다. 왜냐하면 사후적 보존은 이미 기록물의 훼손이나 열화가 발생한 사후처방으로 원본 그대로의 복구나 복원은 사실상 불가능하기 때문이다. 따라서 예방적 보존을 위한 다음과 같은 적절한 보존시설과 보존환경 그리고 기록 매체관련 기준의 수립이 매우 중요하다.

첫째, 보존시설. 이는 기록물을 적절하게 보존하기 위한 기록물 수집과 보관 및 관리에 필요한 시설장비를 이르는 것이다. 공공기록물관리법 시행령 제60조 1항 관련 별표 6에 의하면 기록물관리 기관에 대하여 항온·항습 설비와 공기청정장치와 같은 공기조화 설비, 자기온습도계, 가스식의 휴대형 소화기나 자동소화설비, 페쇄회로 감시장치와 같은 보안장치, 탈산처리장비, 소독처리장비의 설치를 규정하고 있다. 이외에도 화재나 홍수 등의 재난으로부터의 안전한 시설, 진행문서화일과 보존상자 등과 같은 보존을 위한 용품도 포함된다(국가기록원보존관리과 2004).

둘째, 보존환경. 여기에는 항온·항습, 빛과 해충으로부터의 예방 등이 포함된다. 우선 항온과 항습은 매우 중요한 기록 보존환경 요소로서 이에 대하여 공공기록물관리법 시행령 제60조 1항

관련 별표 6에 의하면 항온·항습 등 보존환경유지를 위하여 종이기록물, 전자기록물, 시청각기록물 등으로 구분하여 기준을 명시하고 있다(<표 9> 참조). 이외에 흑백사진·필름·마이크로필름 등은 자기매체의 온도와 습도 기준에 따르도록 규정하고 있다. 한편 직사광선과 같은 자연적인 빛을 포함한 인공조명과 같은 광선과 해충으로부터의 보호도 빼놓을 수 없다.

〈표 9〉 기록물관리기관의 보존환경유지기준

구분		종이기록물	전자기록물	시청각기록물	행정박물
보존환경유지기준	온도 (℃)	18~22℃	18~22℃	필름매체류: -2~2℃ 자기매체류: 13~17℃	18~22℃
	습도 (%)	40~55% (변화율은 10% 이내)	35~45% (변화율은 10% 이내)	필름매체류: 25~35% 자기매체류: 35~45% (변화율은 10% 이내)	40~50% (변화율은 10% 이내)
	공기질	미세먼지(PM-10): 50㎍/㎥ 이산화황(SO$_2$): 0.05ppm 이하 산화질소(NO$_x$): 0.05ppm 이하 오존(O$_3$): 0.05ppm 이하 포름알데히드(HCHO): 120㎍/㎥ 일산화탄소(CO): 10ppm 이하 휘발성유기화합물(VOC): 400 ㎍/㎥			
	조명	보존서고 100~300룩스, 전시관 50~200룩스(원본전시 기준)			

셋째, 보존매체. 적합 및 적절한 보존매체로의 기록 또한 필수적으로 고려해야 할 사항이다. 국제적 기구인 ISO에서도 종이관련 표준을 마련하고 있으며, 그중 'ISO11108: 1996(Information and documentation: Archival Paper: Requirements for permanence and durability)'은 기록물용 종이(Archival Paper)에 대한 표준이다. 공공기록물관리법 시행령 제61조에 따른 시행규칙 제38조 별표 15에 의하면 '30년 이상 보존기록물의 기록재료' 중 종이 외

에도 잉크 및 필기류에 대한 재료기준을 규정하고 있다(<표 10>
참조).

〈표 10〉 30년 이상 보존기록물의 기록재료

구분	재료기준	비 고
종이	·문서의 작성은 한지류 및 보존용지 1 종인 보존복사용지, 보존백상지, 보존 아트지로 작성 ·문서의 보관은 보존용 판지로 제작된 장기보존용 표지 또는 보관용기에 보관	·보존용지 1종 규격 : 화학펄프 100%, pH 7.5 이상, 탄 산칼슘 2% 이상 ·보존용 판지 규격 : pH 7.5 이상, 탄산칼슘 3% 이상
잉크	·먹, 탄소형·안료형 잉크, 보존용 잉크 사용	·pH 7.0 이상, 내광성 4호 이상, 산·알칼리용액(표백제 포함)에 무변화
필기구	·사무용프린터용 토너, 탄소형 사인펜, 흑색 안료형 필기구류 및 보존용 필기 구류	·pH 7.0 이상, 내광성 4호 이상, 산·알칼리용액(표백제 포함)에 무변화

한편 적절 및 적합한 보존매체의 사용 외에 이에 대한 검사와
유지 또한 필요하다. 이와 관련하여 공공기록물관리법 시행령 제
50조 영구기록물관리기관 보존 기록물의 상태검사에 의하면 '영구
기록물관리기관의 장은 보존 중인 기록물에 대하여 그 기록물 및
보존매체의 상태검사를 실시하고, 그 결과에 따라 복원, 보존매체
수록 등 필요한 조치를 취하여야 한다'라고 규정하고 있다.

넷째, 매체 이전(移轉). 이는 예방적 보존과 사후적 보존에 모
두 적용될 수 있는 부분이다. 전술한 대부분의 기록물 훼손과 미
생물에 의한 열화와 같은 경우는 대체적으로 기록물이 종이매체를
사용하기 때문에 발생한다. 매체 이전에는 복사본의 제작, 전자매
체로의 전환, 기록의 디지털화 등과 같은 다른 매체로의 전환이
포함된다.

7. 전자기록과 기록관리

7.1 전자기록

1) 종이기록과 전자기록

후한(後漢) 화제(和帝) 원흥(元興) 원년(105년)에 채륜(蔡倫)이 종이를 발명한 후 당(唐)과 사라센이 아시아의 패권을 놓고 3차에 걸쳐 탈레스 전투(Talas War)를 하였을 때, 포로가 된 당군 중 제지기술자에 의하여 757년에 사말칸트(Samalkant)에 처음으로 제지공장이 생겼다(金世翊 1988, 57). 서양 역사가들이 탈레스 전투를 세계사적 사건으로 기록하고 있는 이유 또한 다름 아닌 서양으로의 최초의 종이 전래가 여기에서 시작되었기 때문이다. 이후 종이는 가장 중요한 기록매체로서 전 세계에 걸쳐 이용되었다고 하여도 과언이 아니다.

종이 없는 시대의 도래가 회자되기도 하였으나, 기록매체로서의 종이의 사용은 정보통신 사회라는 오늘날까지도 변함이 없다. 그러나 처리해야 할 정보의 양이 기하급수적으로 늘어나고 있는 지식정보사회에서 종이기록은 곧 물리적 공간과 인력 및 비용의 극대화를 의미한다. 정보통신기술의 발달과 인터넷의 발전은 이러한 종이 기록매체의 단점을 대체 가능할 만한 전자매체의 기록을 탄생시켰다.

공공기록물관리법 제3조 2항에 의하면 '기록물'이라 함은 '공공기관이 업무와 관련하여 생산 또는 접수한 문서, 도서, 대장, 카드, 도면, 시청각물, 전자문서 등 모든 형태의 기록정보 자료와 행정박물'을 말한다. 그중 전자문서, 즉 전자기록은 기록물의 하나로서 전자정부법 제2조 정의 7항과 전자서명법 제2조 정의 1항 그리고 사무관리규정 제3조 정의 7항 등에 의하면 컴퓨터 등 정보처리능력을 가진 장치나 정보처리시스템에 의하여 작성, 송·수신 또는 저장된 문서나 정보로서 디지털 시대인 21세기에 종이 기록매체가 지니고 있는 공간, 인력, 비용, 관리 등의 문제를 해결해 줄 기록물로 기대된다.

2) 전자기록의 종류와 유형

(1) 전자기록의 종류

중국인민대학의 펑훼이링(馮惠玲 2001)은 다음과 같은 일곱 종류의 전자기록에 대하여 설명하고 있다(한국국가기록연구원 2004, 5 - 8).

첫째, 텍스트(Text) 전자기록. 문자를 사용하고 소프트웨어 처리를 거쳐 생성된 것으로서, 글자·단어·숫자·부호 등으로 표현된 기록을 말한다.

둘째, 데이터베이스(Database) 전자기록. 사무관리시스템 내에서 단독으로 기록의 역할을 담당하거나, 혹은 기록의 주요한 구성부분으로 출현한 데이터베이스 형식으로 존재하는 기록을 말한다.

셋째, 그래픽(Graphic) 전자기록. 일정한 계산법에 의해 제작한 도표와 곡선 등을 가리키며, CAD 혹은 설계와 제도의 과정에서 생겨나는 설계도 및 그림 등이 해당된다.

넷째, 이미지(Image) 전자기록. 디지털 설비를 이용하여 수집·제작한 화면으로서 스캐닝한 각종의 원본화면과 디지털카메라로 촬영한 사진 등이 해당된다.

다섯째, 영상(Video) 전자기록. 영상신호 수신 설비를 사용하여 기록한 디지털영상 혹은 애니메이션 소프트웨어를 사용해 생성한 2·3차원 애니메이션 등의 각종의 동영상화면을 말한다.

여섯째, 음성(Audio) 전자기록. 음향주파수 설비를 이용하여 기록하거나 편곡소프트웨어를 이용하여 생성한 기록을 말한다.

일곱째, 컴퓨터명령 기록. 각종의 사무용 컴퓨터 언어를 처리하여 만든 프로그램으로서 일종의 컴퓨터 소프트웨어를 말한다.

(2) 전자기록의 유형

국제기구인 ICA(International Council on Archives)와 IRMT(International Records Management Trust)는 장기적 보존가치가 있는 전자기록의 유형으로 다음과 같은 세 가지를 규정하고 있다. ① 기관의 본질적인 핵심기능을 문서화한 기록물, ② 인물과 장소, 사물 및 사전 등에 대한 중요하면서도 유일한 정보를 함유하고 있는 기록물, ③ 다른 영구기록물에 대한 검색 및 접근을 제공하는 기록물로 규정하고 있다.

좀 더 구체적으로 살펴보면 세계 각국의 중앙기록물관리기관에서 실무경험을 축적한 전자기록물의 유형이며, 그리고 최근 중앙기록물관리기관들이 처리해야 하는 대량의 전자기록물 유형임과 동시에 고도의 연구적 이용가치를 지닌 것으로 보존 대상으로 고려할 수 있는 데이터세트 유형은 다음과 같다(김명훈 2005b, 137 - 138). 즉, ① 영구적 보존대상으로 선정된 기록물을 전자적 포맷으로 이전(移轉)시킨 기록물, ② 영구기록물을 자동색인하는 자동색인 파일, ③ 자연현상에 대한 관찰이나 실험 등을 통해 생성된 유일하면서도 중요성을 지닌 과학 및 기술데이터, ④ 정부의 전 영역을 포괄하거나 중요성을 지닌 관리 데이터, ⑤ 무역ㆍ교육ㆍ보건 등의 주제에 대한 사회 및 경제 관련 데이터, ⑥ 토지ㆍ수자원ㆍ광물ㆍ야생생물 등에 대한 천연자원 관련 데이터, ⑦ 군사상의 기능에 대한 정보를 수록한 데이터, ⑧ 선거 및 여론조사 내지 재판사항 등 정치사범 관련 데이터, ⑨ 지구의 표면이나 기타 행성체를 지도화하는 데 사용된 지도 데이터, ⑩ 외교 정책 내지 국제협상 등의 활동을 문서화한 국가안보 및 국제관계 데이터가 포함된다.

3) 전자기록의 특성

전자기록은 종이기록과는 구별되는 설계에서부터 관리에 이르기까지 일생주기 전반에 걸쳐 다양한 특성을 지니고 있다. 한국국가기록원(2004)은 전자기록의 근본적인 특성에 대하여 구체적으로 설명하고 있다.

첫째, 정보의 수동적 판독 불가능. 종이기록과 같은 전통적 매체는 기록내용을 육안으로 파악할 수 있으나, 전자기록에 사용되는 디지털코드는 컴퓨터의 특정 암호해독 프로그램을 통해서만 판독이 가능하다.

둘째, 시스템 의존성. 전자기록은 생산에서부터 처리까지 모든 관리활동은 반드시 컴퓨터 시스템을 통해서만 수행이 가능하다.

셋째, 정보와 매체의 분리. 전통적 종이기록은 매체와 정보가 고정되어 있어 분리할 수 없는 하나의 실체이나, 전자기록은 물리적으로 고정된 실체를 가지고 있는 것이 아니라 서로 다른 매체상에서 동시에 존재하거나 상호변환이 가능하다.

넷째, 정보수정의 편리성. 전통적 종이 기록매체는 한정된 면적에 정보를 담고 있는 물체로서 일단 특정의 정보가 실리게 되면 정보가 지니는 원래의 질서는 변경이 불가능하다. 반면 전자기록은 정보와 매체의 분리에 의한 정보의 상대적 독립성으로 정보의 첨삭과 수정을 편리하게 할 수 있다.

다섯째, 정보저장의 고밀도성. 전자기록 매체의 저장 밀도는 전통적인 매체인 종이기록과 비교할 수 없을 정도로 높다. 더 나아가 앞으로 계속적인 기술의 발전과 진보에 따라 전자 기록매체의 저장밀도는 계속 증가할 것이다.

여섯째, 다양한 정보매체의 집적. 이는 전자기록이 '다중매체기록'으로 불리는 이유이다. 종이기록은 주로 문자와 도형으로 정보를 싣지만, 전자기록은 문자 · 그래픽 · 이미지 · 동영상 · 음성 등 각종의 정보형식을 유기적으로 조합할 수 있다.

일곱째, 정보의 조작 가능성. 전자기록은 디지털기록으로서 동태적, 가변적, 적극적이기 때문에 정보의 변경이 용이하다. 다시 말해 그 존재상태의 변화가 가능하며, 기존의 기록정보를 이용하여 여타의 다른 작업을 수행할 수 있다.

이상은 종이기록물과 구별되는 전자기록물의 특성이자 유의해야 할 특성이라 할 수 있다. 한편 기록관리 국제표준인 ISO 15489 - 1(2001)에서 전자기록이 기록물로서 존재할 수 있기 위해 지녀야 할 네 가지 특성에 대하여 기술하고 있으며, 국가기록원은 이에 대하여 다음과 같이 설명하고 있다.

첫째, 진본성(authenticity). 이는 전자기록의 가장 중요한 일차적인 특성이다. 기록이 그 취지와 맞는지, 그 기록을 생산하거나 보내기로 되어 있는 사람에 의해 생산되거나 보내졌는지, 명시된 시점에서 생산되거나 보내졌는지를 증명할 수 있는 것을 말한다. 진본성을 보장하기 위하여 기록의 생산, 수령, 전달, 유지 및 처분을 통제하는 정책 및 절차 등이 문서화되어야 한다. 이를 통해 기록의 생산자가 확인될 수 있고 인가를 받았는지 증명할 수 있게 하며, 기록이 인가받지 않은 접근에 의해 추가·삭제·변경·이용 및 은폐되는 것을 막을 수 있다.

둘째, 신뢰성(reliability). 기록의 내용이 업무처리와 활동 혹은 사실을 충분히 명확하게 표현하고 있다고 믿을 수 있는지 그리고 이후의 업무처리나 활동을 수행하는 과정에서 근거로 할 만한 것인지를 의미한다.

셋째, 무결성(integrity). 이는 기록의 완전함과 변조되지 않았음을 의미한다. 무결성은 기록이 인가받지 않은 변경으로부터 보호되었을 때 충족될 수 있다. 인가를 받은 어떠한 주석, 추가 혹은 삭제도 명백하게 드러나야 하고 추적할 수 있어야 한다. 이를 위해서는 기록 수정 시의 정책과 업무절차가 필요하다. 기록이 생산된 이후의 변경에 대한 정보를 포함하게 함으로써 기록물의 무단

변경에 대한 추적이 가능하게 해야 한다.

넷째, 이용가능성(usability). 기록의 위치를 찾을 수 있고, 기록이 검색될 수 있으며, 보일 수 있고, 그리고 해석될 수 있음을 의미한다. 기록과 그 기록을 생산한 업무처리나 행위 등이 연결되어 보일 수 있어야 하며, 일련의 활동 과정에서 생산된 기록들 간의 연계성도 유지되어야 한다.

종합적으로 진본성, 신뢰성, 무결성 그리고 이용가능성을 갖추고 있어야 전자기록은 비로소 기록물로 존재함을 시사한다. 그중 진본성의 확보는 전자기록의 가장 중요한 가치부여 항목이다.

4) 전자기록 관련 법령들

전자기록 관련 법령들은 다음과 같으며, 현 우리나라 공공기관의 전자기록 관리는 이하 법률의 규정을 따르고 있다.

첫째, 공공기록물관리에관한법률, 동법률시행령, 동법률시행규칙. 본 법률은 1999년 제정 이래 2006년 10월 전부 개정되고 시행령과 시행규칙도 2007년 4월 전부 개정되었다. 본법률은 공공기관의 전자기록의 정의와 관리에 대해서 규정하고 있으며, 기록물관리의 표준화와 전문화, 전자기록의 안전하고 체계적인 관리 및 활용 등을 위한 전자기록물 관리시스템, 그리고 중요기록물의 이중보존 등에 관한 가장 중요한 법적 영향력을 가지고 있다.

둘째, 전자정부법, 동법률시행령. 본 법률은 지난 2001년 '전자정부구현을위한행정업무등의전자화촉진에관한법률'로 제정되어, 2007년 1월 3일 일부개정되면서 현재의 '전자정부법'으로 개칭되었다.

본 법률은 2010년 2월 전부 개정되었고, 시행령 역시 같은 해 10월에 전부 개정되었다. 전자문서의 작성, 성립과 효력, 전자기록의 전자적 송·수신 및 접수, 행정전자서명의 인증, 전자공문서의 표준화, 종이문서의 감축 등과 같은 전자적 행정관리 외에 정보자원의 효율적 관리기반 조성, 정보시스템의 안정성·신뢰성 제고 등을 규정하고 있다.

셋째, 전자서명법, 동법률시행령, 동법률시행규칙. 본 법률은 1999년 제정되고 이후 여러 차례 일부개정된 것으로 전자서명의 정의, 전자서명의 효력, 공인전자서명 후 전자기록의 내용이 변경되지 아니한 것으로 추정 즉, 전자기록의 진본성과 무결성 보장 등에 대하여 규정하고 있다.

넷째, 사무관리규정, 동규정시행규칙. 이는 1991년 제정되고 이후 여러 차례 일부개정된 것으로 행정기관의 공문서관리, 문서변경이력의 기록, 전자기록의 표준 및 유통 등에 대하여 규정하고 있다.

이외에도 정보통신망이용촉진및정보보호등에관한법률(일명 정보통신망법, 정통망법, 망법 등), 전자거래기본법, 국회에서의 증언·감정등에관한법률, 민원사무처리에관한법률, 국가정보화기본법, 국회기록물관리규칙, 법원기록물관리규칙, 법원사무관리규칙, 헌법재판소기록물관리규칙, 선거관리위원회기록물관리규칙, 선거관리위원회사무관리규칙 등이 있어 전자기록 및 전자기록관리 관련 내용을 다양하게 규정하고 있다.

7.2 전자기록의 관리

1) 전자기록의 평가

전자기록 역시 관리 및 보존을 위하여 평가과정이 필수이다. 그러나 상술하였듯이 종이기록과는 다른 설계 → 생산 → 관리에 이르는 일생주기를 순환하므로, 우선 전자기록 평가를 위하여 기록전문가는 다방면에서 다음과 같은 사항들을 고려하여야 한다 (ICA & IRMT, 김명훈 역 2005, 119 - 125).

첫째, 통합성의 수준. 전자기록은 컴퓨터를 활용하여 최하위 수준의 데이터인 마이크로데이터를 쉽게 통계내거나 요약하고 직접 분석할 수 있기 때문이다.

둘째, 포맷. 종종 기록물은 종이와 전자적 형태로 동시에 존재하므로 기록의 성격에 따라 장기보존을 위한 최적의 포맷 결정이 필요하다.

셋째, 타(他) 기록물과의 결합성. 이는 두 개 이상의 소스로부터 동일 내지 유사한 데이터들을 취합시키는 것으로, 전자기록은 동일 식별자 및 공통요소를 취합시키는 컴퓨터의 처리능력을 기반으로 무한대의 결합관계를 창출할 수 있기 때문이다.

넷째, 업데이트. 전자적 환경에서 데이터의 업데이트는 일상적인 절차이므로 시스템 내지 데이터베이스의 설계 분석을 통해 어떠한 업그레이드 단계의 기록인지 평가해야 한다.

다섯째, 개인정보에 대한 접근 통제. 수많은 전자기록물 및 데이터파일 내에는 개인 내지 기관에 관련된 비밀정보들이 수록되어 있고, 전자기록물 및 데이터파일은 비밀정보에 대해 유연성 있는 관리가 가능하기 때문이다.

여섯째, 부가적 활용성. 일부 전자기록물과 데이터파일의 경우 그 자체로는 장기적 보존가치를 지니고 있지 않지만, 행정적 내지 기타 연구상의 목적을 위한 잠재적·부가적 활용 여부도 존재함을 신중히 고려해야 한다.

일곱째, 도큐멘테이션. 도큐멘테이션 자체는 시스템의 일생과 함께 보존되어야 하는 가치 있는 기록물이다. 따라서 해당 시스템 전문가가 없어도 데이터의 활용을 가능하게 해주는 기술 도큐멘테이션의 확인 및 점검이 필요하다.

여덟째, 가독성(可讀性). 이는 저장매체의 데이터의 가독 여부 또는 해당기기에서 판독이 가능한지 등에 대한 부분으로 데이터가 저장된 매체의 물리적 상태를 확인해야 한다.

아홉째, 소프트웨어 및 하드웨어 의존도. 전자기록물 또는 데이터파일의 판독이나 검색이 특정 소프트웨어나 하드웨어에서만 가능한지, 표준 포맷으로 리포맷이 가능한지 확인해야 한다.

열째, 비용. 전자기록물의 접근, 이관, 처리 및 보존을 위하여 소요되는 고정비용과 추가비용을 고려해야 한다. 이외에도 전자기록물의 관리에 따른 경제성과 잠재적 이익 또한 포함하여 고려해야 한다.

종합적으로 이상의 전자기록 평가를 위한 사항은 ISO 15489 - 1의 전자기록물의 네 가지 속성과 더불어 고려해야 할 가장 기본적인 전자기록 평가사항이라 할 수 있다. 한편 전통적인 종이기록과 구별되는 전자기록만의 특성으로 다음과 같은 평가상의 문제들이 존재한다(국가기록원 2005, 64 - 67; 김명훈 2005a, 110 - 116).

첫째, 평가의 시기 문제. 전자기록은 생산량이 방대하며, 생산 이후 비현용단계에서의 중요기록물 선별이나 영구보존 선별 및 평가가 매우 힘들다.

둘째, 가치의 중첩 문제. 전자기록은 가상의 공간에 존재하므로 시간의 흐름에 따른 가치의 순차적 구분이 어렵고, 이에 따라 현용가치와 비현용가치가 중첩된다.

셋째, 평가상의 기술의존성 문제. 전자기록을 생산한 시스템 내지 하드웨어 및 소프트웨어의 보존 없이는 선별 및 평가 후 향후 활용이 불가능하다.

넷째, 진본성의 문제. 전자기록은 매우 쉽게 복사, 수정, 변조가 가능하므로 진본성의 확보는 중요한 문제이다.

다섯째, 재평가의 문제. 전자기록이 생산된 조직구조와 업무기능 및 처리절차 등은 수시로 변화하고, 생산맥락은 복합적이며 기술적 조건 또한 급속히 변화된다. 따라서 전산상의 기술적 감시와 전자기록 자체의 고유 가치와 진본성 등에 대한 재평가가 필요하다.

여섯째, 전산시스템의 거대화와 통합화 경향의 문제. 최근의 전산시스템은 통합화 및 거대화, 복잡화, 다기능화 경향을 지니므로 전자기록 생산관련 범주, 출처, 맥락 등의 파악이 힘들다.

일곱째, 방대한 보존량의 문제. 전자기록은 작은 공간에도 방대한 양의 정보 저장이 가능하므로 평가가 쉽지 않다.

여덟째, 데이터베이스의 평가 문제. 데이터베이스는 실시간으로 내용이 변화되고, 업데이트와 수정 및 삭제 관련 기록 또한 생산맥락정보로 관리되어야 하므로 평가가 어렵다.

아홉째, 내용중심의 평가보다는 증거지향적 평가의 문제. 전자기록은 내용과 생산맥락과 구조가 분리되어 존재하고 다원적이고 복합적이므로 개별 기록물 자체의 내용만으로 본래의 내용이해가 불가능하다. 따라서 특정 업무행위에 대한 증거로서 기록물을 선별·평가하는 것이 전자기록물 평가의 궁극적 목적이라 할 수 있다.

2) 메타데이터

메타데이터(metadata)는 전자기록의 기록관리시스템에 있어서 가장 중요한 출발점이다. 이는 문자적으로는 '데이터에 대한 데이터'라고 정의되고 있다. 그러나 국제표준인 ISO 15489에서는 메타데이터에 대하여 '기록의 맥락(context)과 내용(content), 구조(structure), 그리고 관리내력(management through time)에 대하여 기술하는 데이터'라고 구체적으로 정의하고 있다. 따라서 메타데이터란 기록에 대한 ① 맥락, ② 내용, ③ 구조, ④ 관리내력의 네 가지 영역을 기술하는 데이터라고 할 수 있다. 문자적 의미와 ISO의 정의를 종합하면 메타데이터의 가장 중요한 기능은 기록에 '기록성(record-ness)'을 부여하는 것이라 할 수 있다.

큐닝햄(Cunningham 2001)은 이러한 메타데이터의 기능을 ① 기록의 고유성 식별, ② 기록의 진본성 확인, ③ 기록의 내용·구조·맥락에 대한 정보 제공, ④ 접근·이용·처분·조건의 관리, ⑤ 이용내력과 기록관리 과정의 추적, ⑥ 인증받지 않은 이용의 제한, ⑦ 이용자가 기록을 찾고 이해하도록 함이라고 설명하였다(설문원 2004, 223에서 재인용).

한편 국가기록원은 전자기록의 메타데이터의 종류를 여섯 가지로 구분하여 설명하고 있다.

첫째, 기록에 대한 메타데이터. 이는 기록 자체에 대한 것으로 생산일시, 생산자, 물리적 및 기술적 속성에 대한 기본정보, 기록의 위치, 집합계층, 관련자 및 업무프로세스, 주제 및 분류에 대한 정보, 접근제한 사항에 대한 정보가 포함된다.

둘째, 업무규칙이나 정책과 법규에 대한 메타데이터. 업무활동과 기록 생산관리 및 접근에 적용되는 규정상 요건에 대한 정보를 의미한다.

셋째, 행위주체에 관한 메타데이터. 생산자 및 조직에 대한 정보, 기록관리에 관련된 사람 및 조직과 부여된 권한에 대한 정보, 접근권한을 가진 사람 및 조직에 대한 정보를 포함한다.

넷째, 업무활동이나 과정에 관한 메타데이터. 기록이 발생된 업무기능과 활동 그리고 그 연계에 대한 정보, 기록과 기록생산에 관여된 사람 및 조직과의 연계에 대한 정보, 업무 프로세스에 대한 보안 및 접근규칙에 대한 정보, 기록이 발생된 업무 기능과 활동 및 기록을 분류하도록 하는 정보가 포함된다.

다섯째, 기록관리 과정에 관한 메타데이터. 특정한 기록관리 활동 수행을 위한 사람 및 조직 인가에 대한 정보, 기록과 기록계층, 기록과 기록관리에 관여한 사람 및 조직의 연계에 대한 정보, 장기보존을 위한 필요사항에 대한 정보, 기록 처분에 대한 정보를 포함한다.

최종적으로 메타데이터에 관한 메타데이터가 있는데, 이는 이상의 다섯 가지 메타데이터 기록에 대한 정보를 의미한다.

3) 전자기록 관리 표준

국제적인 표준인 ISO 15489, ISO 22310, ISO 23081 등과 우리나라 국가기록원의 일부 표준에 대하여 살펴보겠다.

(1) ISO 15489

정식명칭은 'ISO 15489 – 1: 2001 정보와 도큐멘테이션: 기록관리'[26]이며, ISO/TC 46 산하 기록관리 분과위원회가 주도한 세계적 수준의 기록관리 표준이다. 전술한 목록기술 표준인 ISAD(G)가 비현용의 기록관리에 적합한 것이라면, 이는 현용 및 준현용의 기록관리에 관한 국제표준으로 공공기관이나 개인 및 민간기관이 생산하고 접수한 모든 형태나 매체의 기록관리에 적용할 수 있다. 이는 본래 호주의 기록관리 표준 'AS 4390 – 1996: 기록관리'를 기반으로 개발되었으며, 기록관리 및 기록관시스템 개발 지침으로 그 적용이 확산되고 있다. 실제 호주표준국은 2002년 3월 기존의 표준을 철회하고, 'AS ISO 15489'로 대체하였다. 영국 역시 2001년 ISO 15489를 기반으로 'BS ISO 15489'를 국가표준으로 결정하였다. 즉, ISO 15489는 기능영역별 원칙을 추출한 대표적인 전자기록관리시스템 설계표준으로 전자기록관리시스템을 구축하는 데 가장 유용한 지침이라고 할 수 있다(설문원 2004, 224). 한편 이 표준에 대한 지침서인 'ISO/TR 15489 – 2'와 함께 참조할 것을

---

26) 'Information and documentation: Records management'(http://www.iso.org), 원문은 http://www.whitefoot-forward.com/iso_15489 – 1.pdf 참조.

권고하고 있다.

우리나라는 현재 이 표준에 대하여 'KS X ISO 15489 - 1: 2007 문헌정보 - 기록관리 - 제1부: 일반사항'과 'KS X ISO/TR 15489 - 2: 2007 문헌정보 - 기록관리 - 제2부: 지침'으로 국가표준으로 하고 있다.

(2) ISO 23081

발표당시 정식명칭은 'ISO/TS 23081 - 1: 2004 정보와 도큐멘테이션 - 기록관리과정 - 기록물메타데이터'이며, 이는 ISO 15489의 틀 내에서 메타데이터를 실행하고 사용하기 위한 지침이다.[27]

2004년에 발표되고 2006년에 개정된 제1부는 원칙부분으로 기록관리 메타데이터를 생산, 관리, 사용하기 위한 기술규격과 그 원칙에 대한 설명이다. 2007년에 발표되고 2009년에 개정된 제2부는 실무지침 부분으로 기존의 메타데이터 세트를 구현하고 사용하기 위한 설명이다. 제3부는 평가부분으로 ISO 15489와 연계된 기존의 메타데이터 세트와 작업들의 평가로 구성되어 있다.

우리나라는 현재 이 표준에 대하여 'KS X ISO 23081 - 1 문헌정보 - 기록관리과정 - 기록메타데이터 - 제1부: 원칙'과 'KS X ISO/TS 23081 - 2 문헌정보 - 기록관리과정 - 기록메타데이터 - 제

---

27) ① ISO 23081 - 1: 2006: Information and Documentation – Records Management Processes – Metadata for Records – – Part1:Principles, ② ISO 23081 - 2: 2009: Information and Documentation – Managing Metadata for Records – – Part2: Conceptual and Implementation Issues, ③ ISO/PRF TR 23081 - 3 : Information and Documentation – Managing Metadata for Records – – Part3: Self-assesment Method.(http://www.iso.org).

2부: 개념과 실행고려사항'으로 국가표준으로 하고 있다.

(3) ISO 22310

정식명칭은 'ISO 22310: 표준 입안자를 위한 표준에서의 기록 관리 요건 서술지침'28)으로 새로 개발 또는 수정하는 어떠한 표준 에서도 기록관리의 일관성과 상호운용성이라는 핵심기준 부합을 보장하도록 표준 입안자를 위한 기록관리 요건과 성문화 포함 지 원을 목적으로 한다. 이는 상술의 'ISO 15489 – 1'과 'ISO/TR 15489 – 2'에 따라 기록의 일관성과 권위 및 진본으로 유지되도록 보완하는 표준으로 'ISO TC46/SC11'에서 국제표준의 상호운용성 을 보장할 필요성을 인식하여 추가 지침서로 개발하였다. 1) 범위, 2) 인용규격, 3) 용어와 정의, 4) 일반 원칙, 5) 표준에서 기록관 리 요건의 개발과 구조화 지침, 6) 기록관리 요건의 공통 요소로 구성되어 있다.

우리나라는 현재 이 표준에 대하여 'KS X ISO 22310 문헌정 보 – 표준 입안자를 위한 표준에서의 기록관리 요건 서술지침'으로 국가표준으로 하고 있다.

(4) DoD 5012.2 – STD

미국 국방부(DoD)의 표준설계이다(Department of Defence 2002).29)

---

28) ISO. 22310:2006 Information and Documentation–Guidelines for Standards Drafters for Stating Records Management Requirements in Standards.(http://www.iso.org).

29) 'Design Criteria Standard for Electronic Record Management Software Appllcation', 원문은 http://www.dtic.mil/whs/directives/corres/pdf/50152std_061902/p50152s.pdf

이는 미국 국방부가 산하조직의 전자기록을 안정적으로 관리하기 위하여 마련한 시스템 설계 표준으로 44 U.S.C. 2902[30]와 국립기록청(NARA)의 기준에 맞는 기록관리 요건을 서술하고 있다. 본 표준을 국립기록청에서 전(全) 연방기관이 사용할 수 있도록 전자기록관리 어플리케이션의 표준으로 승인하였기에 미국 정부의 표준이기도 하다. 동시에 세계 최초의 전자기록관리시스템 구현을 위한 표준으로 선구적 역할을 담당하고 있다.

의무요건과 상세요건으로 구성되어 있다. 그중 상세요건 부분은 편철지침, 기록의 보존연한, 전자메일메시지 편철, 기록의 저장, 보유 및 필수기록관리, 접근통제, 시스템 검사, 시스템관리요건 및 기타 기초요건 등에 대하여 상세하게 설계하고 있다.

(5) 한국의 전자기록 관리 표준

국가기록원이 기록관리시스템표준으로 '기록관리메타데이터표준: 비현용기록물(1.0)(NAK/A 10:2007(v1.0))'과 '기록관리메타데이터표준: 현용·준현용기록물(1.0)(NAK/S 8:2007(v1.0))'을 2007년 12월 개발하였다. 이들은 기록의 식별, 진본성, 내용, 구조, 맥락과 필수 기록관리 요건을 기술하기 위해 구조화된 방식으로 획득해야 하는 정보의 유형을 열거하고 그 내용을 기록하도록 만든 표준이다. ① 행위자(Agent), ② 관련법규(Mandate), ③ 고유식별자

참조

30) 44 U.S.C. Chapter 29(Records Management by the Archivist of the United States and by the Administrator of General Services)의 2901부터 2909까지 중의 하나로, 2902는 기록관리의 목적 기술부분이다. 원문은 http://www.archives.gov/about/laws/records-management.html#2902 참조.

(Identifier), ④ 표제(Title), ⑤ 기술(Description), ⑥ 유형(Type), ⑦ 포맷(Format), ⑧ 크기(Extent), ⑨ 분류(Classification), ⑩ 주제어(Subject), ⑪ 일시(Date), ⑫ 생산이력(Business History), ⑬ 보존(Preservation), ⑭ 위치(Location), ⑮ 보존기간(Retention), ⑯ 권한(Right), ⑰ 관리이력(Management History), ⑱ 이용이력(Use History), ⑲ 관계(Relation), ⑳ 기록계층(Aggregation Level), ㉑ 언어(Language)의 21개의 상위요소와 96개의 하위요소로 구성되어 있다. 메타데이터 요소의 기본 역할을 고려하여 구조, 맥락, 내용 및 기록관리과정의 4개 범주로 나눌 수 있다(<표 11> 참조).

〈표 11〉 국가기록원 기록관리메타데이터 범주와 상위요소표

범 주	상 위 요 소 명
구 조	6) 유형, 7) 포맷, 8) 크기, 20) 기록계층
맥 락	1) 행위자, 2) 관련법규, 9) 분류, 5) 보존기간, 19) 관계
내 용	3) 고유식별자, 4) 표제, 5) 기술, 10) 주제어, 11) 일시, 16) 권한, 21) 언어
기록관리과정	12) 생산이력, 13) 보존, 14) 위치, 17) 관리이력, 18) 이용이력

이들 표준은 국가기록원 원내표준이자 공공표준으로 행정자치부 국가기록원 기록정책부 표준평가팀의 관리 하에 있다. '기록관리메타데이터표준: 비현용기록물'의 경우 공공기록물관리법에서 정한 비현용 단계 기록물을 관리하는 기관에 적용 가능하며, 영구기록물기록관의 영구기록물관리시스템과의 연계를 하고자 하는 공공기관을 그 대상으로 하고 있다. '기록관리메타데이터표준: 현용·준현용기록물'의 경우 공공기록물관리법에서 정한 현용·준현용 단계 기록물을 관리하는 기관에 적용 가능하며, 기록관의 기록물관

리시스템과의 연계를 하고자 하는 공공기관을 그 대상으로 하고 있다. 기록관에서는 관련업무 및 시스템 구축 시 제안업체에서 이 표준을 준수토록 하여야 한다.

4) 전자기록의 장기보존

(1) 전자기록 장기보존의 의미와 전략

전자기록의 장기보존(Long-term Preservation)이란 문서자체의 보존뿐만 아니라 설명정보 등을 포함하여 기록물과 관련된 정보들을 영구적으로 보존ㆍ유지함을 의미한다.

공공기록물관리법 시행령 제46조 영구기록물관리기관의 전자기록물 보존 및 관리 2항에 의하면 영구기록물관리기관은 전자기록물의 진본성ㆍ무결성ㆍ신뢰성 및 이용가능성이 보장되도록 관리정보 메타데이터와 행정전자서명 및 시점확인 정보 등에 대한 검증을 실시하고, 주기적으로 장기보존포맷을 변환하여야 한다. 이는 2010년 5월 4일에 개정된 규정으로 이는 전자기록이 종이기록에 비해 위조와 변조가 쉬워 분쟁 발생 시 증거능력이 제한되는 등 전자기록의 본질적 한계 때문이다. 따라서 전자기록의 진본성 문제와 더불어 전자기록의 장기(또는 영구)보존을 위한 모델연구가 세계적으로 진행 중이다.

다시 말해 전자기록물의 장기간 유지 보존을 위해 컴퓨터 기술이 여러 세대에 걸쳐 지속적으로 복사, 리포맷, 변환, 마이그레이션될 수 있도록 함으로써 기술의 노후화에 대한 계획을 마련해야 한다. 전자기록의 보존전략은 국가기록원의 경우 다음과 같은 세 가지 범주로 나누고, 이들을 적절히 조합하여 사용하는 방법을 채택하도록 하고 있다.

첫째, 마이그레이션(migration). 접근성의 유지를 위해 전자기록물을 구형의 하드웨어, 소프트웨어 구성 혹은 세대로부터 현재의 구성 혹은 세대로 끊임없이 전송하는 것을 말한다. 이를 통해 물리적 매체의 노후화 문제를 해결할 수 있게 된다.

둘째, 인캡슐레이션(encapsulation). 메타데이터를 디지털 객체와 함께 하나로 묶거나, 디지털 객체 사이에 포함시키는 것을 말한다. 메타데이터는 기록이 지적으로 이해될 수 있게 하고 미래에 기술적으로 접근될 수 있도록 하는 역할을 하게 되므로, 인캡슐레이션은 전자기록의 장기보존 및 활용을 위한 필수기능이다. 그러나 그 자체만으로는 전자기록을 보존하는 기능을 가지지는 못하여, 마이그레이션이나 에뮬레이션 등과 같은 기록의 접근가능성의 보증을 위한 전략들과 함께 결합하여 사용될 때에만 효과를 발휘할 수 있다.

셋째, 에뮬레이션(emulation). 소프트웨어의 원래 성능이 현재의 컴퓨터상에서 재생산될 수 있도록 하는 것으로, 전자기록의 원래 운영환경을 재생산하는 소프트웨어를 사용하게 된다. 직접적 도구가 되는 에뮬레이터 소프트웨어의 생산이 고도로 숙련된 컴퓨터 프로그래머를 필요로 하며, 높은 비용을 요구한다는 단점을 지닌다. 또한 상업적 소프트웨어의 에뮬레이션은 지적 자산과 저작권 문제로 인해 효율성과 안정성을 손상시키는 결과를 초래하게 된다.

(2) 전자기록 장기보존 모델과 포맷

■ OAIS 정보모델

OAIS(Open Archival Information System) 모델은 디지털 객체의 장기보존을 위하여 만들어진 참조모델이다. 이는 정보를 생산하여 보급하는 생산자(Producer), 그 정보에 접근하여 활용하려는 이용자(Consumer), 그리고 전략과 계획에 의거하여 정보를 보존 및 관리하는 주체(Data Management)를 위한 것이다.

OAIS 참조모델은 기능모델과 정보모델로 구성되어 있다. 그중 기능모델은 정보의 입수, 저장, 데이터유지관리, 운영관리, 보존계획, 접근 및 이용 등의 여섯 가지 기능으로 크게 구분하여 설명하고 있다. 이는 모든 유형의 디지털 객체를 보존하기 위한 개방적이고 확장·가능한 모델로서 2003년 디지털 정보의 장기보존 모델 표준인 ISO 14721[31]로 채택되었다(임진희 2006, 48-49).

■ PDF/A

PDF/A는 2005년 9월 14일 ISO에서 국제표준으로 승인한 문서보존포맷이며, 그 소유권은 ISO에 있다. Adobe사가 PDF1.4 포맷을 로열티 없이 공개함으로써 ISO19005-1[32]로 채택된 전자기록 보존 포맷이다.

전자기록물의 장기보존 포맷은 내용정보와 설명정보를 모두 포함할 수 있도록 패키징을 잘해야 한다. 국가기록원의 다양한 문서

---

31) http://www.iso.org

32) http://www.iso.org. 원문은 http://www.archivists.org.au/pubs/ISO_DIS_19005-1.pdf 참조.

포맷 비교 결과 문서 내용정보를 장기보존하기 위한 포맷으로 PDF/A가 가장 만족도가 높음을 알 수 있다(<표 12> 참조).

〈표 12〉 다양한 문서포맷 비교표

구분	XML	TEXT	이미지	PDF	CSD	PDF/A
공개용표준	상	상	상	하	하	상
편재	상	상	상	중	중	상
안정성	상	하	상	상	상	상
메타데이터지원	상	하	하	상	상	상
상호운영성	상	상	상	상	상	상
진본성	상	상	상	상	상	상
처리능력	상	하	상	상	상	상
표현력	상	하	○	상	상	상
검색기능	상	상	하	상	상	상

■ 공인전자문서보관소

전자기록의 단점을 해소하고 장기보존하기 위한 방안의 하나로서 착안한 것이 '신뢰할 수 있는 제3기관(TTP)에 의한 보관'이다. 여기에 보관된 문서는 법적으로 '변경되지 않은 것'으로 추정돼 위·변조 위험이 없고, 종이기록의 신뢰도를 높이는 기능을 한다.

산업자원부는 2006년 5월 2일 '공인전자문서보관소 시설 및 장비 등에 관한 규정'과 '전자기록보관 등 표준업무준칙'을 공포(산업자원부 2006), 2007년 '공인전자문서보관소' 제1호가 출범하였다. 이는 우리나라에서 개발된 세계 최초의 것으로서 일본의 'e문서법'이라는 전자기록 관련 비즈니스 모델이 있기는 하지만, 이는 개념이 협소하고 적용 대상이 제한적이다(김종희 2006).

전자거래기본법 제2조 정의 제8항에 의하면 공인전자문서보관

소라 함은 제31조의2 공인전자문서보관소의 지정 제1항의 규정에 의하여 지정을 받아 타인을 위하여 전자문서를 보관 또는 증명하거나 그 밖에 전자문서와 관련된 업무를 수행하는 법인을 말한다 (<그림 14> 참조). 구체적으로 이러한 공인전자문서보관소는 기업 내부의 전자업무 프로세스를 기업 간, 기업과 소비자 간, 나아가 사회의 모든 분야로 확산시키는 연결고리 역할을 맡아 제2의 'e-비즈니스 혁명'을 촉발하는 인프라 역할을 하게 된다.

자체보관과 공인전자문서보관서 보관을 비교해 보면 다음 <표 13>과 같이 1) 전자문서의 안전한 보관과 진본성에 대한 법적 효력 부여, 2) 전자문서의 무결성을 보장, 3) 원본으로의 유지, 4) 보관기간동안 원본추정효력 가짐, 5) 공인전자문서보관소에 이관이 완료되면 즉시 폐기 가능과 같은 장점이 있다.[33]

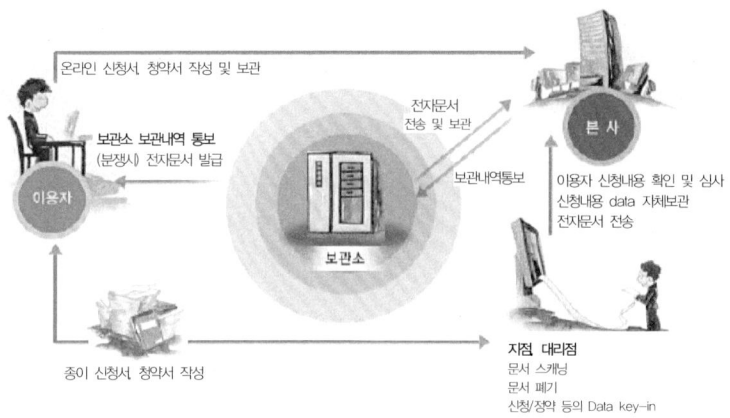

〈그림 14〉 공인전자문서보관소의 서비스의 예[34]

---

33) http://www.ceda.or.kr/System/Work.jsp
34) http://www.ceda.or.kr/System/Work.jsp

<표 13> 자체보관과 공인전자문서보관소 보관의 차이점

항 목	자체보관	공인전자문서보관소 보관
보관의무	· 전자문서 보관 중에 그 문서가 변경되지 않았음을 보관자가 입증책임을 부담	· 법으로 지정된 제3자(TTP)가 보관하여 전자문서의 안전한 보관과 진본성에 대한 법적 효력을 부여받음(법률상의 보관으로 간주, 전자거래기본법 제31조의 6항) · 불변경 저장매체를 활용하여 전자문서의 무결성을 보장(불변경성 추정, 전자거래기본법 제31조 7항 1호)
증명력	· 자체 보관문서의 지본 확인 및 검증 자체가 없음	· 공인전자문서보관소에 보관된 전자문서는 원본으로 유지됨(진정한 증명으로 추정, 전자거래기본법 제31조 7항 2호)
장기보관	· 전자서명 인증서의 유효기간이 있으므로 장기보관 시 전자문서의 유효성 검증문제가 발생할 우려가 높음	· 전자문서를 공인전자보관소에 보관기간동안 원본 추정효력을 가짐
원본종이 문서폐기	· 법령상 의무 보관기간까지 보관해야 함	· 공인전자문서보관소에 이관이 완료되면 즉시 폐기할 수 있음(원본폐기의 조건, 전자화문서의 작성절차 및 방법에 관한 규정 제53조)

5) 진본성과 전자기록의 관리

종이기록의 보존은 기록물 훼손 전후에 따라 예방적 차원의 보존과 사후적 보존으로 구분되는 반면, 전자기록의 보존은 진본성 확보에 의하여 실현될 수 있다. 종이의 진본 확인은 실물을 대상으로 전문지식을 가진 전문가의 육안이나 물리적·화학적 방법을 통하여 고증 또는 검증된다. 그러나 전자기록은 기본적으로 정보와 매체가 분리된 시스템 의존성을 지닌 사이버 공간상의 이진 비트열이기 때문에 쉽게 수정·변조된다. 따라서 진본성 확보는 기록관리 국제표준인 ISO 15489에서 첫 번째로 기술하고 있듯이 전자기록이 기록물로서 존재할 수 있기 위해 지녀야 할 가장 중요한 조건이다. 전자기록의 보존효과를 달성하기 위한 진본성 확보를 위해서는 다음과 같은 기능이 필요하다(송병호 2005, 47－49).

첫째, 획득 당시 기록물이 진본임을 확인하기 위해서는 품질검사, 출처확인, 그리고 원본선언이 되어야 한다. 품질검사가 필요한 이유는 전자기록의 경우 종이기록과는 달리 손상된 정보임을 바로 확인할 수 없기 때문이다. 출처확인은 ISO의 진본성을 위한 출발점으로서 생산기관이 기관인증을 거쳐 절차에 따라 이관해줌으로써 가능하다. 원본선언은 이관한 기관과 이관받는 기관이 그 사실을 상호 부인할 수 없도록 당시의 상황과 형태를 기록하고 그 시점부터 기록물로 취급하는 것이다.

둘째, 보존기간 중 지속적으로 진본의 유실을 막아야 한다. 진본의 유실을 막기 위해서는 정보보호가 이루어져야 하며, 정보보호는 진본성 확보의 사전예방조처에 해당된다. 이를 위해서는 사용자 인증, 기록물 보호, 시스템 보호, 네트워크 보호 등의 기술이 필요하다.

셋째, 주어진 전자기록이 진본인지 검증 가능하여야 한다. 이는 ISO의 전자기록 전제조건인 진본성과 무결성 부분으로 진본성 확보를 위해서는 적법한 원천으로부터 시작하여 적법한 사람이 적법한 절차를 걸쳐 처리한 현상인지 확인 가능하여야 한다. 이는 그동안의 수정 이력정보를 메타데이터에 포함시키는 방법으로 가능하다. 무결성 확보를 위해 사용 가능한 기술적 방안으로 능동적 방법과 수동적 방법이 있다. 전자의 방법은 정보보호 기능을 이용하여 허가되지 않은 변조가 사실상 불가능함을 믿도록 하는 것이다. 다만 완벽한 차단이 어려우므로 보호 기능이 장착된 시스템을 통해서만 기록물을 확인할 수 있고, 외부 제공 이후에는 더 이상 보호 불가능하다. 후자의 방법은 기록물이 권한 없이 변조되면 그 사실을 항상 확인할 수 있는 것으로 기록물 자체만으로 불법변조 사실을 확인할 수 있으나, 사후 변조 여부 확인용이므로 변조의 사전 차단이 안 된다.

넷째, 진본 훼손에 대하여 시후 대처가 가능하여야 한다. 전자기록은 훼손상태가 육안으로 파악하기 어려우므로 장기 보존 후 사용하려고 할 때 비로소 인지될 가능성이 있다. 이 경우 위·변조 공격의 시점과 경로 추적으로 적어도 언제까지 진본이었는지 파악하는 등 지속적인 진본 검증 행위가 필요하다. 가장 바람직한 것은 진본복구이나, 진본 훼손 대처의 대안으로 백업이나 이중 보존이 사용되기도 한다. 좀 더 확실한 복구가능성을 위해서는 전자기록 획득 당시의 모습 그대로를 보존매체에 담아 격리보관하거나 비(非)디지털 양식의 사본을 유지하는 것을 고려할 수 있다.

요컨대 전자기록의 진본성 확보는 획득당시, 보존기간 중, 그리고 수집 이후와 같이 전자기록 일생주기의 모든 단계에 걸쳐 철저하게 검증하여야 하며, 훼손된 사후에도 진본성을 확보해야만 기록물로서의 가치가 부여된다.

8. 대통령기록물과 대통령기록관

8.1 대통령기록물

1) 대통령기록물의 의미

공공기관에서 생산되는 기록은 모두 소중한 국민의 재산이지만 그중에서도 가장 중요한 것은 역시 대통령기록이다. 헌법상 대통령제하에서 대통령은 가장 중요한 의사결정권한을 가지고 있고, 고도의 정치적 판단을 요하는 직책으로 인해 가장 민감한 기록들이 대통령의 국가통치 절차 중 생산되기 때문이다. 이러한 기록들은 반드시 보존되어야 하고, 후세에 역사적으로 연구·활용 및 평가되어야 한다.

미국 대통령기록물관리법에 따르면 대통령기록물이란 '헌법과 법률에 의해 규정된 대통령의 업무를 수행하는 과정에서 대통령에게 자문을 주거나 보좌하기 위해 대통령집무실이나 대통령비서실에 속한 개인이나 업무조직에 의해서 혹은 대통령 자신에 의해서 생산되거나 접수된 모든 형태의 정보가 수록된 기록'을 말한다. 일기나 일지, 개인 메모 중에도 정보 업무를 수행하기 위한 목적으로 생산·접수된 기록물은 모두 대통령기록물에 해당된다.

우리나라의 경우 2010년 2월 4일 개정된 '대통령기록물관리에 관한법률(이하 대통령기록물관리법)' 제2조 정의 1항에 의하면 대통령기록물이란 대통령의 직무수행과 관련하여 ① 대통령, ② 대통령의 보좌기관·자문기관 및 경호업무를 수행하는 기관, ③ '대통령직인수에관한법률' 제6조에 따른 대통령직인수위원회가 생산·접수하여 보유하고 있는 기록물 및 물품을 말한다. 이때 기록물이란 '공공기록물관리에관한법률' 제3조 2호에 따른 기록물, 즉 공공기관이 업무와 관련하여 생산 또는 접수한 문서·도서·대장·카드·도면·시청각물·전자문서 등 모든 형태의 기록정보 자료와 행정박물을 말한다. 물품이란 국가적 보존가치가 있는 대통령상징물과 대통령선물을 말한다. 이때 대통령상징물은 대통령을 상징하는 문양이 새겨진 물품 및 행정박물 등을 말하며, 대통령선물은 '공직자윤리법' 제15조에 의거한다. 즉, 외국 정부 등으로부터 받은 선물의 신고 1항에 의하면 공무원 또는 공직유관단체의 임직원은 외국으로부터 선물을 받거나 그 직무와 관련하여 외국단체를 포함한 외국인에게 선물을 받으면 지체 없이 소속 기관·단체의 장에게 신고하고 그 선물을 인도하여야 한다. 이들의 가족이 외국으로부터 선물을 받거나 그 공무원이나 공직유관단체 임직원의 직무와 관련하여 외국인에게 선물을 받은 경우에도 같다.

한편, 대통령기록물관리법 제26조 개인기록물의 수집·관리 1항에 의하면 대통령기록관의 장은 역대 대통령(제25조에 따른 개별대통령기록관의 경우에는 당해 전직 대통령을 말한다)이 재임전·후 및 재임 당시에 생산한 개인기록물에 대하여도 국가적으로 보존할 가치가 있다고 인정되는 경우에는 당해 대통령 및 해당 기록물 소유자의 동의를 받아 이를 수집·관리할 수 있다고 규정하고 있다.

종합하면 ① 대통령의 직무수행과 관련하여 대통령, 보좌기관·자문기관 및 경호업무 수행 기관, 대통령직인수위원회의 기관이 생산·접수하여 보유하고 있는 기록물 ② 물품 그리고 ③ 재임 전·후 및 재임 당시에 생산한 개인기록물 등이 대통령기록물임을 알 수 있다.

2) 대통령기록물의 소유권

미국의 경우 대통령기록물의 소유권에 관한 법령은 워터게이트 사건(Watergate Scandal)에 의해 야기되었다. 닉슨(Richard Milhous Nixon) 대통령의 기록물 파기를 우려한 의회는 1974년 12월 '대통령녹취기록물및대통령기록물보존법(PRMPA: Presidential Recordings and Materials Preservation Act)'을 제정했다. 의회는 총무처가 닉슨 대통령기록물을 인수하고, 요구에 따라 법정에 제출하며 일반 공개를 위한 시행령을 제정하도록 했다. 동법에 따라 당시 국립기록보존소는 닉슨 기록물을 하나하나 검토하여 사적인 기록물을 공개에서 제외시킬 것을 규정했다. 이 규정에 의해 대통령기록물이 무엇인가가 비로소 정의되었다. 닉슨 대통령기록물의 소유권 분쟁과 공개권 소송을 계기로 1978년 '대통령기록물법(PRA: Presidential Records Act)'이 제정되어 대통령기록물은 국가소유라는 것이 확정되었으며, 레이건 대통령시기부터 적용되었다. 또한 대통령, 부통령, 백악관 보좌관의 공식 기록물이 모두 미국 정보의 소유로 규정되었다.

우리나라의 경우 대통령기록물관리법 제3조 소유권에 의하면

'대통령기록물의 소유권은 국가에 있으며, 국가는 대통령기록물을 이 법으로 정하는 바에 따라 관리하여야 한다'라고 대통령기록물의 국가 소유에 대하여 명확히 규정하고 있다.

3) 대통령기록물 관리의 법제화

미국의 경우 1950년에 최초로 연방정부의 기록물을 관리하는 '연방기록물법(Federal Records Act)'이 제정되었고, 이때 대통령기록물을 국립기록보존소에 이관할 수 있게 하는 규정이 삽입되었다. 1955년 국립기록보존소는 연방정부의 대통령기록물 수집을 정례화하고 대통령기록관에 대한 행정관리를 법령화할 필요성을 제기했다. 8월 '대통령기록관법(Presidential Library Act, 1986년 전부 개정)'이 상·하원에서 만장일치로 통과되었다. 이 법령은 대통령기록물의 접수뿐만 아니라 대통령기록관을 건립하기 위한 토지, 건물, 시설을 연방 총무처에서 접수할 수 있게 규정하고 행정적인 절차를 수립했다. 특히 당시 국립기록보존소의 상급 관할 기관이던 총무처 장관이 의회의 별도 승인 없이 대통령기록관을 관리 또는 위탁받아 운영할 수 있게 되었다. 의회는 이 법을 제정한 주된 이유가 미국 대통령기록물의 체계적인 보존과 활용의 기초를 제공하기 위한 것이라고 밝혔다. 이 법에 따라 대통령기록관의 설립과 연방기관으로서의 운영이 정례화되었으며, 국립기록보존소를 체계적으로 보존·활용할 기초를 제공했다. 이는 나중에 미국 국립기록청법의 일부로 개정 삽입되었다[35].

---

35) http://www.archives.gov/presidential-libraries/

이외에 전술한 1974년 12월에 제정된 '대통령녹취기록물및대통령기록물보존법(PRMPA)'과 1978년에 제정되고 1981년에 개정된 '대통령기록물법(PRA)'이 있다. 후자의 경우 2009년에 '대통령령 13489(Executive Order 13489)'로 전부 개정되었다.

우리나라의 경우 2005년 11월 한나라당 정문헌의원이 대표 발의한 '예문춘추관법안'과 통합·보완하여 행자위 대안으로 발의되고, 행정자치부 주관의 '대통령기록물관리에관한법률안(의안번호 4613)'36)이 마련되었다. 2006년 4월 입법예고 된 후 2007년 4월 2일 국회 본회의에서 통과, 4월 17일 국무회의 심의를 거쳐 의결되어 2007년 4월 '대통령기록물관리에관한법률'로 제정되었다. 같은 해 7월 동법률 시행령 또한 제정되었다.

대통령기록물관리법은 대통령기록물의 보호·보존 및 활용 등 대통령기록물의 효율적 관리와 대통령기록관의 설치·운영에 관하여 필요한 사항을 정함으로써 국정운영의 투명성과 책임성을 높이는 것을 목적으로 하고 있다. ① 대통령기록관리전문위원회, ② 대통령기록물의 관리, ③ 대통령기록물의 공개·열람, ④ 대통령기록관의 설치·운영 등에 대하여 구체적으로 규정하고 있다. 대통령기록물의 관리에 관하여는 다른 법률에 우선하여 이 법을 적용하되, 이 법에 규정되지 아니한 사항에 관하여는 공공기록물관리법을 적용하도록 규정하였다.

종합적으로 대통령기록물관리법은 대통령기록물에 대한 국가소유를 천명하고, 대통령기록물의 중요성에 대한 인식을 고양시키며, 국정운영의 투명성과 책임감을 높여 국민의 알권리 증진에 크게

---

36) http://search.assembly.go.kr/bill/doc_10/17/pdf/174613_100.HWP.PDF

기여할 것으로 기대된다.

8.2 대통령기록관

1) 대통령기록관의 의미

'대통령기록관'이란 역대 대통령의 재임 중에 생산된 공문서나 개인 기록 등 각종 기록물을 수집, 보관, 정리, 관리하는 시설이다. '대통령도서관', '대통령박물관'이라는 표현은 미국의 독특한 제도인 'Presidential Library & Museum'을 직역한 것이다. 일부에서는 '대통령기념관'으로 번역하는데, 실제 이는 'Presidential Memorial'로 대통령관련 기록물을 대상으로 수집 및 관리 등을 전문적으로 하는 시설과는 내용이 다르다. 대통령기록물을 관리하는 기관으로 보통 '대통령기록관'이라고 번역한다.

워싱턴에 있는 토머스 제퍼슨(Thomas Jefferson), 에이브러햄 링컨(Abraham Lincoln), 프랭클린 루스벨트(Franklin D. Roosevelt) 세 대통령의 것은 기념관의 성격이다. 미국의 경우 2백여 년간 43명의 대통령을 배출한 역사를 갖고 있으면서도 기념관이 3개밖에 없는 것은 오랜 시간에 걸쳐 역사적 평가가 완전히 내려진 대통령으로 그 대상을 제한했기 때문이다. 루스벨트 대통령기념관이 세워진 것도 사후 52년째인 1997년이며, 이러한 성격의 대통령기념관은 미국 국가기록청(NARA)이 아닌 국립공원관리소가 건축·관리한다. 기록관도 모든 전직 대통령마다 다 있는 것은 아니며, 제

31대 허버트 후버(Herbert Hoover) 대통령부터 가장 최근에 개관한 제43대 조지 부시(George W. Bush Library) 대통령까지 1930년대 이후 지금까지 재임했던 13명의 것만 있다. 이는 대통령기록관 제도가 이후에 시작되었기 때문이다(신동호 2006).

대통령기록물 관리의 전통을 세운 것은 프랭클린 루스벨트 대통령이다. 그는 대통령기록관 건립을 위한 민간위원회를 수립해 약 2만 8천 명의 시민으로부터 40만 달러의 기금을 모금하여 건물을 지었다. 루스벨트 대통령은 1940년 7월 4일 완공된 기록관과 기록물을 국가에 기증, 대통령 측근이 아닌 기록전문가와 역사학자 등 전문가들의 손에 의해 운영되도록 하는 전통을 세웠다.

2) 대통령기록관의 기능

대통령기록관은 대통령 직무수행과 관련되는 대통령기록물을 대상으로 하는 특별한 기록관이라는 점에서 일반적인 공공기록물을 대상으로 하는 기록관과는 차별되므로 이에 부흥하는 기능을 수행해야 할 것이다. 김성수와 서혜란(2002)은 대통령기록관에 대하여 일곱 가지 기능을 제안하였으며, 이외에 관리와 문화기능을 더하여 크게 기본적 기능(수집, 관리, 보존), 심층적 기능(정보제공, 연구, 박물관), 확장적 기능(교육, 문화, 관광)으로 구분할 수 있다. 상세 내용은 다음과 같다.

첫째, 기본적 기능. ① 수집기능. 대통령 재임기간의 국가통치와 관련하여 생산 또는 접수한 모든 기록물은 중요한 대통령기록물로 수집해야 하는 기능이다. 수집대상이 되는 기록으로는 공식적인

직무수행 과정에서 생산된 문서자료, 시청각자료 및 전자자료 그
리고 행정박물 외에 개인자료와 임기전후의 기록 등을 포함한다.
② 관리기능. 이는 재임기간의 현용기록에서부터 최종적으로 대통
령기록관으로 이관되는 비현용기록에 이르기까지 생산단계에서부
터 등록, 편철, 정리, 생산현황 등의 보고, 분류, 기술 등이 적절하
고 적법하게 그리고 체계적으로 이루어져야 함을 말한다. ③ 보존
기능. 이는 대통령기록물의 기본적인 생산단계에서부터 재료와 형
태 및 매체에 따른 적절한 보존조치를 취해야 할 부분을 말한다.
또한 기록관의 입지선정과 설계, 시공, 건축에 이르기까지의 최적
의 보존환경 조성도 포함한다.

둘째, 심층적 기능. ① 정보제공기능. 본 기능은 대통령기록관에
수집, 관리, 보존되는 기록의 최종 목적이 되는 기능이라 할 수
있다. 특히 최근의 정보통신의 발달과 웹 시스템의 발전으로 표준
적인 기록물 정리시스템과 검색시스템이 개발되어 더욱 효율적인
정보제공과 정보검색이 용이해졌다. ② 연구기능. 대통령기록관에
수집 · 보존 · 관리되는 기록들은 일부 소장자료의 경우 공개기한
이라는 제한이 존재하지만, 기본적으로 다양한 분야의 학술발전과
역사적 연구를 위한 매우 유용한 자료들이다. 실제 본 기능은 루스
벨트 대통령기록관(Franklin D. Roosevelt Presidential Library and
Museum)[37]과 케네디 대통령기록관(John F. Kennedy Presidential
Library and Museum)[38] 등의 예에서 볼 수 있듯이 사립재단과
의 연계를 통한 연구비지원사업으로 구체화되기도 한다. ③ 박물

---

37) http://www.fdrlibrary.marist.edu/
38) http://www.jfklibrary.org/

관기능. 일부 대통령기록관은 박물관의 형태로 존재하기도 한다. 그러나 본 기능은 해당 대통령 관련 각종 박물들, 즉 대통령 재임 시절 사용하던 가구, 집기, 의상 등 관련 실물과 표본 모형 등을 제공하여 직접 육안으로 관찰할 수 있도록 제공하는 기능이다.

셋째, 확장적 기능. ① 교육기능. 이 기능은 어린이에서부터 학생과 교사 및 일반인에게 역사에 대한 관심을 유발시키고, 실제 각종 전시회와 체험학습 및 활동 프로그램 등을 제공하여 직접 역사연구에 참여하고 공유토록 하는 기능이다. 이는 미국의 존슨 대통령기록관(Lyndon Baines Johnson Library and Museum)[39]과 후버 대통령기록관(Herbert Hoover Presidential Library and Museum)[40] 등에서 잘 운영되고 있는 사례이다. ② 문화기능. 대통령기록관은 해당 대통령 재임기간과 전후기간의 사회, 문화, 정치, 경제 등에 대해 특별하고도 폭넓은 이해의 기반을 제공해 준다. 따라서 대통령기록관에 수집·관리되는 모든 기록물과 박물들은 일정시기의 문화를 대표하는 기능을 지닌다. ③ 관광기능. 대통령기록관은 기본적으로 국내 남녀노소, 각계각층의 국민 외에도 외국인에게도 유용한 방문 국가에 대한 흥미와 관심 그리고 이해와 홍보를 위한 관광 프로그램의 일환으로 제공되기에 충분하다.

이상과 같은 대통령기록관의 기능 중 특히 기본적 기능은 대통령기록물의 생산보장과 폐기절차의 공정성 확보와 밀접하게 관련되어 있으며, 대통령기록물 관리의 법제화를 기본으로 하였을 때에 비로소 체계적으로 이루어질 수 있다. 이와 관련하여 우리나라

---

39) http://www.lbjlib.utexas.edu
40) http://hoover.nara.gov/

대통령기록물관리법 제22조에 의하면 대통령기록관은 ① 대통령
기록물의 관리에 관한 기본계획의 수립·시행, ② 대통령기록물의
수집·분류·평가·기술(記述)·보존·폐기 및 관련 통계의 작
성·관리, ③ 비밀기록물 및 비공개 대통령기록물의 재분류, ④
대통령지정기록물의 보호조치 해제, ⑤ 대통령기록물의 공개열람·
전시·교육 및 홍보, ⑥ 대통령기록물 관련 연구 활동의 지원, ⑦
제26조에 따른 개인기록물의 수집·관리, ⑧ 그 밖에 대통령기록
물의 관리에 관하여 필요한 사항 등의 업무를 수행하도록 규정하
고 있다.

8.3 세계의 대통령기록관

1) 미국

미국의 대통령기록관은 국가의 중요한 기록물인 대통령기록물을
대통령별로 한곳에 모아 정리하여 집중적으로 관리 보존하면서 역
사 연구자나 정책 연구자들에게 필요한 자료를 제공해 주는 정보
센터이다. 또한 박물관 전시나 특별 교육프로그램을 통해 국민에
게 역사를 교육하고, 국가의 지도자로서의 대통령에 대한 존경과
인식을 심화시키고, 애국심을 격려하는 사회교육센터이다(이상민
2001). 미국은 중앙기록물 관리기관인 국립기록청(NARA)이 대통
령기록관을 관리 감독하고, 대통령기록물을 관장하는 법률을 시행
하는 기관이다. 국립기록청의 대통령기록국은 대통령기록물 관리

제도의 수립, 대통령기록물의 인수인계, 대통령기록물의 정리·계획수립, 대통령기록관 건립 계획 수립 및 실행, 대통령기록관 건물 설비 기준 수립, 각 대통령기록관의 관장 및 전문직원 임명 등의 업무를 수행한다.

미국의 대통령기록관은 전임 대통령 본인과 그를 지지하는 민간 집단이 기금을 조성하고 부지를 제공하여 건물이 건설되었다. 재임 시 생산한 기록물과 사유 기록물을 1978년 이전의 경우에는 기증하였고, 그 이후에는 연방정부 국립기록청에서 수집하는 방식으로 국가에 그 운영과 관리를 의뢰하였다. 그 설립과정 및 절차는 1955년 제정된 '대통령기록관법'으로 규정되어 있다.

한편, 미국의 전국 일간지 유에스에이(USA) 투데이의 2011년 2월 13일 보도에 의하면 향후 20만 건의 각종 문서, 1,245통의 전화와 연설 및 각종 면담 등이 담긴 300여 개의 오디오테이프 릴, 300여 점의 유물, 1,500여 점의 사진 등 도서관이 소장 중인 케네디 대통령 관련 기록과 유물을 모두 디지털화하여 인터넷을 통해서도 접근이 가능하도록 할 방침이다. 미 역대 대통령 도서관 중 이렇게 전면적인 디지털 작업이 이뤄지는 것은 케네디 도서관이 처음으로 이 프로젝트에는 미국 통신업체 AT&T와 소프트웨어 업체인 EMC 및 아이언 마운틴 등이 참여한다.

미국의 대통령기록관은 전술한 3개 기념관을 포함하여 31대 후버 대통령(재임 1929~1933년)부터 제43대 부시 대통령(재임 2001~2009)까지 2011년 현재 13개[41]가 있으며, 다음과 같다.

---

41) http://www.archives.gov/presidential-libraries/

- Herbert Hoover Presidential Library
  홈페이지 http://hoover.archives.gov/

- Franklin D. Roosevelt Presidential Library
  홈페이지 http://fdrlibrary.marist.edu/

- Harry S. Truman Presidential Library
  홈페이지 http://trumanlibrary.org/

- Dwight D. Eisenhower Presidential Library
  홈페이지 http://eisenhower.archives.gov/

- John F. Kennedy Presidential Library
  홈페이지 http://jfklibrary.org/

- Lyndon B. Johnson Presidential Library
  홈페이지 http://lbjlib.utexas.edu/

- Richard Nixon Presidential Library
  홈페이지 http://nihttp://nixon.archives.gov/

- Gerald R. Ford Presidential Library
  홈페이지 http://fordlibrarymuseum.gov/

- Jimmy Carter Presidential Library
  홈페이지 http://jimmycarterlibrary.gov/

- Ronald Reagan Presidential Library

홈페이지 http://www.reaganlibrary.com/

- George Bush Presidential Library

  홈페이지 http://bushlibrary.tamu.edu/

- William J. Clinton Presidential Library

  홈페이지 http://www.clintonlibrary.gov/

- George W. Bush Presidential Library

  홈페이지 http://www.georgewbushlibrary.gov/

그중 대통령기록관의 전통 수립이나 전례가 되는 등의 특별한
의미가 있는 대통령기록관을 위주로 살펴보면 다음과 같다.

■ 프랭클린 루스벨트 대통령기록관(Franklin D. Roosevelt Presidential Library)

프랭클린 루스벨트(Franklin Delano Roosevelt) 대통령기록관은
1940년에 설립되었다. 본 기록관의 설립은 이후 미국 대통령기록
관 설립의 전례가 되었으며, 대통령기록물의 역사연구 자료화와
자료 집중화의 기틀을 마련하였다. 또한 대통령기록관에 기증함으
로써 기록이 더욱 잘 보존된다는 인식이 널리 퍼져 대통령 측근들
이 기록물을 다수 기증하게 되었다. 초대 관장으로 당시 국립기록
보존소의 아키비스트가 임명되었다. 본 대통령기록관은 정치적 임
명이 아닌 전문가가 관장으로 임명되어 대통령기록관에서 학술
적·중립적 기록관리를 추구했다는 면에서 그 의의가 크다. 이후

대통령기록관 관장의 전문가 임명은 하나의 의미 있는 확고한 전
통이 되었다.

〈그림 15〉 루스벨트 대통령기록관

■ 아이젠하워 대통령기록관(Dwight D. Eisenhower Presidential Library)

아이젠하워(Dwight David Eisenhower) 대통령기록관의 특징은
구술사 역사자료의 수집을 들 수 있다. 대통령기록관 설립이후 역
사가들은 행정부의 각료와 대통령 측근 인물들과 인터뷰를 하여
구술사 역사자료를 수집하기 시작했다. '아이젠하워 구술사 프로
젝트'를 통하여 기록만으로는 밝혀질 수 없었던 많은 역사적 진실
들을 수집하였고, 후대 역사가들에게 귀중한 자료를 제공했다. 이
러한 구술사 프로젝트를 통한 인터뷰의 대부분은 숨겨졌던 대통령
과 행정부의 정책 형성 과정을 상당히 밝혀 주게 되었다.

■ 존슨 대통령기록관(Lyndon B. Johnson Presidential Library)

존슨(Lyndon B. Johnson) 대통령기록관 설립의 특이점은 기금

모금 과정이 없었다는 것과 대통령기록관의 소유권은 대학이 갖고 국립기록보존소가 기록물을 관리하기 위해 대통령기록관 건물을 영구 임대하는 방식으로 운영하였다는 점이다. 1965년 9월 연방 정부에 소유권을 이전하지 않고도 텍사스 주립대학 부지에 대통령 기록관을 설립하고, 학교 시설을 사용하는 것을 승인하는 법령이 제정되었다. 동년 10월 8일 대학 당국과 총무처 장관 간에 대통령 기록관의 영구 임대 협정이 체결되었다. 따라서 대통령기록관 시 설과 내용물은 연방기록물 보존체제의 일부로서 유지·관리되고 보호되게 되었다. 이후 이러한 방식으로 포드 대통령기록관과 부 시 대통령기록관이 건립되게 되었다(McCoy 1978).

■ **포드 대통령기록관(Gerald R. Ford Presidential Library)**
미시간 주립대학교는 포드(Gerald R. Ford)가 대통령이 되기 전에 이미 그의 의회활동 기록과 부통령시절의 기록물을 수집하고 있었다. 그 후 1976년 12월 포드는 대통령 임기종료 전 자신의 대통령기록물을 연방정부에 기증했다. 따라서 포드 대통령은 재임 시 최초로 자신의 기록물을 연방정부에 기증한 인물이 되었다. 대 학은 대통령기록관 설립 부지를 제공하고 민간 기금을 모아 대학 소재지 앤 아버(Ann Arbor)에 기록관을 건축하였다. 이후 1981년 10월 포드 대통령기록관 건물 소유권은 미시간 대학교가 갖고, 대 통령기록물은 연방정부의 재산임이 명시되었다. 특히 포드대통령 의 경우 특징적으로 대통령기록관과 대통령박물관이 분리되어 있 다(Horrocks 1994).

■ **카터 대통령기록관(Jimmy Carter Presidential Library)**

카터(Jimmy Carter) 대통령은 취임 초부터 자신의 대통령기록
관 건립에 관심을 보였다. 카터의 협조로 국립기록청에서 백악관
으로 아키비스트를 파견, 대통령기록물의 보존 및 정리와 관련하
여 백악관 직원을 교육시켰다. 카터대통령의 기록물들은 조지아로
이관되기 전부터 정리하는 준비를 진행시켰던 것이다. 국립기록청
아키비스트가 백악관에 파견되어 제공하는 기록관리 교육 및 자문
은 그 후 하나의 좋은 선례가 되었다. 한편 1986년 카터 대통령
기록관 건물과 시설은 연방 정부에 기증되었으나, 카터 대통령의
사무실과 재단사무실, 그리고 에모리 대학부설 카터 연구센터는
민간소유로 남아 있다.

■ **부시 대통령기록관(George Bush Presidential Library)**

조지 부시(George Herbert Walker
Bush) 대통령기록관의 경우 역
시 대학에서 대통령기록관 설립
을 주도한 것이 특징이다. 1991
년 5월 대통령기록관 설립을 지
원한 대학 가운데 대학의 연구
기능과 대통령기록관의 복합 기

〈그림 16〉 부시 대통령기록관

능을 제시한 텍사스 A&M 대학이 선정되었다. 이는 본 대학이 제
시한 조지 부시 행정대학원, 대통령 연구센터, 공공지도자 리더십 연
구센터의 설립 운영이 높이 평가되었기 때문이다(Alsobrook 1995).
국립기록청의 아키비스트들을 중심으로 1993년 1월에 '부시프로

젝트 팀'이 구성되어 부시 기록물의 정리, 비밀기록물 해제, 이관
을 담당했다. 이들은 대통령기록물을 인수하고, 목록을 작성하는
작업을 필두로 대통령기록물의 정리작업을 수행하였다.

2) 중국

중국의 경우 특징적으로 청나라시기의 황실관련 기록물이 중앙
기록물 관리기구인 제일역사당안관에 소장되어 있다. 대통령의 직
위와 상응하는 주석(主席)을 대상으로 한 기록관을 살펴보면, 대
통령기록관 보다는 대통령기념관의 성격으로 볼 수 있다. 이는 정
치체제에서 비롯된 것으로 현재 모택동기념관과 등소평기념관이
운영되고 있으며, 중국 인민일보의 인민망(人民网)이 온라인상으
로 운영하는 모택동온라인기념관(毛澤東网上紀念館, 毛主席紀
念堂), 주은래온라인기념관(周恩來网上紀念館), 유소기온라인기
념관(劉少奇网上紀念館), 주덕온라인기념관(朱德网上紀念館),
등소평온라인기념관(鄧小平网上紀念館), 진운온라인기념관(陳云网
上紀念館)이 구축되어 있다.42)

■ 모택동기념관(毛澤東紀念館)
홈페이지 http://www.shaoshan.com.cn
1963년 호남성(湖南省) 소산(韶山) 충인풍산하(沖引風山下)에
건축하기 시작하여 1964년 정식으로 대외에 개방하였다. 후에 일
부 확장하기도 하였으며, 모택동 고택과 부모묘 및 소년시설 사숙

---

42) http://cpc.people.com.cn/GB/69112/index.html

구지(私塾舊址)를 두고 있다. 2003년 모택동 탄생 110주년을 기념하여 일부 개조하면서 12개의 전시실을 마련하였다. 그중 8개의 전시실은 '모택동 생애업적관'이며, 4개의 전시실은 주제별전시실로 '모택동유물전'으로 구성되어 있다.

이외에도 인민망이 구축해 놓은 온라인상의 기념관(毛澤東网上紀念館, 毛主席紀念堂, http://cpc.people.com.cn/GB/69112/701-90/index.html)이 별도로 운영되고 있다. 생애(生平年表), 모택동전(毛澤東傳), 회고(回憶思念), 연구평론(研究評論), 저작선등(著作選登), 시사작품(詩詞作品), 서법수적(書法手迹), 역사순간(歷史瞬間), 시청각재현(影音再現) 등으로 구성되어 있다.

■ **등소평기념관(鄧小平紀念館 Deng Xiaoping Memorial Museum)**

홈페이지 http://www.dxp.org.cn/

이는 온라인 기념관으로서 논술과 저작, 기념서적, 기념장소, 시청각자료, 등소평 관련 연구자료 등을 검색할 수 있다. 간체(簡體) 및 번체(繁體)의 중국어 외에 영어, 일어, 불어, 독어 등으로도 검색 가능하다.

이외에도 인민망(人民网)이 구축해 놓은 온라인상의 기념관(鄧小平网上紀念館 http://cpc.people.com.cn/GB/69112/69113/index.html)이 별도로 운영되고 있다. 생애(生平年表), 사상년보(思想年譜), 회고(回憶思念), 평론연구(評論研究), 저작선등(著作選登), 제사수기(題詞手書), 역사순간(歷史瞬間), 시청각재현(影音再現) 등으로 구성되어 있다.

8.4 한국의 대통령기록관

　현재 우리나라 역대 대통령 관련 기록물을 살필 수 있는 통로는 대표적으로 국가기록원의 대통령기록관(Presidential Archives)을 들 수 있다. 이외에 제5 - 9대 박정희 전대통령과 제14대 김영삼 전대통령 및 제15대 김대중의 기록관 등에 대하여 살펴보면 다음과 같다.

1) 국가기록원 대통령기록관

　이는 2006년 국가기록원 조직 개편에 따라 대통령기록관리팀이 신설되어 국가운영의 최고 경영자인 대통령과 그 보좌·좌문·경호기관이 생산한 국정의 핵심기록인 대통령기록물을 수집·정리·보존하고 국민들이 활용할 수 있도록 서비스하는 영구기록물 관리 기관이다.[43] 대통령 국정운영 기록물을 철저히 수집·관리하여 국민에게 적극 제공함으로써 올바른 역사인식의 기틀을 마련하고 국정운영의 투명성과 책임성을 확보하여 민주주의 발전에 기여함을 주여 미션으로 하고, 대통령기록물 수집 역량 강화와 대통령기록물 관리체계의 선진화 및 국민친화적 대통령기록물 서비스를 주요 비전으로 삼고 있다. 주요기능을 살펴보면, ① 대통령기록물의 관리에 관한 기본 계획 수립·시행, ② 대통령기록물의 수집·분류·평가·기술·보존 폐기 및 관련 통계의 작성 및 관리,

---

43) http://www.pa.go.kr/index.html

③ 비밀기록물 및 비공개 대통령기록물의 지속적 주기적 재분류, ④ 대통령지정기록물의 철저한 보호 및 해제, ⑤ 대통령기록물의 공개열람, 전시, 교육 및 홍보, ⑥ 대통령기록물 관련 연구 활동의 지원, ⑦ 역대 대통령 재임 시기 및 재임 전·후의 개인기록물 수집, 관리 등이다.

2007년 8월부터 대통령기록물 생산기관 홈페이지 웹기록 이관 준비작업을 시작하여 2008년 2월 24일 제15대 청와대 홈페이지, 제16대 대통령 당선인 및 청와대브리핑 등 31개 사이트, 제17대 대통령직 인수위원회 등 총 33개 사이트를 국가기록원 대통령기록관에서 이관 받아 하나의 통합 페이지를 통해 이용자들이 편리하게 검색·활용할 수 있도록 하기 위하여 제14대 김영삼 전 대통령부터 제17대 이명박 대통령까지의 대통령웹기록을 구축·운영하고 있다. 한편 이승만 전 대통령부터 노무현 전 대통령에 이르기까지의 역대 대통령의 기본정보와 주요 기록물 및 활동사진 등을 제공하는 대통령 온라인기록관 또한 운영하고 있다. 2014년에는 세종시에 '대한민국 대통령기록관'을 개관할 예정이다.

2) 박정희 전 대통령

■ 사이버박정희기념관

홈페이지 http://www.gumi.go.kr/presidentpark/pages/main.jsp

제5 - 9대 박정희 대통령의 사이버기념관으로 인간박정희, 생가, 업적, 흔적 및 화첩 등으로 구성되어 있다. 인간박정희의 경우 생애, 경력, 가계, 설화에 대한 내용을 제공하고 있으며, 흔적의 경우 저서, 어록, 시, 일기, 그림을 대상으로 하고 있다.

■ **박정희전자도서관**

　홈페이지 http://parkchunghee.or.kr/introduce.htm

이는 박정희대통령 · 육영수여사기념사업회에서 오랜 기간 수집해 온 자료를 데이터베이스로 구축하여 2000년 9월에 개관한 전자도서관이다. 현재 ① 신문기사 4,400여 건, ② 잡지 12건, ③ 사진 9,000여 점, ④ 어록 680여 건, ⑤ 연구자료 초록 110건, ⑥ 휘호 215건 등이 공개되어 있다. 상세 검색, 분야별 검색 및 자료종류별 검색이 가능하다.

3) 김영삼 전 대통령

■ **김영삼대통령기록전시관(Kim Young Sam Presidential Archives and Exhibit Hall)**

　홈페이지 http://www.kysarchives.or.kr

경남 거제시는 김영삼 대통령의 생가복원에 이어 정치역정을 일목요연하게 파악할 수 있는 기록관건립을 추진, 장목면 외포리 대계마을 김영삼 대통령 생가 뒤편 사유지 460여 m^2를 매입, 건평 $260m^2$ 지상 2층의 기록관을 건립하였다. 1층에는 김 대통령이 정계에 첫발을 디디던 25세부터 지금까지 남긴 모든 기록을 전시하고, 2층에는 첨단 기기를 갖춘 영상실이 있으며 20010년 6월 18일 개관하였다. 소장도서목록과 전시유물목록을 제공하고 있다.

4) 김대중 전 대통령

■ 연세대김대중도서관(Kim Dae-Jung Presidential Library and Museum)

홈페이지 http://www.kdjlibrary.org/

제15대 김대중 대통령기록관으로 서울 마포구 동교동에 위치하며, 아시아 최초의 대통령도서관이자 사료연구교육기관이다. 김대중 전 대통령 관련 기록물로는 전기와 연보 및 학력과 경력 그리고 수상 등의 생애부분, 활동과 사상, 저작, 관련소식 외에 이희호 여사 관련 내용도 제공하고 있다. 전시관, 사료관, 도서관, 연구 및 국제협력 등으로 구성되어 있으며, 사료의 경우 종합검색, 유형별 검색 및 수집처별 검색이 가능하다.

■ 김대중사이버기록관

홈페이지 http://www.kdjhall.org/

김대중 전 대통령과 이희호 여사에 관한 정보 제공을 하고 있다. 김대중 전 대통령 관련 정보로는 생애, 김대중과 이달의 역사, 주요활동, 대통령 재임시절, 6 · 15남북정상회담, 노벨평화상과 김대중, 어록, 저서, 관련도서, 동영상사진 등을 제공하고 있다. 그 외에 연설문 · 강연문 · 인터뷰와 베스트뷰, 핫이슈와 주요뉴스도 제공하고 있다.

9. 정보공개와 비밀기록물 관리제도

9.1 알권리와 정보공개

1) 알권리와 정보공개의 의미

'알권리(Right to Know)'는 일반적으로 접근할 수 있는 정보에 대하여 방해받지 않고, 듣고 읽을 자유와 권리일 뿐만 아니라 정보의 공개도 청구할 수 있는 권리이다. 알권리의 진정한 실현인 '정보공개(Information Disclosure)'는 합법적인 정보공개제도에 의하여 보장받을 수 있다. 정보공개제도의 의의는 '공공기관이 보유·관리하는 정보에 대한 국민의 공개청구 및 공공기관의 공개의무에 관하여 필요한 사항을 정함으로써 국민의 알권리를 보장하고, 국정에 대한 국민의 참여와 국정운영의 투명성을 확보함'이라는 '공공기관의정보공개에관한법률(이하 정보공개법)' 제1조 목적 조항에서 가장 명확하게 밝히고 있다.

정보공개는 국민의 알권리를 보장해 주는 제도로서 행정투명성 외에 민주주의와 국민자치의 실현을 위하여 반드시 필요하다. 현재 세계의 많은 국가에 마련된 정보공개제도와 함께 알권리는 법률상 보장된 권리로서, 당해 정부를 포함하여 공공기관에서 생산·수집한 정보가 적법한 절차를 거쳐 공개되고 국민들과 공유되고 있다.

2) 정보공개의 제한

국민 알권리의 보장 제도인 정보공개에는 순기능과 역기능이 있다. 우선 순기능은 개인적 차원으로 국민 알권리의 실현, 국민 개개인 이익의 보호 및 구제 등을 들 수 있고, 국가적 차원으로 책임 있는 행정의 구현, 부정부패의 방지, 국정감시, 그리고 사회적 차원으로 자유로운 정보 유통 등이 있다. 한편 역기능은 개인적 차원으로 개인정보의 침해 우려, 국가적 차원으로 국방·외교 등 기밀의 침해 위험, 국권 침탈 정보의 악용, 정보공개 실현에 따른 행정비용과 인력의 부담, 그리고 사회적 차원으로 행정적 사후 책임회피를 위한 문서의 조작 및 변조 등이 있다. 따라서 순기능을 최대로 반영하고 역기능을 최소화할 수 있도록 하되, 특히 역기능 보완을 위하여 다음과 같은 개인정보의 보호와 정보공개의 제한 또한 필요하다.

첫째, 개인정보의 보호. 개리 피터슨에 의하면 민주주의 국가에서 정보의 공개적 제공 및 개방성은 정부공개회의법, 정보자유법(즉, 정보공개법) 및 사생활정보보호법이라는 세 가지 요소가 필수이다(이상민 2004, 43에서 재인용). 따라서 알권리에 기반을 두되 정보제공과 정보공개에 있어서 문제가 될 수 있는 개인정보나 프라이버시문제는 법제화하여 보호하여야 할 것이다.

둘째, 정보공개의 제한. 정보공개법상 기본적으로 모든 정보는 공개되어야 한다. 그러나 일부 국가의 안보·국방·외교상 중대한 이익을 해할 우려가 있거나, 기관 내부인사 사항이나 결정사항 관련 정보, 상술의 첫째 사항처럼 개인 사생활침해나 재산 침해에 관한 정보 등은 예외적으로 공개 제한(또는 제외) 또는 비공개해야 한다. 정보공개에 예외가 되는 사항은 영국의 세계 언론자유 운동 단체인 'Article 19'의 제4원칙 '정보공개 예외사항(limited scope of exception)' 원칙에 의하여 명백하게 하고, 최소한의 범위로 지정하되 엄격한 '위해테스트(harm test)'와 '공익테스트(public interest test)'를 거쳐 보호되어야 할 것이다(Article 19, 1999). 정보공개 제한 범위에 있어서는 포괄주의와 한정적 열거주의가 있으며, 후자의 경우 비공개 대상으로 규정·열거하지 않은 정보는 원칙적으로 공개의 범위에 포함된다. 한편 공개 제한된 정보는 보통 일정기간 후 공개해야 한다.

9.2 정보공개제도와 정보공개의 법제화

1) 정보공개제도의 발달

진정한 의미의 정보공개는 정보공개법의 제정으로 실현될 수 있다. 대중의 알권리로서 정보공개법 제정에 대하여 전술의 Article 19 단체에서 기본적인 원칙을 제시하고 있다. 즉, 제1원칙 '최대한의 공개(maximum disclosure)' 원칙에 의하면 정보공개법이 제정되어야 함과 제8원칙 '정보공개의 우선화(disclosure takes precedence)' 원칙에 따라 최대공개원칙에 부합되지 못하는 법률은 개정되거나 폐지되어야 한다고 제시하고 있다.44) 따라서 정보공개의 실현은

---

44) http://www.article19.org/pdfs/standards/righttoknow.pdf

정보공개법 제정이며, 최대한의 공개와 정보공개의 우선화의 원칙에 의거하여 정보공개법은 제정 또는 개정되어야 한다.

대부분의 정보공개법은 열람 가능한 정보의 유형을 정하여 그 목적을 추구한다. 정보의 유형은 행정상 또는 사법상의 문제들 혹은 활동에 관한 정보, 공권력의 일반적 활동에 관한 연구, 유용한 지식정보, 영리적 가치가 있는 정보의 네 가지이다(이상민 2004, 43). 다시 말해 정보공개법은 이러한 네 유형에 대한 국민의 정보공개 권리를 성문화한 것이다.

세계에서 가장 먼저 정보공개원칙을 성문화시킨 나라는 스웨덴으로 안데르스 쉬데니우스(Anders Chydenius)의 주도로 헌법을 개정해 '정보공개원칙'을 세계 최초로 입법화하여 정부가 보관하고 있는 공공기록은 원칙적으로 자유로이 열람, 필사, 인쇄, 배포할 수 있도록 하였다. 이는 이후 1949년 제정된 '출판자유법'으로 성문화되었다.

그러나 정보에 대한 인간의 자유를 표명한 최초의 국제적 문서는 1948년 12월 10일 공표된 '세계인권선언'이다. 유럽의 경우 유럽공동체(European Community)의 집행기구인 유럽위원회(European Commission)를 필두로 유럽의회, 유럽재상회의, 유럽재판소, 유럽감사원 등의 기구에서 유럽공동체 역사보존소(Historical Archives of European Communities)의 문서공개에 대한 법 제도를 정비하고, 1983년 '30년 문서개방원칙'에 따라 문서공개를 실시하였다. 유럽공동체 역사기록보존소의 문서 공개목적은 유럽 공동체 역사연구를 활성화시키고, 유럽건설에 대한 공공의 관심을 북돋우며, 그리고 유럽공동체기구 활동을 보다 투명하게 하기 위한 것이다

(이상민 1998, 122).

그러나 정보공개제도가 전 세계적으로 확산된 때는 20세기 중반 이후 주로 유럽주요국 위주로 확산되었다. 구체적으로 핀란드의 '문서공개법(1951년)', 덴마크의 '정보공개법(1964년)', 프랑스의 '행정과 국민 간의 관계개선에 관한 제처분과 재정적·사회적 행정 명령에 관한 제 규정'과 '행정기록 접근이용법(1978년)', 호주의 '연방정보자유법(1982년)', 캐나다의 '정보접근법(1983년)' 등이 그렇다. 독일의 경우 두 번째 지방정부 베를린(Berlin)이 1999년에 '정보자유법'을 제정하였으나 국가적 차원의 정보공개제도의 요체인 '정보자유법'은 다른 국가에 비해 늦은 2006년에 제정되었다. 우리나라는 '공공기관의 정보공개에 관한 법률'이 1996년 11월 30일 제정되었으며, 이는 아시아에서는 처음으로 세계에서는 13번째로 제정한 것이다. 일본의 경우 '행정기관이보유하는정보공개에관한법률(1999년)'처럼 21세기 도래 직전에야 비로소 제정되었다. 2006년 7월 현재 세계에서 68개국이 정보공개 관련 법률을 제정하였으며, 30여 개 국가에서 관련 법률을 제정 중에 있거나 논의 중이다.[45)]

2) 해외의 정보공개 법제화

(1) 미국

미국의 공공기관의 정보공개법은 1946년의 '행정절차법' 이후

---

45) http://www.opengirok.or.kr/5

1966년에 공개 지향적으로 확대시켜 최초의 '정보자유법(FOIA: Freedom of Information Act)'을 탄생시켰다. 이는 이후 몇 차례에 걸쳐 개정되어 오늘에 이르고 있다.

1974년 개정을 거쳐 미국시민이면 누구나 공공기관에 정보공개 열람을 신청할 수 있고, 공공기관은 정보를 공개해야 한다는 것을 핵심으로 정보공개 적용 제외의 9개 항목도 규정하였다. '정보자유법'은 전산망을 통한 정보공개의 방향으로 1996년 '전자정보자유법'[46]이라는 명칭하에 대폭 개정되었다. 개정법에 따라 미국의 각 행정기관의 장은 모든 보관문서의 색인을 컴퓨터 통신을 통해 이용할 수 있도록 디지털화했고, 1996년 이후 생산된 모든 정부의 기록물은 인터넷이나 다른 컴퓨터통신 등으로 정보를 이용할 수 있도록 파일 형태로 공개했다. 2007년에는 다시 '오픈정보자유법(OPEN Government Act of 2007)'으로 개정하여 정보공개의 활성화를 위해 각종 행정적 보완 장치 외에 신속한 정보공개를 돕는 별도의 행정관청인 '정보서비스청'을 두었다.

한편 개인 정보가 부당하게 침해될 우려가 있는 경우 개인정보 공개를 거부할 수 있도록 '개인정보보호법(Privacy Act)'이 1974년에 제정되었으며, 이는 '정보자유법'에 의거한 개인정보 보호에 대한 규정이다.[47]

---

46) 'Electronic Freedom of Information Act Amendments of 1996'.

47) 5 USC Sec 552a(http://foia.state.gov/privacy.asp).

(2) 영국

영국은 공공기간의 정보접근에 관한 1981년 제19호의 유럽평의
회 각료위원회의 가맹국에 대한 권고[48])에 따라 1984년 '자료보호
법(The Data Protection Act)', 1985년 '지방자치제정보이용법
(Local Government Access to Information Act)' 및 1987년 '개
인파일이용법(Access to Personal Files Act)' 등의 법률을 제정하
였다. 그중 자료보호법의 경우 '개인자료의 자동처리와 관련된 개
인보호에 관한 유럽평의회조약'[49])과 '유럽인권조약'[50])에 기원을 두
고 있다. 세 법률 중 협의의 정보공개에 속하는 법은 지방자치제
정보이용법이며, 자료보호법과 개인파일이용법은 개인정보보호법에
속한다(오항녕 1999, 112 - 113, 117). 이후 자료보호법은 EU 지
침에 따라 1998년 '자료보호법(The Data Protection Act 1998
Chapter 29)'[51])으로 개정·상정하여, 2000년 3월부터 시행되었다.

한편, 국민의 알 권리에 입각한 '정보자유법(FOI: The Free of
Information Act 2000 Chapter 36)'[52])이 2000년 제정되었다. 이
는 1958년 '공공기록물법(Public Record Act)'과 1988년의 '데이
터보호법(Data Protection Act)'을 개정한 것으로 공고기관의 정
보를 공개하기 위한 것이다. 이어 관련 시행령이 제정되면서 공공

---

48) 'Recommendation R(81) 19 of the Europe Committee of Ministers to Member
   States of the Access to Information held by Public Authorities'.

49) 'Council of Europe Convention for the Protection of Individuals with regard to
   Automatic Processing of Personal Data'.

50) 'Council of Europe Convention for the Protection of Hunman Rights and Fundamental
   Freedom'.

51) http://www.opsi.gov.uk/acts/acts1998/19980029.htm

52) http://www.opsi.gov.uk/ACTS/acts2000/20000036.htm

기관의 기능의 수행과 관련하여 공공기관이 준수하여야 할 적합한
행위에 관한 지침을 제공하는 한편, 정보 청구, 시민의 정보이용
권리, 개인정보 등에 대하여 상세하게 규정하고 있다.

(3) 일본

일본에서는 1980년대 초부터 지방자치단체에서 시민들의 알권
리를 구체화하기 위하여 정보공개 조례를 제정해 활발히 운영해
왔다. 1980년 5월 27일 내각의 '정보 제공에 관한 개선조치 등에
대하여'라는 방침에 따라 공문서 공개의 절차 규정의 정비, 문서
목록의 작성, 각 성청(省廳)에 문서열람 창구의 설치, 국립공문서
관으로서 문서이관 촉진 등을 결정하고, 각 성청에 문서열람창구
를 설치하였다(이경용 1999, 126). 구체적으로 1982년 일본 야마
카타현에서 지방자치단체의 정보공개를 규정한 조례가 처음으로
만들어졌다. 당시에는 큰 주목을 받지 못했지만 이 조례는 이후
일본 중앙정부의 정보공개의 신호탄이 되었다.

1998년 3월 27일 '행정기관이 보유하는 정보공개에 관한 법률
안'과 '행정기관이 보유하는 정보공개에 관한 법률의 시행에 수반
하는 법률의 정비 등에 관한 법률안'을 국회에 제출하였다. 1999
년 5월 7일 상술 안을 일부 수정, 가결되어 '행정기관이 보유하는
정보공개에 관한 법률(법률 제140호)'을 제정, 2001년 4월부터 시
행하였다. 이는 총 4장 44조 부칙으로 구성되어 있으며, 국회와
재판소(법원)를 제외한 국가의 행정기관의 행정문서를 대상으로
하고 있다. 참고로 우리나라가 행정부 이외의 국가기관은 정보공

개법 제27조 위임규정에 의하여 별도의 내규를 정하여 정보공개 관련 사항을 규정토록 하고 있으나, 일본은 행정기관만을 정보공개 대상으로 하고 있다. 특히 일본은 정보공개법을 제정할 당시 '정보공개법의 시행에 반하는 관계 법률의 정비에 관한 법률'을 제정하여 동법에서 저작권법 등 관련 법률을 정비하여 법률 간의 충돌문제를 어느 정도 해결할 수 있게 했다(김윤명 2005, 46).

한편, 2005년 4월 1일에 시행된 '행정기관이보유하는개인정보 보호에관한법률(2003년 법률 제59호)'에 의거 개인정보를 취급할 때에는 적정하게 수집, 이용, 관리하도록 하고 있다.

3) 한국

우리나라 또한 공공기관이 보유·관리하는 정보에 대한 국민의 공개청구 및 공공기관의 공개의무에 관하여 필요한 사항을 정하였다. 즉, 국민의 알권리를 보장하고, 국정에 대한 국민의 참여와 국정운영의 투명성을 확보함을 목적으로 하는 '공공기관의정보공개에관한법률'과 동법시행령 및 시행규칙이 각각 1996년과 1997년에 제정되었고, 이후 2004년 전부 개정되었다.

공개대상의 정보는 공공기관이 직무상 작성 또는 취득하여 관리하고 있는 문서(전자문서포함)·도면·사진·필름·테이프·슬라이드 및 그 밖에 이에 준하는 매체 등에 기록된 사항을 말한다. 정보공개의 방법은 공공기관이 정보공개법의 규정에 의하여 정보를 열람하게 하거나 그 사본·복제물을 교부하는 것 또는 '전자정부법' 제2조 10호의 규정에 의한 정보통신망을 통하여 정보를 제공하는 것 등을 말한다. 여기서 정보통신망이란 전기통신설비를 활용하거나 전기통신설비와 컴퓨터 및 컴퓨터 이용기술을 활용하여 정보를 수집 · 가공 · 저장 · 검색 · 송신 또는 수신하는 정보통신체제를 말한다. 정보공개 대상이 되는 공공기관은 국가기관, 지방자치단체, 정부투자기관관리기본법 제2조의 규정에 의한 정부투자기관 그 밖에 대통령령이 정하는 기관을 말하며, 공공기관이 보유 · 관리하는 정보는 정보공개법이 정하는 바에 따라 공개하여야 한다. 그리고 이와 관련하여 공공기관이 보유 및 관리하고 있는 정보를 공개청구하는 홈페이지인 '정보공개시스템(https://www.open.go.kr/pa/PARetrieveMain.laf)'도 운용하고 있다.

한편, 공공기관이 보유 · 관리하는 정보는 공개대상이 되나 정보공개법 제9조 1항 비공개대상정보에 해당하는 정보에 대하여는 이를 공개하지 아니할 수 있다. 특히 6호의 경우 당해 정보에 포함되어 있는 이름 · 주민등록번호 등 개인에 관한 사항으로서 공개될 경우 개인의 사생활의 비밀 또는 자유를 침해할 우려가 있다고 인정되는 정보인 개인정보나 프라이버시문제 또한 '공공기관의 개인정보보호에관한법률'로 1994년 법제화되었으나 2011년 3월 29일 폐지 공포 후 9월 30일 폐지 예정이다.

이상의 법률은 공공부문과 민간부분을 망라하여 개인정보보호를 확대전개하기 위하여 '개인정보보호법'으로 새로이 제정하여 9월 30일 시행 예정이다. 이는 정보사회의 고도화와 개인정보의 경제적 가치 증대로 사회 모든 영역에 걸쳐 개인정보의 수집과 이용이 보편화되고 있으나, 국가사회 전반을 규율하는 개인정보 보호원칙과 개인정보 처리기준이 마련되지 못해 개인정보 보호의 사각지대가 발생할 뿐만 아니라, 최근 개인정보의 유출·오용·남용 등 개인정보 침해 사례가 지속적으로 발생함에 따라 국민의 프라이버시 침해는 물론 명의도용, 전화사기 등 정신적·금전적 피해를 초래하고 있었기 때문이다. 따라서 공공부문과 민간부문을 망라하여 국제 수준에 부합하는 개인정보 처리원칙 등을 규정하고, 개인정보 침해로 인한 국민의 피해 구제를 강화하여 국민의 사생활의 비밀을 보호하며, 개인정보에 대한 권리와 이익을 보장하기 위하여 개인정보보호법으로 새로이 탄생하게 된 것이다.

9.3 비공개기록물과 비밀기록물관리제도

1) 해외의 비공개기록물과 비밀기록물관리제도

'비공개기록물' 또는 '비밀기록물'은 정보공개에 대한 기본원칙과 같이 공개가 제한되는 정보로서 당해법의 입법취지에 따라 우선적으로 법령으로 비공개를 규정한 정보를 이른다. 다만 이러한 비공개기록물은 정해진 기간 동안 공개가 제한되며, 일정 기간이 경과되고 비공개의 필요성이나 당위성이 없어진 경우에는 해당 정보를 공개대상으로 하여야 한다.

해외의 기록물에 대한 정보공개 예외 조항과 일부 비공개 기간에 대하여 간략하게 살펴보면 다음과 같다(이상민 2004).

(1) 프랑스는 공개 예외 조항으로 정부기간 업무절차의 비밀성, 국가방위비밀, 외교수행, 국가안보, 법률에 의해 보호되는 비밀 등

을 규정하고 있다. 특징적으로 프랑스는 행정기록 접근이용 위원
회에서 정보공개분쟁을 조정한다.

(2) 호주는 정보공개 예외대상으로 국가안보사항, 국방, 외교, 내
각 국무회의에 제출되거나 생산된 기록, 기관 내부 운영에 관한
기록, 법 집행 및 공공안전에 관련한 기록, 개인사생활정보 등이
규정되어 있다. '기록관리법(Archives Act)'에 의하면 국무회의록
종류를 포함하여 내각 기록은 50년 후 공개한다.

(3) 캐나다는 정보공개 예외대상으로 외국정부, 국제기구, 지방
정부로부터 비밀로 규정·획득한 정보 중 연방과 지방 정부관계
및 국제관계와 국가방위를 손상시킬 수 있는 정보, 사생활정보법
상의 개인정보, 20년 이하의 정부운영관련 기록 등으로 규정하고
있다. 다만 2003년 2월 연방재심법원은 정책이 결정된 후에는 정
책배경설명, 문제와 분석, 정책 대안에 관한 회의 기록은 공개토
록 판결하였다.

(4) 영국의 정보공개 제외 조항은 절대적 공개제외(absolute exemption),
정해진 등급 내의 공개제외(qualified class exemption), 보다 제
한적 등급의 공개제외(more limited class exemption)라는 세 가지
의 범주로 구분하고 있다. 1989년의 '공공비밀법(Official Secrets
Act)'에 의하면 의원을 포함한 공무원의 비밀제한적 누설을 범죄로
규정하고 있다. 1998년의 '자료보호법' 네 번째 비밀부분에서 국가
안전, 범죄와 세항목에 관한 정보공개 제외 조항을 규정하고 있다.

(5) 미국은 공공기관의 규칙·훈령·기록물 및 회의록 등을 포
함한 공공정보(public information) 정보공개 관련 기본내용을 필
두로 정보공개 비적용으로 국방, 외교, 법집행 기록물, 기관 내부

인사 기록물 등 비밀 사항에 대한 9개 사항을 규정하고 있다. 1995년에 각각 비밀정보에 대한 공개이용 규정인 대통령령 E.O.12968호[53]와 비밀기록물의 비밀 지정 및 등급 하향 및 생산 된 지 25년이 지난 비밀기록물의 일괄 비밀 해제 규정인 대통령 령 E.O.12958호[54](1999년 9월 E.O.13142호로 개정[55]), 2003년 3 월 E.O.13292호로 개정[56])가 제정되었다.

(6) 일본의 비공개정보(不開示情報)로는 개인에 관한 정보로 특 정 개인을 식별할 수 있는 것들, 법인 등에 관한 정보로 일반에게 공개되면 법인 또는 해당 개인의 권리 및 경쟁상의 지위 등에 정 당한 이익을 해칠 우려가 있는 것 등 6개 항목을 규정하고 있다.

2) 한국의 비공개기록물과 비밀기록물관리제도

우리나라는 정보공개법 제3장 정보공개의 절차 제9조 비공개대 상정보 1항에 의하면 기본적으로 공공기관이 보유·관리하는 정 보는 공개대상으로 하고 있으나 비공개대상정보 8개 항목을 규정 하고 있다. 즉, ① 다른 법률 또는 법률이 위임한 명령, 즉 국회규 칙·대법원규칙·헌법재판소규칙·중앙선거관리위원회규칙·대통 령령 및 조례에 한해 비밀 또는 비공개 사항으로 규정된 정보, ② 국 가안전보장·국방·통일·외교관계 등에 관한 사항으로서 공개될

---

53) http://www.dss.mil/seclib/eo12968.htm

54) http://www.fas.org/sgp/clinton/eo12958.html

55) http://foia.state.gov/eo12958/EO13142.asp

56) http://nodis3.gsfc.nasa.gov/displayEO.cfm?id=EO_13292_

경우 국가의 중대한 이익을 현저히 해할 우려가 있다고 인정되는 정보, ③ 공개될 경우 국민의 생명·신체 및 재산의 보호에 현저한 지장을 초래할 우려가 있다고 인정되는 정보 등은 비공개정보 대상이다. 그리고 비공개 대상 정보라 할지라도 기간의 경과 등으로 비공개 필요성이 없어지면 당해정보를 공개대상으로 하도록 제9조 2항에 규정하고 있다.

한편, 기록물관리와 비밀기록물관리 및 기록물의 공개 열람 등에 대하여서는 공공기록물관리법 상의 규정을 살펴볼 수 있다. 우선 제19조 기록물의 관리 등에 의하면 공공기관은 대통령령이 정하는 바에 따라 기록물의 보존기간, 공개 여부, 비밀 여부 및 접근권한 등을 분류하여 관리하여야 하며(1항), 기록관 또는 특수기록관은 보존기간이 30년 이상으로 분류된 기록물에 대하여는 대통령령이 정하는 기간 이내에 이를 소관 영구기록물관리기관으로 이관하여야 한다(3항). 특수기록관은 제3항의 규정에 불구하고 소관 비공개 기록물에 대하여는 생산연도 종료 후 30년까지 그 이관시기를 연장할 수 있으며(4항), 국가정보원장은 4항의 규정에 불구하고 소관 비공개 기록물에 대하여 생산연도 종료 후 50년까지 그 이관시기를 연장할 수 있으며, 공개될 경우 국가안전보장에 중대한 지장을 초래할 것이 예상되는 정보업무 관련 기록물에 대하여는 대통령령이 정하는 바에 따라 중앙기록물관리기관의 장과 협의하여 이관시기를 따로 정할 수 있다(5항). 제32조 비밀 기록물 관리의 원칙에 의하여 기록물관리기관의 장은 대통령령이 정하는 바에 따라 비밀 기록물 관리에 필요한 별도의 전용서고 등 비밀 기록물 관리체계를 갖추고 전담 관리요원을 지정하여야 하며,

비밀 기록물 취급과정에서 비밀이 누설되지 아니하도록 보안대책
을 수립·시행하여야 한다.

　2010년 2월 4일 개정된 제35조 기록물의 공개 여부 분류 1, 2
항에 의하면 공공기관은 소관 기록물관리기관으로 기록물을 이관
하고자 하는 때에는 당해 기록물의 공개 여부를 재분류하여 이관
하여야 하며, 기록물관리기관은 비공개로 재분류된 기록물에 대하
여는 재분류된 연도부터 5년마다 공개 여부를 재분류하여야 한다.
제37조 비공개 기록물의 열람 1항에 의하면 영구기록물관리기관
의 장은 당해 기관이 관리하고 있는 비공개 기록물에 대하여 열람
청구가 있는 경우로서 공공기관에서 직무수행상 필요에 따라 열람
을 청구한 경우로서 당해 기록물 외에는 관련 정보의 확인이 불가
능하다고 인정되는 경우, 개인 또는 단체가 학술연구 등 비영리
목적으로 열람을 청구한 경우로서 당해 기록물 외에는 관련 정보
의 확인이 불가능하다고 인정되는 경우 등 대통령령이 정하는 바
에 따라 이를 제한적으로 열람하게 할 수 있다.

　한편, 공공기록물관리법에 따라 공공기관이 생산하는 비밀기록
물을 체계적으로 관리하기 위하여 '비밀기록물관리(NAK/S 20:
2010(v1.0))' 공공표준으로 2010년 12월 30일 제정되었다. 이는
비밀기록물 원본의 관리 내용 및 절차를 수립하는 것으로 공공기
록물관리법이 규정하는 공공기관의 비밀기록물의 생산, 기록관리
기준표 관리, 생산현황 관리, 정리, 이관과 관련된 업무에 적용할
수 있도록 하였다.

제2부 세계의 기록관과 기구

1. 세계의 국가기록관

1.1 북미의 국가기록관

1) 미국

- **국립기록청/국가기록관(NARA: National Archives and Records Administration/National Archives)**
  홈페이지 http://www.nara.gov

미국국립기록청은 미 연방의 모든 기록물 수집, 관리하는 대표 국가기록관이자 행정기구이다. 소장기록물의 대부분은 미연방정부가 생산한 것으로 그중 1~3%만이 법률적 및 역사적인 가치로 영구적으로 보존된다. 이는 미국의 미국역사학회(AHA)의 청원과 1934년 6월 19일 법률 48의 1122[57])에 의거 후버(Herbert Hoover) 대통령 시절 처음으로 'National Archives'로 설립되었다. 1949년 법률 63의 381[58])에 의거 'National Archives & Records Service'로 개칭되고, 총무처에 편입되었다. 이후 1984년 10월 19일 법률 44의 21[59])에 의하여 현재의 국립기록청이라는 독립기관으로 발족하여 미국의 역사적 기록과 함께 현행 기록물도 비중 있게 관리·보존하는 국가 중추기관이 되었다. 미국 시민의 권리와 연방 공무원

---

57) 44 U.S.C. § 1122: Act to Establish a National Archives for the United States Government.

58) 63 U.S.C. § 381: Federal Property and Administrative Services Act.

59) 44 USC chapter 21: National Archives & Records Service.

의 업무수행 그리고 국가의 경험이 축적되어 있는 주요 기록물에 쉽게 접근할 수 있게 하는 것을 설립목적으로 하고 있으며, 정부와 국민 양측 모두의 정보요구 충족을 위해 지도적 전략계획으로 기록관리, 기록에 대한 접근, 장소 및 보존, 그리고 국립기록청의 하부구조라는 네 가지 분야에 있어서의 달성 목표를 제시하고 있다.

2) 캐나다

■ **캐나다도서관 · 기록관(Library and Archives Canada)**
  홈페이지 http://www.collectionscanada.ca/

캐나다도서관 · 기록관은 캐나다의 문서 유산을 수집 및 보존하고 모든 캐나다인들이 이용 가능하도록 하는 국가기록관으로 자료 공유 및 수집을 위해 가능한 많은 기록관 및 도서관과 긴밀한 협조관계를 유지하고 있다. 구(舊) 캐나다국가도서관(National Library of Canada, 1953년 설립)과 구 캐나다국가기록관(National Archives of Canada)을 캐나다도서관 · 기록관으로 통합하여 장관의 감독하에 캐나다 대중서비스 기관으로 운영되고 있다. 현세대 및 차세대를 위한 캐나다 문서 유산의 보존과 캐나다의 문화적, 사회적 그리고 경제적 증진에 기여하는 모두가 이용가능한 지식의 원천으로서의 역할 등을 주요 임무로 하고 있다. 출판물, 기록자료, 음성 및 시청각 자료, 사진, 미술작품, 그리고 웹사이트와 같은 전자 도큐먼트 등을 대상으로 하고 있으며, 간행물, 전시물, 특별사건 등 기록유산 등도 보존하고 있다. 캐나다 기록물 보존과 이용을 위하여 관련 기구에 재정적 지원을 해주는 NADP(The National Archival Development

Program)와 캐나다기록물보존센터(Library and Archives Canada Preservation Centre)60)를 운영하고 있다. 캐나다기록물보존센터는 1997년 6월에 설립, 캐나다의 중요기록유산을 소장하고 있으며 퀘벡에 위치하고 있다. 이상적인 기록물 보존을 위해서 특별히 고안된 48개의 기록물 특성에 따른 보관센터를 보유하고 있다(<그림 17>, <그림 18> 참조).

〈그림 17〉 대형기록물의 보관   〈그림 18〉 흑백동영상기록물의 보관

1.2 아시아의 국가기록관

1) 일본

■ 국립공문서관(國立公文書館, National Archives of Japan)
홈페이지 http://www.archives.go.jp/index_e.html
일본국립공문서관은 독립적인 행정기관의 하나로 일본 정부의 도큐먼트 및 역사적으로 중요한 기록 등을 보존하는 국가문서관이

---

60) http://www.collectionscanada.ca/preservation/1302_e.html

다. 1971년 7월, 총무실 산하 기구로 설립되었으며, 2001년 3월
정부의 행정개편으로 인해 독립적 행정기관으로 새 출발을 하였다.
2005년 4월부터 디지털기록관시스템이 개발되었으며, 2006년 4월
부터 'Digital Archives'[61]를 운영하고 있다. 총리, 정부부처 및 기관
으로부터 이관된 공문서들을 정리하여 공공에 제공하고 있으며, 분관인
추쿠바국립공문서관((Tsukuba Annex of the National Archives)과 아
시아역사기록일본센터(JCAHR: Japan Center for Asian Historical
Records)로 조직되어 있다.

〈그림 19〉 일본 국립공문서관   〈그림 20〉 일본 추구바국립공문서관

2) 중국

■ 제일역사당안관(第一歷史檔案館)

홈페이지 http://www.lsdag.com/

제일역사당안관은 전문적으로 명(明)과 청(淸) 양대의 중앙국가
기구의 기록물과 황실기록물(皇室檔案)을 보존 · 관리하는 국가급
당안관으로 중앙기록물 관리기관이다. 1925년 북경에 설립되어

---

61) http://www.digital.archives.go.jp/index_e.html

1927년 문헌부(文獻部)에서 장고부(掌故部)로 개칭, 1928년 문헌관(文獻館)이 되었다. 1955년 다시 당안관(檔案館)으로 개칭하였다가 그해 고궁박물원이 국가당안국으로 귀속되면서 현 명칭으로 개칭하였다. 1980년 고궁박물원에서 독립하여 국가당안국 직속의 문화사업기구가 되었다. 명대(明代), 내각(內閣), 군기처(軍機處), 내무부, 종인부(宗人部)당안 등 총 74종의 전종(全宗, group)당안을 소장하고 있으며, 학술연구·전시 및 출판업무를 하고 있다.

■ 제이역사당안관(第二歷史檔案館)

홈페이지 http://www.shac.net.cn/

제이역사당안관은 중화민국시기(1912 - 1949)의 중앙정권기관 및 직속기구의 당안을 집중적으로 보관·관리하고 있는 국가급당안관이자 중앙기록물 관리기관이다. 1951년 2월 국가과학원 근대사연구소 예속의 남경사료정리처(南京史料整理處)로 설립되었고, 1964년 국가당안국에 예속되면서 현 명칭으로 개칭하였다. 보관부, 이용부, 정리편목부, 편연부(編硏部), 민국당안잡지사, 기술부, 컴퓨터센터 및 전국민국당안목록센터 등으로 구성되어 있다. 민국시기의 중앙국가기구, 사회단체, 기업체의 사회활동 중 생성된 역사적 기록물을 전문적으로 수집, 보관, 보호, 정리, 편목, 이용 및 연구 출판하고 있다.

3) 한국

■ 국가기록원(國家記錄院, National Archives of korea)

홈페이지 http://www.archives.go.kr/next/main.do

한국의 기록 보존 역사를 계승할 목적으로 1962년 5월 내각사무처 총무과 문서촬영실로 발족하였다. 1969년 8월 총무처 소속 정부기록보존소로 바뀐 뒤, 1984년 부산지소를 열었다. 1998년 2월 28일 행정자치부로 소속이 바뀐 뒤 같은 해 7월 정부대전청사로 본소를 옮기고, 서울사무소를 개소하였다. 1999년 1월 기록물관리법 제정이래, 2004년 5월 지금의 국가기록원으로 명칭을 변경하였다. 2006년 서울기록정보센터로 개편하였고, 2007년 12월 나라기록관과 대통령기록관을 개관하고, 부산지원에서 역사기록관으로 개편하였다.

조직은 기록정책부, 기록관리부, 기록정보서비스부 외에 대통령기록관, 나라기록관 및 역사기록관 그리고 서울기록정보센터로 이루어져있으며, 정책협력관이 있다. 주요 업무는 기록관리선진화 기반구축, 기록관리 프로세스 및 시스템 정리, 기록물 수집관리 체계강화, 기록 정보 공개 및 열람 확대이다.

2011년 현재 기록물 보유량은 문서 269만 3058권, 도면 22만 4500매, 카드 20만 5891매이다. 시청각류는 오디오류, 비디오류, 사진류, 그림류가 228만 9739매, 행정박물이 5만 7054권(매)이다. 그 밖에 기관별 수집 간행물, 일반출판사 발행도서의 행정간행물 21만 495종 42만 4467권을 보관하고 있다. 그 외 특수기록물로 역대 대통령기록물, 민간기록물, 해외기록물, 국가기정기록물 및 구술기록물 등을 보관하고 있다.

1.3 오세아니아의 국가기록관

1) 뉴질랜드

■ **뉴질랜드기록관(ANZ: Archives New Zealand)**

　홈페이지 http://www.archives.govt.nz/

　뉴질랜드기록관은 뉴질랜드 공공기록관의 기록 및 기록관리 업무 관련 공식적인 가디언 역할을 수행하는 대표 기록관이다. 2005년 '공공기록물법(Public Records Act)'에 의해 정부의 일시적인 기록관리에 대한 기준안이 마련되었고, 뉴질랜드기록관 또한 이 법안에 의거하여 각 정부부처와 함께 업무를 수행해 오고 있다. ① 편리한 기록의 이용, ② 바람직한 기록의 관리, 정부부처 기록의 유지를 설립목적으로 하고 있으며, 기록 가치의 영구 보존과 대중의 이용을 위한 기록의 유지가 주 기능이다.

2) 호주

■ **호주국가기록관(NAA: National Archives of Australia)**

　홈페이지 http://www.naa.gov.au/

　호주국가기록관은 호주 정부기관이자 호주를 대표하는 공공기록관으로서 역사적 가치가 있는 문서레코드의 보존을 통해 국민 및 전 세계인에게 봉사를 목적으로 설립되었다. 1983년 '기록법(Archives Act)'에 의해 설립되었으며, 본부는 캔버라(Canberra)에 위치하고 각 주정부기록관은 국가기록관의 지방사무소로 운영되고 있다. 호주의 역사, 사회, 민족, 연구에 관한 200년 역사를 망라하는 광대한 고급 정보원을 소장하고 있으며, 소장정보원의 유형은 포스터, 보고서, 지도, 사진, 그림, 필름, 전자레코드, 오디오 및 필름테이프 등이다. ① 호주정부기관의 기록 생성 및 관리 지원, ② 호주정부기관에 의해 생성된 가장 가치 있는 기록들을 호주국가기록관 컬렉션으로 선정, ③ 국가기록관 컬렉션의 저장, 기술 및 보존, ④ 국가기록관 컬렉션의 기록을 대중의 이용에 제공 등을 주 기능으로 하고 있다.

1.4 유럽의 국가기록관

1) 네덜란드

■ **네덜란드국가기록관(NAN: National Archives of Nerherlands)**

홈페이지 http://www.en.nationaalarchief.nl/default.asp

네덜란드국가기록관은 네덜란드 역사연구 및 문화연구에 대한 대표적 센터이자 약 1,000년이 되어가는 네덜란드 역사가 담겨있는 네덜란드의 가장 큰 공공기록관이다. 2002년 6월 4일부터 공식적으로 활동하고 있으나 실제 네덜란드의 국가기록관 서비스는

200년 이상의 기간 동안 존재해 왔다. 주요 기능은 ① 대중에게 역사적 정보의 제공, ② '국가기억(national memory)'으로 역사적으로 중요한 정부기록뿐 아니라 국가역사에 있어서 중요한 부분을 차지하는 개인기록도 관리, ③ 여러 종류의 기록물의 입수(또는 수집) 등이다.

2) 스웨덴

■ **스웨덴국가기록관(National Archives Sweden)**

　홈페이지 http://www.ra.se/indexengelska.html

　스웨덴국가기록관은 국가적 차원의 공공기록물 및 기록관리 기구이자 중세시대부터 시작된 스웨덴에서 가장 오래된 대규모의 공공기관 중 하나이다. 즉, 17세기 옥센스티어너(Axel Oxenstierna) 수상이 기록보관을 위한 새로운 조직을 형성함으로써 국가기록관의 역사가 시작되어 중앙정부 기관의 공공기록물을 관리하는 역할을 하고 있다. 한편, 지역 및 지방당국에 의해 형성된 기록의 관리를 담당하는 지역기록관의 대표적 성격을 지니며, 군(軍)기록관(Military Archives)과 연구센터인 SVAR(Svensk Arkivinformation)의 역할도 수반하고 있다. 군기록관은 1805년에 설립되어, 1943년 이후의 군기록에 대한 조사 및 관리를 담당하고 있으며, 연구센터는 가족사와 계보학에 관한 전문기관으로 마이크로카드를 제작 및 배포하고 있으며, 스캔 또는 디지털화된 기록을 이용자를 위해 제공하고 있다.

3) 영국

■ 국가기록관(NA: National Archives)

홈페이지 http://www.nationalarchives.gov.uk/

영국국가기록관은 영국 정부의 공식적인 기록관으로서 900년 이상의 역사기록을 보유하고 있으며, 정부부서이자 집행기관 성격을 지니고 있다. 이는 공공기록보관소(Public Record Office), 역사매뉴스크립트위원회(Historical Manuscripts Commission), 공공분야 정보국(Office of Public Sector Information) 그리고 왕실인쇄소(Her Majesty's Stationery Office)를 총괄한다. 특히 2006년 10월 국가기록관은 공공분야정보국과 합병되어 모든 정보관리 범위에 있어서 정책 리더십을 발휘해오고 있다. 영국국가기록관은 정보정책의 심장으로 영국의 정보 및 기록관리에 대한 표준제정 및 혁신지원, 모범사례의 실제적인 체제 제공 그리고 공공분야 정보의 재사용을 장려하는 역할을 하고 있다.

4) 프랑스

■ 국가기록관(NAF: Natinal Archives de Fance)

홈페이지 http://www.archivesdefrance.culture.gouv.fr/

프랑스국가기록관은 1789년 프랑스 혁명 발발 이후 국민의회에 의하여 국가 사료의 보존 및 정비를 목적으로 설립되었으며, 중세시대부터의 국가 관련 아카이브를 저장하고, 또한 파리와 수많은 사적 자료들의 보관소 역할을 수행하고 있다. 1790년 9월 12일 법령으로 '국가기록관(Archives National)'이라는 이름으로 자리 잡았으며, 1936년부터 현재의 명칭으로 개칭되었으며 'Le CARAN(Le Centre d'accueil et de recherche des Arichives nationales)'이라고도 한다. 중세 시대부터 오늘날에 이르기까지 정부의 주요 행정부에 의해 생성된 문서, 공공기록물 및 기타 기록물들에 대한 수집, 보관 그리고 대중과의 소통인 이용과 활용을 책임지고 있으며, 문화부의 기록보존국에 의한 중앙집권관리방식을 채택하고 있으며, DRAC(Directions Régionales des Affaires Culturelles)의 후원하에 활동을 전개하고 있다. 다음은 산하 기록관들이다.

- 프랑스국가기록관 I(NAF I: National Archives of France, Centre des Archives d'outre-mer)
  홈페이지 http://www.archivesnationales.culture.gouv.fr/

- 프랑스국가기록관 II(NAF II: National Archives of France, Centre des Archives du Monde du Travail)
  홈페이지 http://www.archivesnationales.culture.gouv.fr/camt/

- 프랑스국가기록관 III(NAF III: National Archives of France, Centre National du Microfilm)
  홈페이지 http://www.archivesnationales.culture.gouv.fr/cnm/fr/

2. 세계의 주요 기록관

2.1 해외의 주요 기록관

1) 북미의 주요 기록관

(1) 미국

- ADAH(Alabama Department of Archives and History)
  홈페이지 http://www.archives.state.al.us/

- Alaska State Archives
  홈페이지 http://www.archives.state.ak.us/

- Arizona Department of Libraries, Archives and Public Records
  홈페이지 http://www.lib.az.us/archives/

- Arkansas History Commission and State Archives
  홈페이지 http://www.ark-ives.com/

- California State Archives
  홈페이지 http://www.sos.ca.gov/archives/archives.htm

- Colorado State Archives
  홈페이지 http://www.archives.state.co.us/

- Connecticut State Archives

  홈페이지 http://www.cslib.org/archives/

- District of Columbia Office of Public Records

  홈페이지 http://os.dc.gov/os/cwp/view.asp?a=1207&Q=522721
  &osNav=|31376|

- Delaware Public Archives

  홈페이지 http://www.archives.lib.de.us/

- Federal Records Centres

  홈페이지 http://www.archives.gov/frc/

- Georgia Archives

  홈페이지 http://sos.georgia.gov/archives/default.htm

- Hawaii State Archives

  홈페이지 http://hawaii.gov/dags/archives/

- Idaho State Historical Library and Archives

  홈페이지 http://www.idahohistory.net/library_archives.html

- Illinois State Archives

  홈페이지 http://www.sos.state.il.us/departments/archives/archi
  ves.html

- Indiana State Archives

  홈페이지 http://www.in.gov/icpr/2316.htm

- Kansas State Historical Society home page

  홈페이지 http://www.kshs.org/

- Kentucky Department for Libraries and Archives

  홈페이지 http://www.kdla.ky.gov/home.htm

- Louisiana State Archives

  홈페이지 http://www.sos.louisiana.gov/tabid/53/Default.aspx

- Maine State Archives

  홈페이지 http://www.state.me.us/sos/arc/

- Maryland State Archives

  홈페이지 http://www.msa.md.gov/

- Massachusetts Archives

  홈페이지 http://www.sec.state.ma.us/arc/arcidx.htm

- Michigan State Archives

  홈페이지 http://www.sos.state.mi.us/history/archive/

- Minnesota State Archives

  홈페이지 http://www.mnhs.org/preserve/records/index.htm

- Mississippi Department of Archives and History

  홈페이지 http://www.mdah.state.ms.us/

- Missouri State Archives

  홈페이지 http://mosl.sos.state.mo.us/rec-man/arch.html

- Montana Historical Society and Archives

  홈페이지 http://www.his.state.mt.us/

- Nebraska State Historical Society, Library/Archives Division

  홈페이지 http://www.nebraskahistory.org/lib-arch/index.htm

- Nevada State Archives

  홈페이지 http://dmla.clan.lib.nv.us/docs/nsla/archives/

- New Hampshire Division of Records Management and Archives

  홈페이지 http://www.state.nh.us/state/index.html

- New Jersey Public Records and Archives

  홈페이지 http://www.state.nj.us/state/darm/

- New Mexico Records Center and Archives, Archives and Historical Services Division

  홈페이지 http://www.nmcpr.state.nm.us/archives/archives_hm.htm

- New York State Archives

  홈페이지 http://www.archives.nysed.gov/aindex.shtml

- North Carolina Division of Archives and History, Office of Archives and History

  홈페이지 http://www.history.ncdcr.gov/

- NorthEast Document Conservation Center

  홈페이지 http://www.nedcc.org

- Ohio State Archives

  홈페이지 http://www.ohiohistory.org/resource/statearc/

- Oklahoma State Archives and Record Mnagement

  홈페이지 http://www.odl.state.ok.us/oar/

- Oregon State Archives

  홈페이지 http://arcweb.sos.state.or.us/

- The Pennsylvania State Archives

  홈페이지 http://www.portal.state.pa.us/portal/server.pt?open=
  512&objID=2887&&level=1&menuLevel=Level_1
  &parentCommID=0&mode=2

- South Carolina State Archives

  홈페이지 http://www.sec.state.ri.us/Archives/

- South Dakota State Archives

  홈페이지 http://www.onelibrary.com/Library/sdstarch.htm

- State Records Center

  홈페이지 http://www.sec.state.ma.us/rec/reccon.htm

- State Archives of Floride

  홈페이지 http://dlis.dos.state.fl.us/index_researchers.cfm

- State Historical Society of Iowa

  홈페이지 http://www.iowahistory.org/

- State Historical Society of Wisconsin Library/Archives

  홈페이지 http://wisconsinhistory.org/libraryarchives/

- Tennessee State Library and Archives

  홈페이지 http://www.tennessee.gov/tsla/

- Texas State Library

  홈페이지 http://www.tsl.state.tx.us/arc/

- Utah State Archives

  홈페이지 http://www.archives.state.ut.us/

- Vermont State Archives

  홈페이지 http://vermont-archives.org/

- Vrginia State Archives and Libraries

  홈페이지 http://www.statearchives.us/virginia.htm

- Washington State Archives

  홈페이지 http://www.secstate.wa.gov/archives/Default.aspx

- West Virginia State Archives.

  홈페이지 http://www.wvculture.org/history/wvsamenu.html

- Wyoming State Archives.

  홈페이지 http://wyoarchives.state.wy.us/index.htm

(2) 캐나다

- Alberta Provincial Archives

  홈페이지 http://www.gov.ab.ca/mcd/mhs/paa/paa.htm

- Archives of Ontario

  홈페이지 http://www.archives.gov.on.ca

- British Columbia Archives

  홈페이지 http://www.bcarchives.gov.bc.ca/index.htm

- Glenbow Archives

  홈페이지 http://www.glenbow.org/archives.htm

- Provincial Archives of Manitoba

  홈페이지 http://www.gov.mb.ca/chc/archives/index.html

- New Brunswick Provincial Archives

  홈페이지 http://archives.gnb.ca

- Newfoundland and Labrador Provincial Archives
  홈페이지 http://www.gov.nf.ca/panl/

- Northwest Territories Archives
  홈페이지 http://pwnhc.learnnet.nt.ca/programs/archive.htm#

- Nova Scotia Archives and Records Management
  홈페이지 http://www.gov.ns.ca/nsarm/

- Prince Edward Island-Public Archives and Records Office
  홈페이지 http://www.edu.pe.ca/paro/

- Provincial Archives of Manitoba
  홈페이지 http://www.gov.mb.ca/archives

- Quebec Archives Nationales
  홈페이지 http://www.anq.gouv.qc.ca/

- Saskatchewan Archives Board
  홈페이지 http://www.gov.sk.ca/deptsorgs/overviews/?1

- Yukon Archives
  홈페이지 http://www.btc.gov.yk.ca./archives/index.html

2) 아시아의 주요 기록관

(1) 일본

일본의 현문서관은 지방문서관의 하나이다. 일본의 각 지방에서 문서관을 설치하려는 운동은 산업화 과정에서 일어난 이농현상으로 농촌사회가 크게 변모하면서 많은 자료가 인멸되기 시작했기 때문이다. 이에 자료 보존에 대한 인식과 더불어 지방의 문서관 설립으로 이어졌다. 구체적으로 1959년을 시작으로 주로 현의 조례에 의거하여 설립되어 현재까지 도(都), 도(道), 부(府), 현(縣) 단위인 46개 지방행정단위에서 54%에 해당하는 25개 현에 설립이 완료된 상태이고, 그 아래의 행정단위인 시(市) · 정(町) · 촌(村)에도 문서관이 많이 설립되고 있다. 그러나 정작 문서관의 기능에서 중요한 현재사료의 정리, 이관, 공개 부분은 가나가와(神奈川)현을 비롯한 일부 현을 제외하고는 제대로 운용되지 않고 있다.

- 岡山縣立記錄資料館
  홈페이지 http://archives.pref.okayama.jp/

- 京都府立總合資料館
  홈페이지 http://www.pref.kyoto.jp/shiryokan/index.html

- 廣島市公文書館
  홈페이지 http://www.city.hiroshima.jp/kikaku/koubun/index.htm

- 廣島縣立文書館

  홈페이지 http://www.pref.hiroshima.lg.jp/

- 群馬縣立文書館

  홈페이지 http://www.archives.pref.gunma.jp/

- 宮城縣公文書館

  홈페이지 http://www.pref.miyagi.jp/koubun/

- 埼玉縣立文書館

  홈페이지 http://www.pref.saitama.jp/A20/BA18/index1.html

- 岐阜縣歷史資料館

  소재사항 500－8014 岐阜市夕陽ケ丘4 058－263－6678

- 奈良縣立図書情報館

  홈페이지 http://www.library.pref.nara.jp/index.html

- 大分縣公文書館

  홈페이지 http://www.pref.oita.jp/11103/

- 大分縣立先哲史料館

  홈페이지 http://sentetusiryokan-b.oita-ed.jp/

- 大阪府公文書館

  홈페이지 http://www.pref.osaka.jp/archives/index.html

- 德島縣立文書館

  홈페이지 http://www.archiv.tokushima-ec.ed.jp/

- 東京都公文書館

  홈페이지 http://www.soumu.metro.tokyo.jp/01soumu/archive
  s/index.htm

- 兵庫縣文書課

  홈페이지 http://web.pref.hyogo.jp/pa13/pa13_000000005.html

- 富山縣公文書館

  홈페이지 http://www.pref.toyama.jp/branches/1147/

- 北海道立文書館

  홈페이지 http://www.pref.hokkaido.jp/soumu/sm-monjy/welc
  ome.html

- 山口縣文書館

  홈페이지 http://ymonjo.ysn21.jp/

- 三重縣史編さん室

  소재사항 514 - 0004 津市榮町1 - 954 059 - 224 - 2057

- 石川縣立図書館

  홈페이지 http://www.library.pref.ishikawa.jp/index.html

- 神奈川縣立公文書館

  홈페이지 http://www.pref.kanagawa.jp/osirase/02/0219/index.htm

- 新潟縣立文書館

  홈페이지 http://www.lalanet.gr.jp/npa/index.html

- 福井縣文書館

  홈페이지 http://www.archives.pref.fukui.jp/

- 愛媛縣歷史文化博物館

  홈페이지 http://joho.ehime-iinet.or.jp/rekihaku/

- 愛知縣公文書館

  홈페이지 http://www.pref.aichi.jp/kobunshokan/

- 茨城縣立歷史館

  홈페이지 http://www.rekishikan.museum.ibk.ed.jp/

- 滋賀縣立琵琶湖博物館歷史資料担当

  소재사항 525－0001 草津市下物町1091 077－527－1405

- 長野縣立歷史館

  소재사항 387－0007 千曲市大字屋代字淸水260－6

- 靜岡縣總務部企畵監(文書担当)

  소재사항 420－8601 靜岡縣靜岡市葵區追手町9－6 054－
  221－2068

- 鳥取縣立公文書館

  홈페이지 http://www.pref.tottori.lg.jp/dd.aspx?menuid=9499

- 千葉縣文書館

  홈페이지 http://www.pref.chiba.jp/bunsyokan/index.html

- 秋田縣公文書館

  홈페이지 http://arcs.apl.pref.akita.jp/

- 沖繩縣公文書館

  홈페이지 http://www.archives.pref.okinawa.jp/

- 向日市文化資料館

  소재사항 617－0002 向日市寺戶町南垣內40－1 075－931
  　　　　　－1182

- 香川縣立文書館

  홈페이지 http://www.pref.kagawa.jp/bunshokan/

- 和歌山縣立文書館

  홈페이지 http://www.wakayama-lib.go.jp/monjyo/

- 栃木縣立文書館

  홈페이지 http://www.pref.tochigi.jp/soumu/link/monjokan/

2) 중국

- 甘肅省檔案館

  홈페이지 http://www.cngsda.net/

- 江西省檔案館

  홈페이지 http://www.jxdaj.gov.cn/

- 江蘇省檔案館

  홈페이지 http://www.dajs.gov.cn/

- 廣東省檔案館

  홈페이지 http://www.da.gd.gov.cn/webwww/ErrorInfoPage.as
    px?aspxerrorpath=/webwww/index.aspx

- 广西壯族自治區檔案館

  홈페이지 http://gxda.gxi.gov.cn/

- 貴州省檔案館

  홈페이지 http://www.as.gzdaxx.gov.cn/

- 吉林省檔案館

  홈페이지 http://www.jilinda.gov.cn/

- 內蒙古信用信息网

  홈페이지 http://www.imcain.com/index.asp

- 福建省檔案館

  홈페이지 http://www.fj-archives.org.cn/

- 北京市檔案館

  홈페이지 http://www.da.bj.cn/index.ycs

- 四川省檔案館

  홈페이지 http://www.scsdaj.gov.cn/

- 山東省檔案館

  홈페이지 http://www.jxdaj.gov.cn/

- 山西省檔案館

  홈페이지 http://www.sxda.com/shengguanjj.htm

- 上海市檔案館

  홈페이지 http://www.archives.sh.cn/shouye_502/

- 西藏自治區檔案館

  홈페이지 http://www.tibetinfor.com/tibetzt/dang_an/

- 陝西省檔案館

  홈페이지 http://www.archives.2288.org/

- 新疆維吾爾自治區檔案館

  홈페이지 http://www.xjaa.gov.cn/

- 安徽省檔案館

  홈페이지 http://www.ahda.gov.cn/

- 寧夏回族自治區檔案館

  홈페이지 http://www.nxda.gov.cn/

- 澳門歷史檔案館

  홈페이지 http://www.icm.gov.mo/ah/C_ah.asp

- 遼宁省檔案館

  홈페이지 http://www.lndangan.gov.cn/

- 雲南省檔案館

  홈페이지 http://www.ynda.yn.gov.cn/

- 浙江省檔案館

  홈페이지 http://www.zjda.gov.cn/

- 重慶市檔案館

  홈페이지 http://www.jda.cq.gov.cn/templet/default/

- 天津市檔案館

  홈페이지 http://www.tjdag.gov.cn/english/index.asp

- 青海省檔案館

- 河南省檔案館

  홈페이지 http://www.hada.gov.cn/

- 河北省檔案館

  홈페이지 http://www.hebdaj.gov.cn/

- 香港政府檔案處

  홈페이지 http://www.grs.gov.hk/ws/index.htm

- 海南省檔案館

  홈페이지 http://archives.hainan.gov.cn/web/index.jsp

- 湖南省檔案館

  홈페이지 http://www.hn-archives.gov.cn/

- 湖北省檔案館

  홈페이지 http://www.hbda.gov.cn/module/web/default.htm

- 黑龍江省檔案館

  홈페이지 http://www.hljdaj.gov.cn/

3) 오세아니아의 주요 기록관

(1) 호주

- Archives Office of Tasmania

  홈페이지 http://www.archives.tas.gov.au/

- Australian Capital Territory Records Office

  홈페이지 http://www.territoryrecords.act.gov.au/

- State Records Authority of New South Wales

  홈페이지 http://www.records.nsw.gov.au

- Northern Territory Archives Service

  홈페이지 http://www.nt.gov.au/nreta/ntas/

- Public Record Office of Victoria
  홈페이지 http://www.prov.vic.gov.au/

- Queensland State Archives
  홈페이지 http://www.archives.qld.gov.au/

- State Records of South Australia
  홈페이지 http://www.archives.sa.gov.au/

- State Records Office of Western Australia
  홈페이지 http://www.sro.wa.gov.au/

4) 유럽의 주요 기록관

(1) 스웨덴

- The Military Archives of Sweden
  홈페이지 http://www.statensarkiv.se/default.aspx?id=6412&re
      fid=1132

- Regional State of Archives(Landsarkivet) of Göteborg
  홈페이지 http://www.statensarkiv.se/default.aspx?id=2231&re
      fid=1192

- Regional State of Archives of Härnösand
  홈페이지 hhttp://www.statensarkiv.se/default.aspx?id=2232&re
      fid=1193

- Regional State of Archives of Lund

  홈페이지 http://www.statensarkiv.se/default.aspx?id=2233&re
    fid=1194

- Regional State of Archives of Uppsala

  홈페이지 hhttp://www.statensarkiv.se/default.aspx?id=2508&re
    fid=1195

- Regional State of Archives of Vadstena

  홈페이지 hhttp://www.statensarkiv.se/default.aspx?id=2501&re
    fid=1196

- Regional State of Archives of Visby

  홈페이지 hhttp://www.statensarkiv.se/default.aspx?id=2236&re
    fid=1197

- Regional State of Archives of Östersund

  홈페이지 hhttp://www.statensarkiv.se/default.aspx?id=2237&re
    fid=1198

(2) 영국

- Historical Archives of the European Union

  홈페이지 http://ine,it/ECArchives

- The National Archives of Scotland

  홈페이지 http://www.nas.gov.uk/

• Public Record Office of Northern Ireland

　홈페이지 http://www.proni.gov.uk/

(3) 프랑스

• Diplomatic Archives of France

　홈페이지 http://www.diplomatie.gouv.fr/en

• Foreign Affairs Ministry Archives

　홈페이지 http://www.diplomatie.gouv.fr/archives.gb/

• Ministry of Defense Archives

　홈페이지 http://www.servicehistorique.sga.defense.gouv.fr/

2.2 한국의 주요 기록관

1) 공공기관 기록물관리기관

■ 국가보훈처 보훈 기록관

　홈페이지 http://mpva.go.kr/me_05/11.asp

국가보훈처(國家報勳處, The Ministry of Patriots Veterans Affairs)는 국가유공자의 예우시책과 참전군인 및 제대군인 지원 사업을 시행하는 국무총리 산하의 중앙행정기관으로 1961년 서울 영등포에 설립하였다. 국가보훈처 창설 이래 업무수행과정에서 생산된 행정적·역사적 가치가 있는 공훈 대상 기록물에 대하여 국민들이 언제 어디서나 자유롭게 검색·열람할 수 있도록 배너를 구축, 2005년 9월 서비스를 시작하였다.

571개의 기록물, 1만 5천여 권의 보훈행정자료 및 도서자료 외에 법령, 정책, 학술연구, 평가감사 등의 기록물을 소장하고 있다.

■ 국가보훈처 공훈 전자사료관

홈페이지 http://e-gonghun.mpva.go.kr

상기한 국가보훈처의 또 다른 자료관으로 독립유공자 발굴, 신청자료와 포상기록 등을 데이터베이스화하여 수록하고 있다. 상기 보훈기록관과 연계하여 독립운동사 연구자료 및 독립유공자 포상 신청자료로 활용할 수 있다.

■ 경기도교육청 자료관

홈페이지 http://arc.ken.go.kr

2000년 7월 개관하여 자료관기록관리시스템(2002년), 전국 표준 신전자문서시스템(2004년), 표준자료관시스템(2004년), 전자문서시스템(2005년) 등을 구축하였다. 2007년 현재 일반문서류(문서, 도면, 카드)와 고등학교학적부 총 34,547매를 소장하고 있다. 일반문서류는 3년, 5년, 10년, 20년, 준영구 및 영구로 구분하고 고등학교학적부는 준영구와 영구로 구분하여 소장하고 있다. 소장 기록물은 행정정보의 정보공개 청구를 통하여 열람할 수 있다. 경기교육역사관과 경기교육문화박물관도 운영하고 있다.

■ **경상북도교육청자료관**

홈페이지 http://210.90.135.67

2001년 설치 계획을 수립, 2003년 자료관기록물관리시스템 구축과 행정자료실 관리도서의 전산화를 완료하고, 경상북도 교육청 자료관 운영규정을 제정(훈령 제79호)하였다. 문서기록물 71,334권과 카드기록물 272,423매 외에 도서자료와 시청각자료를 소장하고 있다. 보존시설 중 제1 기록물보존실에는 영구 및 준영구의 보존기록물을 관리하고, 제2 기록물보존시설에는 20년 이하 한시 보존기록물을 관리하고 있다. 특징적으로 본 교육청 자료관은 전국 최초로 교육감 기록관리 표준모델을 제시하였고, 전국 최초로 비상 기록물관리 방안을 마련하였다.

■ **대전광역시교육청 자료관**

홈페이지 http://rec.dje.go.kr

문서(영구, 준영구, 기타), 도면(준영구 이상), 카드(준영구 이상) 및 시청각기록물(필름, CD, 비디오테이프) 등의 기록물을 소장하고 있다. 기록물관리와 관련하여 기록물분류기준표 운영, 기록물 생산현황 보고 및 이관, 기록물 재분류 및 폐기, 기록물관리 실태 점검 및 교육, 대전교육기록물 수집, 기록물분류 및 배부 등을 진행하고 있다.

■ **북한문화재 자료관**

홈페이지 http://north.nricp.go.kr/nrth/kor/inx/index.jsp

북한문화재 자료관은 1998년 문화관광부가 주관하여 제작·운영하였던 '남북통합문화관'을 문화재청 국립문화재연구소에 이관하여 내용을 수정, 보완하여 일반에게 공개한 것이다. 본 자료관에는 약 2천 항목에 달하는 북한 문화유산에 대한 개별 정보가 수록되어 있고, 문화재 찾기로 검색되는 북한문화재는 『조선유적유물도감』(전 20권)을 기본으로 하고 있다. 주제별 영상을 담고 있는 특별전시관은 '고구려 궁성을 찾아서'와 '고구려 고분벽화의 세계'라는 두 주제로 구성되어 있다.

■ 서울시 종합자료관

홈페이지 http://src.metro.seoul.kr

1971년 도시개발 자료센터로 시작하여 1980년 서울특별시 종합자료실로 개칭, 1997년 을지로별관으로 이전하여 현재의 명칭으로 개칭하였다. 서울시정에 관련된 자료는 물론 역사, 문화, 교통, 도시계획, 환경, 행정 등 다양한 분야의 자료 13만여 건과 해외여행보고서, 연구논문, 영상자료 등을 소장하고 있다.

■ 인천광역시교육청 자료관

홈페이지 http://www.ice.go.kr/data

기록물의 체계적이고 전문적인 관리를 위하여 2001년 7월 개관하였다. 인천시교육청, 인천광역시교육위원회, 교육과학연구원, 교육연수원, 학생종합수련원, 각급도서관, 공사립고등학교 및 특수학교, 평생교육시설 등의 기록물을 대상으로 접수·정리 및 관리하고 있다. 기록물 7천여 권과 행정자료 4,500권을 소장하고 있다.

■ 행정자치부 자료관

홈페이지 http://lib.mogaha.go.kr

행정자치부 1401호에 위치하고 있어 부내 직원들의 정책결정을 돕기 위하여 정부간행물 및 그 밖의 중요한 문헌 등을 수집한 후 체계적으로 정리·비치하고 있다. 1998년 행정자료실에서 자료관으로 명칭을 개칭하였으며, 행정간행물과 기록관리 및 정보공개 업무를 통합 운영하고 있다. 2000년 12월부터는 자료관이 소장하고 있는 도서의 목록·기사색인·원문 등을 전산화하여 자료와 정보에 좀 더 쉽게 접근할 수 있도록 전자도서관시스템을 구축하였다.

정부간행물, 백서, 연감, 연구보고서, 일반도서, 각종 통계자료 등 2만 4천여 권의 장서와 정기간행물 및 전자매체자료 등을 소장하고 있다. 행정·재정관련 학회와 연구원에서 발간된 1만 9천여 건의 논문 및 보고서에 대한 서비스를 제공하고 있다.

■ KTV 국가기록영상관

홈페이지 http://film.ktv.go.kr/index.jsp

이는 영상홍보원 주관의 국가기록영상 서비스센터이다. 1948년 공보처 영화과에서 '대한전진보' 제작 시작 이래 1998년 극장 홍보영화 종료 시까지 50여 년간 대한뉴스와 문화기록영화 제작을 통해 지난 반세기 동안의 우리의 모습을 영상으로 담고, 우리 문화를 국내외에 알리는 역할을 수행하고 있다. 이는 이러한 과정에서 축적된 소중한 영상기록들을 국민에게 제공하는 '국가 지식정보자원 관리 사업'의 일환으로 멀티미디어 DB구축 사업을 추진하여 시작한 인터넷 서비스이다. 대한뉴스, 문화필름, 촬영필름 등

총 4,784편(44,909캔)을 소장하고 있다.

- 경기도교육정보기록원
  홈페이지 http://www.goeia.go.kr

- 경상남도교육청 기록관
  홈페이지 http://recordscenter.gne.go.kr/

- 광주광역시교육청 기록관
  홈페이지 http://arch.gen.go.kr/index.aspx

- 대구광역시교육청 기록관
  홈페이지 http://arch.dge.go.kr/

- 부산광역시교육청 기록관
  홈페이지 http://open.pen.go.kr/

- 서귀포시 기록관
  홈페이지 http://archive.seogwipo.go.kr/index.asp

- 서울특별시교육청 기록관
  홈페이지 http://girok.sen.go.kr/index.jsp

- 충청남도교육청 기록관
  홈페이지 http://archive.cne.go.kr

- 울산광역시 기록관
  홈페이지 http://archives.ulsan.go.kr/

2) 대학기록관

■ 서울대학교 기록관

홈페이지 http://archives.snu.ac.kr

1997년 서울대학교 기획실에서 서울대 기록조사연구에 착수, 그 해 7월 '대학사료실'을 박물관에 설치하였다. 1999년 5월 '대학기록관리실'을 개관, 홈페이지를 개통하고 이후 2001년 9월 현재의 대학기록관으로 설립되었다. 2001년 이래 '대학역사전'을 개최하고, 『서울대학교 기록물 관리편람』을 발간하였다. 대학창설관련기록물, 학생자치도서관 이관기록물, 알프레드 크로프츠(Alfred Crofts)의 Crofts 문서, 미군정청기록물, 민족주의 비교연구회기록물 외에 송기호와 계훈모 등의 기증 기록물 등을 소장하고 있다.

■ 성공회대 사이버 NGO 자료관

홈페이지 http://demos.skbu.ac.kr

성공회대 민주사회교육원 부설기관으로 2001년 6월 '6월 항쟁'을 기념하여 설립되었다. 문서자료실, 사진자료실, 주제자료실, 영문자료실(English Materials), 학술연구자료실 등으로 구성되어 있으며, 학술연구 · 일반 · 통계자료 · 사진 · 멀티미디어 등을 제공하고 있다. 월별로 주요 주제를 설정한 사이버전시관을 운영하고 있다.

한편, 2000년 1월 개관한 민주자료관에는 약 8만여 건의 문서, 간행물, 그림, 시청각 및 여러 박물류의 기록물을 소장하고 있다.

■ 이화여자대학교 이화역사관

홈페이지 http://www.ewha.ac.kr/about/info/organ_06.jsp

1989년 이화박물관 내에 이화 역사관을 개설, 2006년 5월 이화학당 한옥교사로 확장·이전하였다. 우리나라 최초의 여성고등교육기관으로서 역사의 지속적 연구를 전담하고, 학교사 자료를 충실히 정리·보존함을 목적으로 하고 있다. 국내 대학 최초의 학교사 전담기구로서 현재 학교의 연혁관련 각종 문서자료와 사진, 기념품, 유품 등을 소장하고 있다. 수장고와 역사관행정실, 12가지 테마로 꾸며진 근대여성사 관련 자료를 볼 수 있는 역사전시실로 구성되어 있다.

■ 홍익대학교 기록보존소

홈페이지 http://archives.hongik.ac.kr/

홍익대학교에서 생산되는 기록물은 물론이고 학교와 관련된 다양한 기록물을 수집·이관하고, 효과적으로 정리·분류하여 관리·보존 및 활용을 하는 기록물관리기구이다. 2000년 12월 설립되어 2002년 '기록관리시스템'이 구축되고, '고기록 디지털화 사업'이 완료되었다. 현재 수집, 정리, 분류, 기술(記述)이 완료된 소장기록에 대한 목록검색서비스 공간인 '웹아카이브즈'가 구축되어있다. 홍익대학교에서 발간한 신문, 영자신문, 교지 등에 대한 원문 서비스 제공 공간 '홍익저널' 외에 사이버 전시인 '상설전시'와 '기획전시'를 제공하고 있다.

■ **KAIST 기록관**

홈페이지 http://archives.kaist.ac.kr/index.action

카이스트 기록관은 2006년 기록보존실 구축 T.F.T를 신설하고 그해 12월 기록보존실을 오픈하였다. 2007년 4월 기록물 관리 지침/규정을 제정 및 개정하고, 2008년 6월 기록관팀을 신설하였다. 2010년 5월 현재 전자기록물 329,637건과 비전자기록물 등록 18,132건으로 총 712,090건의 기록물들 소장하고 있으며, 그중 비전자기록은 주로 박물, 사진자료, 비디오, 신문자료 등이다. 2011년 현재 ① 국가기록원 기록물 관리 인증 시스템인 자료관시스템, ② 서고관리시스템, ③ 기록관홈페이지, ④ 시청각기록물관리시스템 등이 기록관리시스템으로 운영 및 구축되어 있다.

• 경북대학교 기록관

홈페이지 http://archive.knu.ac.kr/main/main.asp

• 부산대학교 기록관

홈페이지 http://archives.pusan.ac.kr/index/index.asp

• 한국해양대학교 기록관

홈페이지 http://archives.hhu.ac.kr/archives/

3) 학술 및 연구기관 기록관

■ **노동운동역사자료실**

홈페이지 http://www.labordata.org/

2000년 12월 노동운동가 김종배 추모사업회와 전노협백서의 발간에 참여하였던 구성원을 중심으로 한 전노협시기 노동운동사 연구를 위한 기구이다. 노동운동자료 정리 및 보관을 목적으로 2001년 서울 성수동에 자료실을 개소하였다. 1차 자료읽기모임, 문서 및 구술자료 수집정리팀과 DB팀으로 구성되어 있다. 노동운동자료수집정리 및 데이터베이스화, 노동자구술채록 등의 사업을 진행하고 있다.

■ 민주화운동기념사업회 자료관

홈페이지 http://archives.kdemocracy.or.kr/

민주화운동과 관련된 모든 형태의 사료, 즉 기록물을 적극적으로 수집 · 정리하고 안전하게 보존함으로써, 학생과 연구자 및 일반시민들이 보다 쉽게 접근하여 활용할 수 있도록 하고 있다. 민주화운동의 정신을 후대에 계승하여 올바른 역사 정립의 기초를 마련하는 것을 주된 목적으로 하고 있다.

■ 서대문형무소역사관

홈페이지 http://www.sscmc.or.kr/culture2/

서대문형무소는 서울 서대문구 의주로 247(현저동 101번지)에 위치, 대한제국 말에 일제의 강압으로 본 감옥이 지어졌다. 이는 80여 년 동안 우리 근현대사 격동기의 수난과 민족의 한이 서려 있는 역사의 현장이자 우리 민족의 항일 독립운동에 대한 일제의 대표적인 탄압기관이었다. 서대문구에서는 1995년부터 서대문독립공원 사적지에 대한 성역화사업을 시작하였다. 순국하신 애국선열

들의 넋을 기리고 후손들에게 우리 민족의 자주독립 정신을 일깨
워 주는 역사의 산 교육장으로 삼기 위해 새롭게 단장하여 1998
년 11월 5일에 '서대문형무소역사관(西大門刑務所歷史館)'으로
개관하였다. 사이버전시관, 기획전시실 외에 학습, 사진, 동영상
자료실 등으로 구성되어 있는 역사관자료실도 운영하고 있다.

■ **한국방송영상산업진흥원 방송사료관**

　홈페이지 http://www.kbi.re.kr/museum/index.jsp

　한국방송영상산업진흥원의 아카이브센터로서 연속간행물, 단행
본, 방송 대본, 오디오, 기타 등을 소장하고 있다. 1927년 방송 시
작 이후 우리나라 방송 발전에 지대한 공을 세운 방송인을 선정하
여 그 업적과 명예를 기리고, 인물을 통해 한국 방송사를 재조명
한다는 취지를 기본으로 하고 있다. '방송인 사이버 명예의 전당'
을 마련, 해당 방송인의 활동 당시의 각종 방송 자료 및 사료를
모아 온라인 공간에 전시하고 있다.

■ **한국영상자료원(KOFA: Korean Film Archive)**

　홈페이지 http://www.koreafilm.or.kr/main/main.asp

　이는 한국에서 영상물을 수집·보존하는 유일한 기관으로 현재
예술의 전당 내에 소재하고 있다. 2007년에 상암동에 첨단의 영상
열람실을 마련하여 2개관에 걸쳐 모두 460석의 시네마테크를 갖추
는 동시에 서울에서는 처음으로 영화박물관을 선보일 예정이다.

　문화유산으로 보존가치가 높은 영화관련 필름, 비디오, 포스터,
문헌 등을 체계적으로 수집·정리하고, 과학적으로 보존처리함은

물론 역사적 기록을 영상화하여 후손들에게 온전하게 물려주는 임무를 수행하고 있다. 1996년 7월부터 영화 및 비디오물의 진흥에 관한 법률 제35조 '영화필름 등의 제출'에 근거한 제출제도와 기증 및 위탁 등의 방법으로 한국영상 자료를 수집하고 있다. 필름 보존서비스와 비(非)필름보존서비스로 분류하여 보존하고 있으며, 고전영화관과 영상자료실 및 한국영상정보실을 운영하고 있다.

4) 기업기록관

■ 동아일보 신문박물관

홈페이지 http://www.presseum.or.kr

1920년 동아일보 창간 이래 2000년 12월 서울 종로구 세종로 동아미디어센터에 개관하였다. 1883년 이후 신문들, 세계의 신문, 기자의 취재품목 등을 소장하고 있다. 1900년대 이전의 신문과 함께 시대별 신문의 변천사를 보여주는 신문역사관, 세계신문전시관 등을 운영하고 있다.

■ LG 사이버역사관

홈페이지 http://www.lghistory.com

2004년 3월 29일 오픈한 것으로 1947년 국내 최초의 화장품인 '럭키크림'을 생산한 락희화학공업주식회사시기부터 현 LG가 우리나라 산업 및 경제성장과 함께 해온 약 60년간의 발자취를 한 자리에 모은 것이다. 'Virtual Museum'을 통해 1947년부터 1999년까지의 LG의 창업자, 일반사료, 1970년대의 LG 등에 대하여 살펴볼 수 있다.

■ 포스코역사관

홈페이지 http://museum.posco.co.kr

1968년에 창사한 포스코기업의 주요 역사기록물을 집중적으로 수집·관리하기 위하여 포스코 창립 35주년인 2003년 7월 개관하였다. 창업전사, 창업기, 포항건설기, 광양건설기, 대역사 완성 이후, 테마존, 창의관, 청암관, 세계 속의 포스코 등의 9개의 자료실로 구성되어 있다. 한국정부와 KISA 간의 기본협정서(1967년 10월 20일), 광양제철소 최초 방명록(1981년 12월 22일) 등과 같은 역사적인 전시사료를 열람할 수 있다.

3. 세계의 기록관련 기구

3.1 국제기구

■ AIAF(Association Internationale des Archives Francophones)
홈페이지 http://www.aiaf.org

AIAF(프랑스어권국가의국제기록전문가협회)는 1989년에 에스파냐의 마드리드(Madrid)에서 열린 국제아카이브원탁회의에 참석한 프랑스어권 국가의 국제적인 기록전문가 20여 명의 대표자들에 의해 만들어진 협회이다. 50여 개의 프랑스어권 동맹국 간의 기록전문가들로 구성되어 기록 관련 업무의 상호협력을 실행하는 국제적 수준의 협회이다. 캐나다에 소재하며 전문성의 형성이나 교환, 특성화된 문화의 확산, 아카이브 서비스의 형성과 현대화, 아카이브 내용의 확산 그리고 전문적인 협회의 지지 등을 목적으로 하고 있다.

■ APT(The Association for Preservation Technology International)
홈페이지 http://www.apti.org

APT(국제보존기술협회)는 역사적 보존기록물의 보존 및 보호를 위한 최상의 기술 증진 및 장려를 위한 학제적 성격의 회원 기구이다. 1968년 미국과 캐나다의 북미지역에서 보존을 위하여 결성하여 2011년 현재 30개국이 회원으로 가입되어 있다. 특히 역사적 보존기록물의 유지와 보존 및 보호 분야의 30여 개국의 보존

전문가, 엔지니어, 컨설턴트, 장인, 큐레이터, 교육자 등의 전문가들이 참여하고 있다. 한편 간행물, 회의, 교육과정, 장학금수여, 기술위원회와 같은 APT의 국제적이고 학제적 특징으로 역사적 보존 기록물분야에 있어 탁월한 전 세계적인 네트워크를 형성하고 있다. 2011년 10월 11일부터 16일까지 'Heritage on the Edge: Sustaining Buildings, Landscapes and Communities'라는 주제로 캐나다 브리티시 콜롬비아(British Columbia)에서 국제회의 개최 예정이다.

- **ARMA International(Association of Records Management and Administrators, International)**

  홈페이지 http://www.arma.org

  ARMA(기록관리자및행정가협회)는 기록 및 기록관리의 비영리 전문협회이자 권위 있는 국제기관으로 미국과 캐나다를 비롯한 다른 30개 국가의 정부, 법, 의료, 금융서비스 등의 폭넓은 범위의 다양한 활동을 하는 기록관리자(records managers), 기록전문가(archivists)와 같은 전문가들을 대표하는 협회이다. 1995년에 설립되었으며, 국제기록관리기준인 ISO 15489의 중요한 공헌자이기도 하다.

- **ARSC(Association for Records Sound Collections)**

  홈페이지 http://www.arsc - audio.org

  ARSC(음향기록컬렉션협회)는 영역을 초월하여 회원들의 관심과 이해관계를 반영하기 위하여 1996년에 설립된 음향기록과 미디어

에 관한 조사, 연구, 출판, 정보교환을 중심으로 활동하는 비영리기
구이다. 매해 각 지역을 순회하며 콘퍼런스를 개최하여 관련 업무
를 적극적으로 수행하고 있으며, 특히 ① 역사적 기록물의 보존
장려, ② 연구조사 및 정보 보급과 교환, ③ 문화유산 일부로서의
음향기록의 중요성에 대한 인식 촉진을 목적으로 하고 있다.

- IADA(International Association of Book and Paper
  Conservators)

  홈페이지 http://palimpsest.stanford.edu/iada/index_e.html

  IADA(국제서적및문서보존가협회)는 원래 1957년 2월 기록복구가협
  회(AdA: Arbeitsgemeinschaft der Archivres-tauratoren, Association
  of Archive Restorers)로 설립되었다가 1967년 현재의 이름인 IADA
  로 개칭하였다. 오스트리아에 소재하고 있으며, 복구가(restorer)들을
  위한 지속적인 전문교육, 신세대 진흥, 경험 및 전문적 관심에 관한 상
  호교환을 위해 활동하는 비영리기구이다.

- IAMIC(International Association of Music Information
  Centers)

  홈페이지 http://www.iamic.net

  IAMIC(국제음악정보센터협회)는 동시대의 음악을 장려하고 기
  록화하는 기구들의 국제적인 네트워크기구이다. IAMIC는 회원에
  의해 제공된 정보, 자료, 제작물 이용 장려하는 등 회원 국가의
  음악활동을 중요시하는 동시에 집합적 프로젝트에 관한 국제교류
  를 촉진시키는 역할을 한다. 한편, IAMIC는 유네스코의 국제음악

위원회(International Music Council)의 회원이다.

■ IAML(International Association of Music Libraries, Archives and Documentation Centers)

홈페이지 http://www.iaml.info

IAML(세계음악도서관·기록관및도큐멘테이션센터협회)은 1951
년 음악관련 기관의 국제협력을 촉진시키고 전문성에 대한 관심을
지지하기 위해 설립되었으며, 각 국가의 음악도서관, 기록관, 도큐
멘테이션센터들의 음악목록, 음악기록화, 음악도서관, 정보과학에
관한 프로젝트의 현실화 지원을 촉진시키고 장려하는 국제기구이
다. IAML은 현재 전 세계 45개국의 약 2천여 명의 개인 및 기관
회원을 보유하고 있고, 본부는 스웨덴으로 22개의 국가에 국가사
무소를 두고 있고, 5개의 전문분과, 4개의 주제별 위원회, 그리고
다양한 실무그룹을 두고 있다. 주요 기능은 기본적으로 음악 및
음악에 관계되는 도서관과 기록관 및 도큐멘테이션 센터의 활동을
증진시키고, 해당 분야에 종사하는 개인 및 기관 사이에 상호협력
을 강화하고, 그들 업무에 관한 정보를 출판하는 것이다.

■ IASA(International Association of Sound and Audiovisual Archives)

홈페이지 http://www.iasa-web.org/pages/00homepage.htm

IASA(국제음향및시청각기록관협회)는 1969년에 음향 및 시청
각기록을 보존하는 기록관들 간의 국제협력기관으로서의 역할을
수행하기 위해 암스테르담(Amsterdam)에 설립되었다. 본부는 스

웨덴에 두고 있으며 60개국 이상의 세계적 수준의 시청각기록관
을 대표하는 국제협력기구이다. IASA는 정보의 교환을 지지하고,
영상기록 관련 유사영역 간의 국제협력을 장려하며, 음향 및 시청
각기록물을 대상으로 ① 수집(acquisition) 및 교환, ② 도큐멘테
이션 및 메타데이터, ③ 자원발견 및 접근, ④ 저작권 및 윤리,
⑤ 보존(preservation) 및 보호(conservation), ⑥ 연구·배포·출
판, ⑦ 미디어 콘텐츠의 디지털화를 위하여 활동한다.

■ ICA(International Council on Archives)
   홈페이지 http://www.ica.org
   ICA(국제아카이브스연맹)으로 세계기록물유산(archival heritage)
을 보존, 개발, 이용하기 위해 1946년 미국 기록보존가(conservator)
를 중심으로 국제적 모임의 필요성이 제안되고, 1948년 6월 파리
에서 개최된 UNESCO 주최 기록보존전문가회의에 의하여 설립되
었다. ① 세계 각국의 기록보존기구 및 기록보존전문가의 상호 유
대강화, ② 기록물의 국제적 보존, 보호, 방어 등 제 수단 개발의
촉진, ③ 기록보존물의 유기적·효과적 활용과 기록보존행정의 국
제적 기준 및 활동의 조정 및 진흥을 그 설립목적으로 하고, 전
세계의 기록관과 기록전문가를 대변하는 국제기구이다.
   ICA는 기록관련 전문적인 세계 수준의 비정부기구로서, 본부는
파리에 두고 있다. 최고의사결정기구인 총회(General Assembly)
외에 대표자회의(Delegates Meeting), 1인의 의장과 5인의 부의장,
그리고 집행위원회(Executive Committee), 전문가협회 및 기관 등
으로 구성되어 있다. 본부의 집행위원회와 분과 및 위원회 그리고

각 지역 지지부에 의하여 각종 업무가 수행된다. 2011년 현재 195
개국이 가입되어 있으며, 우리나라는 1979년 7월에 가입하였다. 회
원은 국가기록관(Category A), 기록전문가 및 관련 전문가 협회
(Category B), 기록관련기관(Category C), 개인회원(Category D),
그리고 기록전문가(Category E)의 다섯 종류로 분류된다.

구체적으로 집행위원회는 아카이브스개발위원회(ICA/CAD: The
Commission on Archival Development), 재정감독과 프로그램지
원위원회(ICA/CSP: The Programme Support Commision) 그리
고 프로그램관리위원회(ICA/CPM: The Programme Management
Commision)를 두고 있다. ICA/SMA(Section of Municipal
Archives), ICA/SIO (Section of Information Organizations),
ICA/SPO(Provisional Section on Sports Archives), ICA/SAE
(Section for Archival Education and Training), ICA/SPP(Section
of Archives and Archivists of Parliaments and Political Parties),
ICA/SUV(Section of University and Research Institution Archives),
ICA/SBL(Section of Business and Labour Archives)와 같은 분
과와 ICA/CBQ(Committee on Archival Building and Equipment),
ICA/CER(Committee on Current Records in Electronic Environment),
ICA/CLM(Committee on Archival Legal Matters), ICA/CPR
(Committee on Preservation of Archival Materials), ICA/CSG
(ICommittee on Sigillography), ICA/CCR(Committee on Current
Records in a Non-Electronic Environ), ICA/CDS(Committee
on Descriptive Standards), ICA/CIT(Committee on Information
Technoloy), ICA/PDP(Project Group on the Protection of

Archives in the Event of Armed Conflict or Other Disaster)와 같은 위원회로 구성되어 있다. 한편, 다음과 같은 지역의 지역별 위원 그룹으로 이루어진 각 지역별 지부를 두고 있다.

- ALA(Latin America-Association Latinoamericana de Archivos)
  홈페이지 http://www.ala.or.cr
  ICA의 목적을 증진하고 스페인어와 포르투갈어 사용의 남미, 스페인 및 포르투갈과의 협력을 강화하기 위하여 1982년 마드리드 지부 창립총회를 거쳐 결성되었다.

- ARBICA(Arab Regional Branch)
  홈페이지 http://www.archives.nat.tn
  ICA의 목적을 증진하고 아랍국가들과의 협력을 강화하기 위하여 1985년 세빌레(Seville)에서 창립되었다.

- CARBICA(Caribbean Regional Branch)
  홈페이지 http://www.carbica.com
  ICA의 목적을 증진하고 카리브연안 지역과의 협력을 강화하기 위하여 1975년의 지부 제2차 총회에서 창립되었다.

- CENARBICA(Central Africa Regional Branch)
  홈페이지 http://www.ica.org/body.php?pbodycode=CENARBI
         CA&plangue=eng
  ICA의 목적을 증진하고 중앙아프리카와의 협력을 강화하기 위하여 1982년의 지부창립총회에서 결성되었다.

  - EASTICA(East Asian Regional Branch)

  홈페이지 http://www.eastica.org

  ICA의 목적을 증진하고 동아시아 지역과의 협력을 강화하기 위
하여 1993년의 베이징(Beijing) 지부창립총회에서 결성되었다.

  - ESARBICA(Eastern and Southern Africa Regional Branch)

  홈페이지 http://www.ica.org/body.php?pbodycode=ESARBICA
        &plangue=eng

  ICA의 목적을 증진하고 동아프리카와 남아프리카와의 협력을
강화하기 위하여 1965년의 지부창립총회에서 결성되고, 1976년
수정되었다.

  - EURASICA(Eurasia Regional Branch)

  홈페이지 http://www.rusarchives.ru/branch/international/eurasi
        ca.shtml
        http://www.ica.org/body.php?pbodycode=EURASICA
        &plangue=eng

  ICA의 목적을 증진하고 유라시아와의 협력을 강화하기 위하여
2000년의 모스크바(Moscow) 지부창립총회에서 결성되었다.

  - EURBICA(European Regional Branch)

  홈페이지 http://www.eurbica.org

ICA의 목적을 증진하고 유럽과의 협력을 강화하기 위하여 2001년의 플로렌스(Florence) 지부창립총회에서 결성되었다.

  - NAANICA(North American Archival Network)
    홈페이지 http://www.ica.org/body.php?pbodycode=NAANICA
        &plangue=eng
  본 지부는 2004년의 비엔나(Vienna) ICA 총회에서 결성되었다.

  - PARBICA(Pacific Regional Branch)
    홈페이지 http://www.parbica.org
  ICA의 목적을 증진하고 태평양 지역과의 협력을 강화하기 위하여 1981년 피지(Fiji)에서의 지부총회 이후, 2001년의 제9차 지부총회에서 결성되었다.

  - SARBICA(Southeast Asia Regional Branch)
    홈페이지 http://www.ica.org/body.php?pbodycode=SARBICA
        &plangue=eng
  ICA의 목적을 증진하고 동남아시아 지역과의 협력을 강화하기 위하여 1968년 쿠알라룸푸르(Kuala Lumpur) 지부총회에서 결성되었다.

  - SWARBICA(South and West Asian Regional Branch)
    홈페이지 http://www.ica.org/body.php?pbodycode=SWARBI
    CA&plangue=eng

ICA의 목적을 증진하고 남아시아와 서아시아와의 협력을 강화하기 위하여 1976년 뉴델리(New Delhi) 지부총회에서 결성되었다.

- WARBICA(West African Regional Branch)
  홈페이지 http://www.ica.org/body.php?pbodycode=WARBICA
  &plangue=eng

ICA의 목적을 증진하고 서아프리카와의 협력을 강화하기 위하여 1977년 다카르(Dakar) 지부총회에서 결성되었다.

- ICBS(International Committee of the Blue Shield)
  홈페이지 http://www.ifla.org/blueshield.htm

블루실드(Blue Shield)란 적십자(Red Cross)와 문화적으로 같은 성격을 지닌 기구로서 1996년 전쟁이나 자연재해에 의해 파괴되고 있는 전세계 문화유산을 보호하기 위한 일환으로 국제위원회(International Committee)라는 이름이 붙여졌다. ICBS(국제블루실드위원회)는 국제적이고 독립적이며 전문적인 조직으로 세계문화유산을 보호하기 위해 응급상황에 대처하고 협조적인 준비체계를 가질 수 있도록 일하는 것을 주요 사명으로 하고 있다. 특히 박물관, 기록관, 역사적 유적지, 도서관과 관련되는 지식과 경험 그리고 국제 네트워크를 내세운 문화유산에 관련 다음과 같은 다섯 개의 비정부기구로 조직되어 있다.

• CCAAA(Co-ordinating Council of Audiovisual Archives Associations)

- ICA(International Council on Archives)
- ICOM(International Council of Museums)
- ICOMOS(International Council on Monuments and Sites)
- IFLA(International Federation of Library Associations and Institutions)

■ ICCROM(The International Centre for the Study of the Preservation and Restoration of Cultural Property)

홈페이지 http://www.iccrom.org/

ICCROM(세계문화유산보존및복구연구센터)은 보존활동의 질적 향상과 문화적 재산의 중요성에 대한 의식을 높이는 것을 목적으로 설립된 정부간 국제기구이다. 1950년 플로렌스에서 개최된 제5차 UNESCO 총회 이후 문화재의 보존 및 복구에 관하여 회원국에 조언과 원조를 부여할 목적으로 국제센터의 설치에 대한 검토를 계속 하였고 1959년 5월에 본 센터가 로마중앙복구연구소 부지 내에 설립, 1979년 제10차 총회에서 현재의 기구약어인 ICCROM으로 결정되었다. 아태리에 본부를 두고 있으며, 120개국 이상의 회원국가들의 대표들로 구성된 국제적인 위원회가 봉사한다. ICCROM은 ① 교육, ② 연구, ③ 정보 제공, ④ 협동, ⑤ 지원 등과 같은 기능을 통하여 현재와 미래의 문화유산 보존을 지원하고 있다.

■ ICOMOS(International Council on Monuments and Sites)

홈페이지 http://www.international.icomos.org/home.htm

ICOMOS(세계유물및유적지협의회)는 전세계의 역사적으로 중요한 기념물과 유적지 등을 보존하기 위해 1965년 베니스헌장(Charter for the Conservation and Restoration of Monuments and Sites)에 의해 설립된 국제기구이자 비정부기구(NGO)이다, 한편 본 기구는 유네스코 산하 세계유산위원회(WHC: World Heritage Committee)의 자문기구이기도 하다. 전 세계의 보존전문가들의 기념물에 대한 수집, 평가, 보존원칙, 보존기술, 정책 등의 정보교류 및 보존 전문가를 위한 훈련 프로그램, 그리고 일반인 또는 보존을 전공하는 사람들을 위해 도큐멘테이션 센터 설립을 위한 국제협력을 목적으로 하고 있다. 현재 110개 국가가 회원으로 가입되어 있으며, 전 세계 21명의 국제과학위원회(International Scientific Committees) 전문가들이 기념물, 유적지 보존과 보호에 관한 자문을 하고 있다. 특히 기념물의 보존, 복원, 문화적 환경 경영을 위한 표준을 확립하려고 노력하고 있다.

■ ICRM(Institute of Certified Records Managers)
　홈페이지 http://www.icrm.org

ICRM(기록관리사인증기구)은 기록관리전문가 및 정보관리자를 위한 국제적 인증 기구로국제기록관리자및행정가협회(ARMA International: Association of Records Managers and Administrators, International) 그리고 핵정보기록관리협회(NIRMA: Nuclear Information Records Management Association)의 공식적 인증기관이다. ICRM은 자격시험 및 자격시험 유지 프로그램을 포함한 기록관리의 전문가로서의 자격증을 위한 프로그램을 개발 및 경영하는 것을 목적으로

1975년에 설립되었으며, 기관의 법전에 기초하는 통치위원회(Board of Regents)에 의해 운영되는 독립적인 비영리 기구이다. 미국 뉴욕에 본부를 두고 있으며, 미국, 캐나다, 뉴질랜드, 호주, 일본의 인증된 기록관리사들(CRMs: Certified Record Managers)로 조직되어 있다. ① 기본관리이론 및 기록관리 프로그램, ② 기록 생성 및 이용, ③ 기록 시스템·보관·복원, ④ 기록 평가·유지·보호·배치, ⑤ 설비·보급·기술, ⑥ 사례연구의 다섯 부분으로 구성된 기록관리사자격증(CRM: Certified Records Managers) 제도를 운영하고 있다.

■ IFFA/FIAF(International Federation of Film Archives)
　홈페이지 http://www.fiafnet.org/uk

IFFA/FIAF(국제영상기록연맹)는 전세계 영상기록관련 전문적인 기록관 간의 중요한 네트워크 역할을 수행하는 기구이다. 1938년에 설립된 60년 이상의 경험을 가진 전문기구로 전세계의 동영상 관련 전문기관들의 네트워크라고 할 수 있다. 벨기에에 본부를 두고 있으며, 약 65개국에서 120개 이상의 비영리기관, 정부기록관, 독립적 기금 및 신탁, 전위영화전문소극장, 박물관 및 대학관련부서 등의 기관으로 구성되어 있다. 협력기관들은 역사적 기록 또는 예술과 문화 작품으로서의 가치를 지닌 영상기록의 구제(rescue), 수집, 보존, 심사(screening)를 위해 봉사한다.

■ IFHRO(International Federation of Health Record
  Organizations)

홈페이지 http://www.ifhro.org

IFHRO(국제보건기록물기관연맹)은 건강기록 전문가들이 건강
기록 및 기록시스템을 이행 및 발전시킬 수 있도록 지원하는 국가
연합체로서 건강기록의 이용을 증가시키기 위해 모인 국가 조직들
의 포럼을 계기로 1968년에 설립되었다. ① 모든 국가에서 건강
기록과 정보관리의 이용 및 개발 장려, ② 국제 건강기록과 정보
관리 기준의 이용과 개발 증진, ③ 건강기록과 정보관리 관련 필
수교육 및 교육프로그램에 관한 정보교환 제공, ④ 전세계 건강기
록과 정보관리 관련 종사자들 간의 교육과 의사소통을 위한 기회
제공, ⑤ 정보 기술과 전자 건강기록의 이용 촉진 등을 설립목적
으로 하고 있다. 미국에 본부를 두고 있으며, 북미, 유럽, 동부 지
중해/아프리카, 동남아시아, 서부 태평양지역의 총 다섯 개의 지역
으로 구분하여 운영하고 있다.

■ IFLA(International Federation of Library Association
  and Institutions)

홈페이지 http://www.ifla.org

IFLA(국제도서관협회연맹)은 도서관과 정보서비스, 그리고 이
용자들의 관심을 대표하는 선두적인 국제기구이다. IFLA은 1927
년 스코틀랜드의 에든버러(Edinburgh)에서 열린 국제회의에서 설
립되었으며, 1971년에 네덜란드에 본부를 등록하였다. 2007년 80
주년을 기념하였으며, 세계적으로 150개국의 1,700명이 넘는 회원

이 가입되어 있는 도서관과 정보 전문에 대한 글로벌 보이스
(global voice)라 할 수 있다. ① 높은 수준의 규정과 도서관과 정
보서비스의 제공 촉진, ② 좋은 도서관과 정보서비스의 가치에 대
한 폭넓은 이해 장려 등을 설립목적으로 하고 있다.

■ IRMT(International Records Management Trust)
　홈페이지 http://www.irmt.org/

IRMT(국제기록관리트러스트)는 영국에 등록된 신탁위원회에
의해 운영되는 기부단체로서 민주주의 정신을 기본으로 하는 공공
기관의 기록물관리를 위한 기구이다. 1989년 공공기관 기록관리
를 위한 새로운 전략을 개발하기 위해 설립되었으며, 현재 영국
런던에 본부를 두고 있으며, 보츠와나, 캐나다, 케냐, 우간다, 가
나, 짐바브웨, 홍콩, 코먼웰스국가들, 탄자니아 등지의 컨설턴트들
을 중심으로 구성되어 있다. 공공기관, 사기업, 연구소 등의 경력
이 있는 60명 이상의 전문 컨설턴트들이 일하고 있으며, 공공부문
기관들, 국제기관들, 전문협회들, 자문기관들, 학술기관들 및 NGO
들과 함께 파트너십을 이루어 전세계적으로 다양한 프로젝트를 진행
중이다. IRMT는 크게 ① 컨설턴트 서비스(Consultancy Services),
② 교육(Education Training), ③ 개발연구(Development Research)
의 세 가지 사업영역에서 활동하고 있다.

■ PIAF(Portail International Archivistique Francophone)
　홈페이지 http://www.piaf-archives.org

PLAF(프랑스어권국가국제기록전문가포털)는 기록전문가들과 관

련단체들의 관계발전을 위하여 구성되어 있는 국제적 수준의 포털
이다. 2001년 5월 10일 몬트리올에서 열린 프랑스어권국가의국제
기록전문가협회(AIAF: Association Internationale des Archives
Francophones)의 관료회의에서 제시되어 2002년 2월 25~28일에
열린 튀니지에서의 세미나에서 PIAF의 활동이 시작되었다. ① 모
든 프랑스어권의 기록관련 단체의 관계 발전, ② 다른 언어로만
가능한 텍스트들을 프랑스어로 변역하여 독자들에게 제공 등을 설
립목적으로 하며 총 26개의 협회로 이루어져 있다.

■ UNESCO MOW(Memory of the World)
　홈페이지　http://portal.unesco.org/ci/en/ev.php-URL_ID=1538
　　　　　　&URL_DO=DO_TOPIC&URL_SECTION=201.html
　UNESCO MOW(유네스코 세계기록유산)은 전세계 기록유산의
보존과 이용을 위해 기록유산의 목록을 작성하고 효과적인 보존수
단을 마련하기 위한 국제연합교육과학문화기구(UNESCO: United
Nations Educational, Scientific and Cultual Organization)의 산
하기구이자 국제적인 사업이다. 기록유산은 인류의 문화를 계승하
는 중요한 유산임에도 불구하고 실제로 훼손되거나 영원히 사라질
위험에 처한 경우가 많아 1992년 유네스코에서 세계기록유산사업
을 창설하였고, 1995년에 세계유산등록 선정기준을 합의하고 등록
제도 창설을 권고하면서 본 사업을 시작하였다. 설립목적은 ① 세
계적으로 중요한 기록유산에 대해 가장 적절한 수단을 통한 보존
보장, ② 국가 및 지역 수준의 중요성을 지닌 기록유산의 보존 장
려, ③ 전산화를 통해 전 세계의 다양한 사람들의 쉬운 접근, 그

리고 ④ 기록유산에 기초해 만들어진 가트(GATT) 자료들을 발전시키기고 그것들을 전 세계에 널리 보급하여 세계적 관점에서 중요한 기록 문화를 갖고 있는 모든 국가들의 인식을 높이는 데 있다. 국제자문위원회와 지역위원회 및 국가위원회 그리고 사무국으로 구성되어 있다.

3.2 해외의 기구

1) 미국

- ACA(Academy of Certified Archivists)
  홈페이지 http://www.certifiedarchivists.org

ACA(공인기록전문가아카데미)는 전문적인 기록관리자를 위한 독립적이고 비영리를 추구하는 인증된 기구이다. 미국기록전문가협회(SAA: Society of American Archivists)의 연간회의를 통하여 1989년에 설립되었다. ACA가 설립되기 이전에는 SAA에 의한 임시인증위원회(IBC: Interim Board for Certification)가 설립되어 기록관리 전문 인증 프로그램을 개발하여 초기 시험과 청원(petition) 인증을 시작하였다. ACA의 개인회원들은 전문기준을 통과하고 자격증을 지급받음으로써 회원으로 인정이 된다.

- CoSA(Council of State Archivists)
  홈페이지 http://www.statearchivists.org/index.htm

CoSA(주정부기록보관인협의회)는 1975년 국가역사출판및기록위원회(NHPRC: National Historical Publications and Records Commission)의 규정안 '36 CFR 1206'에 의거, 주정부역사기록자문위원회(SHRAB)를 설립하기 위해 필요로 하는 각 주정부, 지방, 콜럼비아 지방에 의해 설립되었으며, 각 주정부 및 정부기관의 주요 기록부서의 장(directors)들이 모여 이루어진 미국의 국가기관이다. CoSA는 NHPRC의 규정에 입각하여 이들은 각각의 주정부역사기록자문위원회(SHRAB: State Historical Records Advisory Boards)를 맡고 있는 주정부역사기록코디네이터(SHRC: State Historical Records Coordinators)로 활동한다. 국가의 역사기록은 가치 있고 보존되며 널리 이용되고 있다는 것을 확실하게 하는 것을 설립목적으로 하고 있다.

■ NAGARA(National Association of Government Archives and Records Administration)

홈페이지 http://www.nagara.org

NAGARA(정부기록및레코드관리자국가협회)는 연방정부, 주정부, 지역정부의 기록 및 정보관리 향상을 위해 활동하는 협회이다. NAGARA는 정부의 모든 단계에서의 역사기록 및 정보관리에 관한 아젠다를 지향하며, 정부기록의 성공적인 관리를 위한 기술 및 자원을 개발에 주력하고 있다. 정부의 모든 단계에서의 기록 및 정보관리의 품질향상에 의한 문서로 남긴 유산의 유효성 촉진을 주요 목적으로 한다. 회원들은 NAGARA의 프로그램의 지원자이자 옹호자의 입장에서 활동하며, 각 프로그램은 ① 국가 프로그램

(National Programs), ② 협회프로그램(Institutional Programs),
③ 캐나다 지방프로그램(Canada: Provincial Programs), ④ 미국
주 및 코먼웰스프로그램(US: State and Commonwealth Programs),
⑤ 미국 지방프로그램(US: Local Programs)으로 구성되어 있다.

■ SAA(Society of American Archivists)

　홈페이지 http://www.archivists.org/

　SAA(미국기록전문가협회)는 기록에 대한 견고한 원칙을 조성
하고 기록전문가와 기록 관련 기관들 간의 협력을 조장하기 위해
1936년 12월에 설립되었다. 첫해 243명의 아키비스트 회원들로
구성되었으며, 2011년 현재 SAA는 약 55,000명의 개인회원과 기
관회원을 두고 있다. 데이터로의 좀 더 나은 접근성을 제공하고
기록 및 기록전문가의 가치를 증진시키기 위한 정보기술의 발전을
이용하는 노력을 지원한다. SAA가 추구하는 목표는 다음과 같다.
첫째, 정책과 표준을 정하고 효과적인 단체를 만들며, 기록물의
가치에 대한 인식을 개선함으로써 기록물이라는 중요한 이슈에 대
해 통솔력을 발휘한다. 둘째, 전문적인 발전을 위한 기회를 제공
하며, SAA나 다른 기관에서 제공되는 기록과 관련한 교육 프로
그램으로 질 높은 교육을 촉진시킨다. 셋째, 전자기록물에 관한
발전적 이슈들과 정책을 받아들임으로써 기록과 관련된 직업의 위
상을 확보한다. 넷째, 학회의 조직과 커뮤니케이션의 방법, 사회적
임무 달성 및 적정 목표들과 목적들을 이루기 위한 재정상의 문제
를 개선한다.

이외에 미국의 기구와 단체는 다음과 같다.

- AAC(Archivists and Archives of Color Roundtable)
  홈페이지 http://www.archivists.org/saagroups/aac

- ACWR(Archivists for Congregations of Women Religious)
  홈페이지 http://archivistsacwr.org

- ART(Archivists Round Table of Metropolitan New York)
  홈페이지 http://www.nycarchivists.org

- ASLAA(Association of St. Louis Area Archivists)
  홈페이지 http://www.stlarchivists.org

- CHS(California Historical Society)
  홈페이지 http://californiahistoricalsociety.org

- FRMA(Florida Records Management Association)
  홈페이지 http://www.frma.org

- GNOA(Greater New Orleans Archivists)
  홈페이지 http://nutrias.org/~nopl/gnoa/gnoa.htm

- KCA(Kentucky Council on Archives)
  홈페이지 http://kyarchivists.org

- LAMA(Louisiana Archives and Manuscripts Association)
  홈페이지 http://www.nutrias.org/~nopl/lama/lama.htm

- MAA(Michigan Archival Association)
  홈페이지 http://www.maasn.org

- MARAC(Mid-Atlantic Regional Archives Conference)
  홈페이지 http://www.lib.umd.edu/MARAC

- NEA(New England Archivists)
  홈페이지 http://www.newenglandarchivists.org

- NWA(Northwest Archivists)
  홈페이지 http://www.lib.washington.edu/nwa

- NYAC(New York Archives Conference)
  홈페이지 http://www.ithaca.edu/library/archives/loac

- SA(Society of California Archivists)
  홈페이지 http://www.calarchivists.org

- SALA(Society of Alabama Archivists)
  홈페이지 http://www.alarchivists.org

- SCAA(South Carolina Archival Association)
  홈페이지 http://www.state.sc.us/scdah/scaa.htm

- SFA(Society of Florida Archivists)
  홈페이지 http://www.florida-archivists.org

- SIA(Society of Indiana Archivists)

  홈페이지 http://www.inarchivists.org

- SMA(Society of Mississippi Archivists)

  홈페이지 http://www.msarchivists.org

- SNCA(Society of North Carolina Archivists)

  홈페이지 http://www.rtpnet.org/~snca

- SOA(Society of Ohio Archivists)

  홈페이지 http://www.ohiohistory.org/soa

- SOGA(Society of Georgia Archivists)

  홈페이지 http://www.soga.org

- SRMA(Society of Rocky Mountain Archivists)

  홈페이지 http://www.srmarchivists.org

- STA(Society of Tennessee Archivists)

  홈페이지 http://www.geocities.com/tennarchivists

2) 영국

- ACARM(Association of Commonwealth Archivists and Records Managers)

  홈페이지 http://www.acarm.org

  ACARM(영연방기록전문가와기록물관리자협회)은 법률 및 행정시스템과 관련하여 공동유산과 공동기록을 실현하는 것이 중요하다는 믿음을 기본으로 하여 영국과 영연방 지역 그리고 그들끼리의 기록공유 및 관련자들의 연결을 제공하기 위해 1984년에 설립되었다. ACARM은 영연방의 기록관련 전문가들 사이의 네트워크를 성립하여 공공행정에서 기록 유지관련 문제들을 해결하기 위한 실제적인 전략을 개발해 왔다. 특히 영연방 지역의 기록관련 기관, 기록전문가들, 기록물관리자들 간의 커뮤니티를 제공하는 매개체 역할을 하고 있다.

■ AMARC(Association for Manuscripts and Archivies in Research Collections)

　홈페이지 http://www.manuscripts.org.uk/amarc

　AMARC(연구장서매뉴스크립트및기록협회)의 전신은 '국가및대학도서관매뉴스크립트그룹협회(SCONUL: Society of College, National and University Libraries Manuscript Group)'로서 영국과 아일랜드의 도서관 및 다른 연구 컬렉션 중 매뉴스크립트 및 기록관련 연구의 접근성, 보존, 연구를 증진하기 위한 기관이다. ① 매뉴스크립트 장서 및 기록의 보호·카탈로그화·관리·연구·습득에 있어서의 협력 및 우수사례 장려, ② 연구 장서의 매뉴스크립트와 기록 이용자들을 위한 정부 및 고등교육기관의 정책 입안가들의 대표 등을 설립목적으로 하고 있다. AMARC의 주요 프로젝트는 전신인 SCONUL의 활동을 그대로 이어 받아 수행하고 있으며, 영국 도서관 내에 매뉴스크립트 데이터를 정리하는 등의 프로젝트를 수행해 왔다.

■ BAC(Business Archivies Council)

홈페이지 http://www.businessarchivescouncil.org.uk

BAC(경영기록협의회)는 자선단체로서 1934년에 등록되었으며 경영기구, 도서관 및 관련 기관들과 개인 기록전문가, 기록관리자, 경영인 및 역사가들이 회원으로서 활동한다. BAC의 회원들은 연간회의에서 네트워킹의 기회를 갖게 되며 공통의 관심사에 대한 논문 등을 접할 수 있다. ① 역사적 중요성을 지닌 경영기록의 보전 및 촉진, ② 경영기록 및 현대기록에 관한 정보와 조언제공, ③ 경영역사와 경영기록에 관한 연구와 관심증대, ④ 경영기록 이용자들을 위한 포럼개최 등을 설립목적으로 하고 있다.

■ BRA(British Records Association)

홈페이지 http://www.britishrecordsassociation.org.uk/

BRA(영국기록협회)는 영국의 레코드와 기록관련 개인과 기관을 위한 전문적인 협회이다. 1932년에 설립되었으며, 기록에 관심 있는 모든 사람들을 위한 포럼을 제공하는 유일한 단체이다. 주요 회원은 역사가, 기록소유자, 기록전문가, 사서를 포함하여 아카이브스 관리를 책임지고 있는 사람들이다. BRA의 목적 및 기능은 ① 역사문서(historical documents)에 대한 클리어링하우스 기능을 담당하여 영국 및 전 세계에 배포하고, ② 레코드 관리 및 보호에 대한 지침서를 발간·배포하며, ③ 연차회의 등을 개최하는 것이다.

■ MLA(Museum, Libraries and Archives Council)

홈페이지 http://www.mla.gov.uk

MLA(박물관·도서관·기록관협의회)는 박물관, 갤러리, 도서 관 및 기록관을 위한 정부기관이다. MLA는 2000년 4월 박물관, 기록관 그리고 도서관을 위해 활동하는 전략적 기구로서 설립되어 비부처간대중기구(NDPB: Non-Departmental Public Body)로서 문화, 미디어, 스포츠국(DCMS: Department for Culture, Media and Sport)에 의해 지원을 받고 있다. MLA는 박물관 및 갤러리 위원회(MGC: Museums and Galleries Commission)와 기록관을 포함하는 도서관 및 정보위원회(LIC: Library and Information Commission)를 대체하는 협력적 기구이다. MLA는 영국 내에서 의 전략적인 리더십을 제공하며, 영국 전역에 걸친 파트너들과의 협력을 추진하고 있다.

■ NCA(National Councilon)

홈페이지 http://www.ncaonline.org.uk

NCA(영국국가아카이브스협의회)는 1988년 서비스제공기관, 이 용자, 정책입안가 등을 포함한 영국 전역에 걸쳐 기록 및 기록 이 용에 관심이 있는 기구들이 모여 설립된 기구이다. ① 기록 관련 현존 문제에 대한 대중·정부·관련기관 또는 기구의 관심 고조, ② 국가 기록 및 박물관과 기록관 및 도서관 협의회의 활동 지원, ③ 기록 관련 지속적인 대중교육 프로그램 지원 및 장려, ④ 콘 퍼런스나 출판을 통해 대중에게 현존하는 기록 서비스와 기록유산 보존의 중요성에 대한 정보전달 등을 설립목적으로 하고 있다.

NCA는 다음과 같은 영국지방기록협의회로 구성된다.

- 남동부잉글랜드기록정책자문기구(Archive Policy Advisory Group for the South East)
- 남서부잉글랜드기록협의회(SWRAC: South West Regional Archive Council)
- 동부잉글랜드기록협의회(EERAC: East of England Regional Archive Council)
- 런던기록관(Archives for London)
- 북동부잉글랜드기록협의회(NERAC: North East Regional Archives Council)
- 북서부잉글랜드기록협의회(NWRAC: North West Regional Archives Council)
- 스코틀랜드기록협의회(SCA: Scottish Council on Archives)
- 요크셔기록협의회(YAC: Yorkshire Archives Council)
- 웨일스기록협의회(Cyngor Archifau Cymru/Archives Council Wales)
- 중동부잉글랜드기록협의회(EMRAC: East Midlands Regional Archives Council)
- 중서부잉글랜드기록포럼(West Midlands Regional Archive Forum)

- ■ IHRIM(Institute of Health Record and Information Management)
  홈페이지 http://www.ihrim.co.uk

IHRIM(의료기록및정보관리협회)은 의료기록물 관리자와 의료 코드화 관리자를 위한 영국의 전문 협회이다. IHRIM은 공인된 교육과정을 제공하고, 안내 자료 및 학술지 등을 발행한다.

■ RMSGB(Record Management Society of Great Britain)
  홈페이지 http://www.rms-gb.org.uk

RMS(영국기록관리협회)는 1983년에 설립되어 기록과 정보관리 분야에서 지속적으로 성장하고 있는 기관으로 그들의 직업 및 기관 또는 자격과는 상관없이 기록 또는 정보관리와 관련된 활동을 하는 모든 이들을 위한 전문협회이다. RMS는 기록과 정보관리에 있어서 의 리더십을 제공하기 위해 ① 외부와의 연결 및 관계촉진을 통한 기록관리와 기록관리자의 지위 향상, ② 지식 및 전문성 공유를 통한 전문성 개발 지원 등과 같은 목적을 갖고 활동하고 있다.

■ SoA(Society of Archivists)
  홈페이지 http://www.archives.org.uk

SoA(기록전문가협회)는 영국과 아일랜드의 기록전문가, 기록보존가(archive conservators) 및 기록관리자들을 위한 전문기구이다. 이는 1947년에 'Society of Local Archivists'로 결성되었으나, 회원들이 지역중심에서 중앙 및 전국적인 규모로 범위가 늘어나자 1954년에 'Society of Archivists'로 개명하였다. 이후로 계속 번창하여 기록보존가(conservator), 기록전문가(archivist), 레코드관리자(record manager)로부터 인정받고 있다. SA의 목적은 ① 아카이브스의 보호 및 보존, ② 보다 나은 아카이브스 보관소 관리, ③ 회원의 교육 및 훈련의 향상, ④ 학회 위원회 및 다양한 패널과 그 룹 및 지역 등에서 행해진 적절한 연구 및 출판 촉진에 있다.

3) 캐나다

■ AABC(Archives Association of British Columbia)
  홈페이지 http://aabc.bc.ca/aabc/index.html
  AABC(브리티시콜롬비아기록협회)는 캐나다 브리티시콜롬비아의 'Association of British Columbia Archivists'와 'British Columbia Archives Council'의 합병을 통하여 1990년에 설립되었다. AABC 는 브리티시콜럼비아주의 기록물을 보존하기 위해 일하며, 캐나 아카이브스협의회(CCA: Canadian Council of Archives)의 회원 으로서 브리티시컬럼비아 지역의 국가수준의 기록관련 기관을 대 표하는 협회이다.

■ ACA(Association of Canadian Archivists)
  홈페이지 http://www.collectionscanada.ca/aca
  ACA(캐나다기록전문가협회)는 1975년에 설립되어 독자적으로 활 동하다가 1978년 CHA(Archives Section of the Canadian Historical Association)와 통합하여 사단법인이 되었다. 캐나다역사협회기록관부 문(CHA: Archives Section of the Canadian Historical Association) 에서 시작되어, 오늘날 전 세계에 걸쳐 수백 명의 회원을 두고 있 다. ACA의 목적과 조직 및 활동은 미국의 SAA와 유사하며, 캐나 다 수도 오타와(Ottawa)에 위치하고 있다. ① 상임위원회(Standing

Committee), ② 특별위원회(Select Committee), ③ 합동위원회(Joint Committee)로 구성되어 있다.

■ ANLA(Association of Newfoundland and Labrador Archives)

홈페이지 http://www.anla.nf.ca/

ANLA(뉴펀드랜드 · 라브라도기록협회)는 1994년에 뉴펀드랜드 (Newfoundland)와 라브라도(Labrador) 기록전문가 연합과 NLCA (Newfoundland and Labrador Council of Archives)의 두 단체를 병합하여 설립한 캐나다의 지방기록협회이다. 설립목적은 ① 역사적 기록물 관련자에게 포럼을 제공하고, ② 전문적 기준과 절차 등을 장려하고, ③ 회원과 일반인에게 기록관련 계속교육의 기회를 제공하고, ④ 기록물의 역할과 활용을 촉진하고, ⑤ 지역의 기록관련 협력망을 제공하고, ⑥ 회원 간 상호교류를 조정하고, ⑦ 국가기록시스템 내에서 지방기록공동체를 대표하기 위해서이다.

■ CAML(Canadian Association of Music Libraries, Archives, and Documentation Centers)

홈페이지 http://www.yorku.ca/caml/en/index-e.htm

CAML(캐나다음악도서관 · 기록관 · 도큐멘테이션센터협회)은 음악분야의 사서, 기록전문가, 연구원을 위한 전문협회이다. CAML 은 캐나다대학교음악학회(CUMS: Canadian University Music Society) 와 국가적 제휴를 맺고, 국제음악도서관협회(IAML: International Association of Music Libraries)의 캐나다 지부로서 활동하고 있

다. ① 음악과 음악자료에 관한 도서관 · 기록관 · 도큐멘테이션센터
의 활동 및 연구 촉진 및 장려, ② 음악 분야에 종사하는 기관 및
개인 간의 협력강화 및 업적에 관한 출판 촉진, ③ 지방 · 지역 ·
국가 음악 도서관 · 기록관 · 도큐멘테이션센터의 문화적 중요성에
대한 더 나은 이해 촉진 등을 설립목적으로 하고 있다. CAML의
상임위원회로는 분류위원회(Cataloging Committee)와 콘퍼런스 프
로그램 위원회(Conference Program Committee)를 들 수 있다.

■ CCA(Canadian Council of Archives)
홈페이지 http://www.cdncouncilarchives.ca/intro.html
　CCA(캐나다아카이브스협의회)는 캐나다 기록유산의 접근가능성
을 위해 헌신하기 위해 설립된 기구이다. ① 기록시스템의 행정,
효율성, 효과성 증가를 통한 캐나다 기록유산으로의 접근성 제공
및 보존, ② 회원 기록관련 기구를 지원 및 후원함으로서 캐나다
기록시스템 내의 리더십 제공 및 개발과 협력 촉진을 설립목적으로
하고 있다. CCA는 우선 지역 및 지방 협의회, 캐나다 기록전문가 지
부, 국가지역및지방기록전문가콘퍼런스(NPTAC: National Provincial
Territorial Archivists Conference)와의 파트너십을 기본으로 한
다. 그리고 캐나다도서관 및 기록관(LAC: Library and Archives
Canada), 연방 및 지방 정부기구를 포함한 캐나다 기록 시스템의
모든 지지자(constituencies)에게 자문을 제공한다.

■ CCI(Canadian Conservation Institute)
홈페이지 http://www.pch.gc.ca/cci-icc

CCI(캐나다보존협회)는 캐나다의 문화유산을 보다 잘 관리하고 보존하기 위하여 1972년에 설립되었다. 본 협회는 교육과 출판, 연구와 실습 및 비상시의 도움 등과 같은 프로그램을 운영하며, 국제기구와 긴밀하게 협력하고 있다.

■ RMI(Records Management Institute)
  홈페이지 http://www.rmicanada.com/home_e.html
  RMI(기록관리연구소)는 1952년에 정보 및 아이디어의 교환을 위해 캐나다 연방정부의 기록관리자 그룹에 의해 설립되었다. 설립당시의 이념은 오늘날까지 계승되고 있으며, RMI의 회원은 정회원, 명예회원, 단체회원, 임원회원으로 구분된다.

4) 호주

■ ACA(Australian Council of Archives)
  홈페이지 http://aca.archives.ca
  ACA(호주기록협의회)는 1985년 7월에 공식적인 자문기구로 출발했으나 이후 ASA의 회원으로 활동하고 있으며, ICA의 회원이기도 하다. 기록자료를 모으고 보존하는 호주의 어떤 기관도 회원이 될 수 있다. 설립목적은 회원에게 상호관심사를 토론할 기회를 제공하고, 회의 활동이나 프로젝트를 조직하고 조정하는 것 등이다.

■ ASA(Australian Society of Archivists)
  홈페이지 http://www.archivists.org.au/

ASA(호주기록전문가협회)는 1975년에 결성된 호주 최고의 기록전문가 전문기관이다. 이는 국가기반으로 운영되며, 지부 및 특별관심단체(Special Interest Groups)가 각 영역에서 활발히 활동하고 있으며, 증가하는 기록전문가 및 아카이브스 기술에의 폭발적인 수요에 힘입어 적극적인 활동을 펼치고 있다. 본 협회의 목적은 ① 보존가의 전문성 증진, ② 아카이브의 관리와 이용 촉진, ③ 아카이브 현장과 관련된 모든 분야에 대한 연구 장려, ④ 아카이브 현장과 보존가의 전문적 업무에 대한 표준 개발 유지, ⑤ 공통관심사를 지닌 다른 기관이나 단체와의 협력을 포함한 신뢰성 있는 아카이브 사용 촉진, ⑥ 보존가와 보존기관 및 아카이브 이용자들 간의 커뮤니케이션과 협력 증진, 그리고 마지막으로 전문적인 아카이브와 관련된 정보를 출판하고 배포하는 것이다. ASA의 회원인 기록전문가들은 상업기구, 모든 정부기구, 도서관 및 박물관, 신문사 및 라디오방송국, 교육기관, 종교 및 커뮤니티 기구 등에서 활동 중이거나 컨설턴트로서 활동을 하고 있다.

- CAARA(Council of Australian Archives and Records Authorities)

홈페이지 http://www.caara.org.au

CAARA(호주기록및기록당국협의회)는 기존의 연방·주·지방 기록관협의회(COFSTA: Council of Federal, State and Territory Archives)였으나 뉴질랜드 기록관의 영입과 더 많은 기록 및 기록관리 역할을 반영하기 위하여 2004년 7월 1일자로 CAARA로 명칭을 바꾸었다. 이는 코먼웰스 오스트레일리아, 뉴질랜드, 오스트레일리아 주 및 지방의 정부기록당국의 수장들이 모여 구성되었으며, 이들 주정부와 지방정부의 기록관리에 대한 이해 및 지속성을 촉진시키기 위하여 운영되고 있다.

■ RMAA(Records Management Association of Australia)
  홈페이지 http://www.rmaa.com.au/

RMAA(호주기록관리협회)는 체계적인 레코드와 정보관리를 위하여 세계적으로 주도적인 역할 수행을 위하여 설립되었다. 이는 미국 RMA와 협력체제를 가지고 레코드 관리를 위한 표준과 현황을 위한 아이디어와 지식 교환을 촉진하는 비영리조직체이다. 1969년에 설립되어 1975년 법인으로 승격되었으며, 레코드와 정보를 전문적으로 관리하는 활동 및 학위과정, 워크숍, 회의, 견학, 저술 등의 활동을 수행하고 있다. RMAA는 오스트레일리아 수도특별지역(Australian Capital Territory), 뉴사우스웨일스(New South Wales), 퀸즐랜드(Queensland), 사우스오스트레일리아(South Australia), 태즈메이니아(Tasmania), 웨스턴오스트레일리아(Western Australia), 빅토리아(Victoria), 뉴질랜드(New Zealand)와 같은 지부(branches)를 운영하고 있다.

5) 일본

■ 일본기록관리학회(日本記錄管理學會, RMSJ: The Records Management Society of Japan)
  홈페이지 http://www.rmsj.jp/

RMSJ(일본기록관리학회)는 기록관리의 중요성을 인식하여 1989
년 3월에 설립되었다. 학회의 사무소는 동경에 두고, 필요에 따라
서는 총회결정에 의해 필요한 곳에 사무소를 둘 수 있도록 하였
다. 학회의 설립목적은 기록에 관하여 인간이 어떠한 행동을 선택
하는가를 과학적으로 해명하여 실천적 요청에 대응하기 위하여 기
업과 단체 등의 기록관리 전문가, 기록관리 센터의 실무자, 정보
학 연구자, 공문서관의 실무자 등 관련 분야의 회원들을 대상으로
연구대회 등을 통하여 전문가 간의 상호교류의 장이 되고자 하는
것이다. 이러한 목적을 달성하기 위해 기관지 발행, 연구발표회와
강연회 및 견학회 등을 개최, 기관 학회 및 협회와의 협력, 기록
관리자의 교육과 양성, 연구 및 조사 실시, 학원 상호 간의 정보
교환을 추진, 그리고 그 외 학회의 목적을 달성하기 위한 사업을
수행하고 있다.

- **전국역사보존이용기관연락협의회(全国歷史料保存利用機関
  連絡協議会, JSAI: The Japan Society of Archives
  Institutions)**

  홈페이지 http://www.jsai.jp

JSAI(전국역사자료보존이용기관연락협의회)는 일본 전국의 문
서기록을 중심으로 기록사료를 보존하고 이용에 공헌하는 전국적
차원의 단체이로서 약칭은 '전사료협(全史料協)'이다. 이는 소화
(昭和) 51(1976)년에 발족하였고, 1988년의 '公文書館法' 시행
을 계기로 문서관운동을 본격화하면서 본 협회는 문서기록을 중심
으로 기록사료를 보존하고 이용토록 관련 활동을 전개하게 되었

다. 회원 상호 간의 연락을 중계하고 연구협의를 통하여 기록사료
의 보존 및 이용활동 진흥에 기여함을 목적으로 한다.

6) 중국

■ **당안과학기술연구소(檔案科學技術研究所)**

홈페이지 http://www.saac.gov.cn/yqlj/txt/2005 - 05/25/conte
nt_79311.htm

중국 국가당안국 직속의 과학기술연구기구이다. 전국의 기록물
업무 실제와의 연계를 위하여 기록물보호 기술, 수리보수 기술,
마이크로화 기술, 현대화 관리 기술 및 기록물표준화 등에 대한
연구를 기본 임무로 하고 있다. 사무실, 과기처, 행정처, 기술개발
부의 4개 부문으로 구성되어 있다.

■ **중국당안학회(中國檔案學會)**

홈페이지 http://www.wdjj.cn/

중국의 대표적인 기록관리학회이다. 『기록학연구(檔案學硏究)』,
『중국기록물(中國檔案)』 등을 발행하고 있다. 2005년 5월 중국
당안학회 주관의 온라인상의 사이버교육과정인 '문서 및 기록물관
리자 계속교육 캠퍼스(文件與檔案工作者繼續敎育園地)'를 개설
하여 현직의 기록물전문가의 계속교육과 정보교류 및 학술연구를
진행하고 있다. 2007년 1월 현재 '디지털교육', '기록물감정(檔案
鑑定)', '문헌유산보호(文獻遺産保護)', '전자문서관리(電子文件
管理)', '현대기록물관리(現代檔案管理)' 등 8개 과목을 개설 · 운

영하고 있다.

■ 중화인민공화국당안국(中華人民共和國檔案局, SAAC: The State Archives Administration of the People's Republic of China)

홈페이지 http://www.saac.gov.cn

SAAC(중화인민공화국당안국)는 중국 국무원(國務院) 직속의 국가기록물 관리사업을 주관하는 최고행정관리기구이다. 이는 1993년 12월 중앙당안관과 합병되어 전국 기록물 관리사업 관련 행정기구와 중앙의 기록물 보관 및 이용의 두 기능을 수행하고 있다. 따라서 일명 '국가당안국중앙당안관(國家檔案局中央檔案館)'으로도 불리운다. 국가기록물의 통일관리라는 기본적인 원칙 하에 ① 국가급 기록물관리기구의 건립기획·건설계획 및 지도, ② 국가기록물의 보존가치 및 보관기한표준의 연구 및 심사, ③ 국가기록물의 파괴문제 관련 감독 및 심의 등을 목적으로 하고 있다.

■ 홍콩기록협회(HKAS: Hong Kong Archives Society)

홈페이지 http://www.archives.org.hk

HAKS(홍콩기록협회)는 홍콩 지역 내의 기록관리와 기록보존 관련 질 향상과 기록전문가와 이용자 간의 상호 커뮤니케이션에 종사하는 전문 협회로서 1999년 1월에 설립되었다. ① 홍콩기록관들의 기록관리와 보존에 대한 실제에 있어서의 질 향상, ② 기록전문가와 기록관이용자간의 커뮤니케이션 촉진, ③ 기록의 가치에 대한 커뮤니티의 인식과 이해 증진을 설립목적으로 하고 있다.

3.3 한국의 기구

■ **디지텅아카이빙연구소**(Digital Archiving Institute)

　　홈페이지 http://dgarchiving.tistory.com/tag/%EC%8B%A4%
　　　　　EB%B2%84%EB%9E%A9

명지대학교 기록정보과학전문대학원 내에 2007년 3월 2일 설립된 연구소로 기록, 문화콘텐츠, 스포츠데이터, 통계 등 디지털아카이빙 학술연구를 주요사업으로 운영하고 있다. 2008년 3월 제1회 디지털아카이빙 콜로키엄을 개최하였고, 4월에는 KT&G 상상마당 디지털 아카이브 컨설팅에 착수하였다. 2009년 2월 한국데이터베이스진흥센터의 그린 IT추진 데이터 삭제폐기 가이드라인을 개발하였다.

■ **한국구술사연구회**(Korean Oral History Research Center)

　　홈페이지 http://www.oralhistory.kr/

한국구술사연구소는 한국에서 발전되어 온 구술사연구를 토대로 보다 진척된 구술사 연구를 도모함을 그 설립목적으로 2008년 개소하였다. 주요 사업으로 ① 구술 채록사 과정 운영, ② 국내외 기관에서 주관하는 구술채록 연구프로젝트 수행, ③ 구술 세미나 진행 등을 진행하고 있다. 위원회로 구술생애사위원회, 구술과 영상 위원회, 구술아카이브 위원회를 두고 있다.

■ **한국구술사연구회**(Korean Oral History Association)

　　홈페이지 http://www.oralhistory.or.kr/

한국구술사연구회는 2003년 노동자의 힘 강당에서 톰슨(Paul Thompson)의 *The Voice of The Past Oral History*를 강독하면서 구술사세미나 모임을 시작하여 2005년 9월『구술사: 방법과 사례』를 발간하면서 출판기념회 및 한국구술사연구회(Korean Oral History Association)의 발족식을 개최하였다. 구술사 연구를 통하여 시대를 조명하고 학문 및 사회 발전에 기여함을 목적으로 하고 있다.

■ **한국구술사학회**(KOHA: Korean Oral History Association)
  홈페이지 http://koha2009.or.kr/

한국구술사학회는 한국에서 발전되어온 구술사 연구를 토대로 보다 진척된 구술사 연구를 도모하기 위하여 2009년 1월 한국구술사학회 창립준비위원회를 결성하여 그해 6월에 창립학술대회를 개최하였다. ① 국내학술대회 개최 및 연구발표회, 워크숍, ② 국제학술대회, ③ 학술지『구술사연구』출간, ④ 네트워킹, ⑤ 구술사에 관련된 사회적 쟁점들에 대해서 구술사가들의 의견을 수렴하여 발표할 수 있는 기구의 역할 등을 주요 목표로 하고 있다.

■ **한국국가기록연구원**(RIKAR: The Research Institute of Korean Archives and Records)
  홈페이지 http://www.rikar.org

한국국가기록연구원은 1998년 6월 13일 재단법인으로 창립되었다. 본 연구원의 목표는 첫째, 국가기록의 보존활용과 학술활동을 통해 체계적인 기록관리를 통해 투명한 사회를 이룩하고, 둘째, 기록정보의 과학적 관리를 통해 21세기에 적극적으로 대응하며,

셋째, 기록유산의 보전을 통해 보다 풍부한 문화를 창조하는 데 이바지하는 것이다.

1999년 4월 7일 명지대학교와 공동 부설로 '한국기록관리학교육원'을 개설하여 한국사회의 기록문화 전통을 계승하고, 우리 사회의 역사기록과 현대기록의 과학적 관리·활용·보존을 위한 학문적 탐구와 연구 활동을 진행하고 있다. 현재까지 한국과학기술정보연구원 정책연구과제로 '국가 디지털아카이빙 체제 구축에 관한 연구', 국방부 정책연구과제로 '국방 관련 기록물의 통합적 관리체계 구축에 관한 연구' 등을 수행하였으며, 『조선총독부 공문서 종합목록집』, 『조선총독부 공문서 다계층 상세목록집』 등을 출간하였다. 한편 기록관리학의 연구에도 주력하여 계속적인 기록학 번역총서를 출판하고, 전국 기록학 연구자 하계 워크숍, 기록학 심포지엄, 디지털아카이빙 심포지엄 등도 개최하고 있다.

■ 한국기록관리학회(Records Management & Archives Society of Korea)

홈페이지 http://ras.or.kr

국내 기록관리학의 이론적 연구와 실무의 발전을 위하여 발족하였으며, 한국기록관리협회의 지원으로 2000년 7월에 창립되었다. 본 학회는 기록관리학 분야의 학문에 관한 연구를 촉진하고 회원 상호 간의 협력을 도모하여, 국내외의 관련학회 및 관련기관과의 유대를 통하여 기록물관리 분야의 학문발전에 공헌함을 목적으로 한다. 본 학회에서는 각종 세미나와 학술행사 개최 외에 학회지 『한국기록관리학회지』를 간행해 오고 있다.

■ **한국기록협회(The Korean Association of Archives Management)**

홈페이지 http://www.kaam.kr/

한국기록관리협회는 1995년에 '한국기록보존협회'라는 명칭으로 출범하였다. 1994년 4월 기록 분야의 실무자 및 연구자가 중심이 되어 기술 연구단체를 결성한 것을 계기로 기록보존관리에 관한 한국 최초의 전문직 단체로 발족, 1995년 학계와 연구소, 업계 및 정부기록보존소 등이 참여하여 사단법인 '한국기록보존협회'를 창립하였다. 1999년 7월 임시총회에서 '한국기록관리협회'로 개명하고, 지속적인 기록관련 사업을 확장해 가고 있다. 2011년 '한국기록협회'로 재탄생하였다.

본 협회는 종이, 필름, 인쇄, 잉크, 테이프, 디스크 등 기록 매체와 내용이 기록된 매체의 보존성과 안전성에 관한 규정의 제정 건의, 관리와 활용 기술 및 대책에 관한 연구, 개발과 기술보급으로 기록물의 기술적 보존 관리와 다목적 이용발전에 기여함을 목적으로 하고 있다. 구체적으로 첫째, 기록물의 보존성 향상을 위한 기록매체의 물성에 영향을 미치는 기술 및 활용기술에 대한 연구 및 개발, 둘째, 기록물 보존 관련 물품과 기구 및 장비 등의 표준 규격제정을 위한 건의 및 시행 사업, 셋째, 기록물의 보존과 관리(종이, 잉크, 이미지 매체 등의 변형, 퇴색열화, 훼손 등)에 대한 대책 자문 및 복원사업, 넷째, 각종 기록물의 품질 수준과 보존성을 향상 및 유지키 위한 정밀 검사 및 검사 증명서 발급을 위한 연구사업, 다섯째, 기록보존 기술의 보급을 목적으로 하는 강습회, 세미나, 심포지엄, 전시회 등의 개최와 국제기구, 국내외 연구 단체와의 교류 및 각종 도서의 출간, 보급 등의 사업을 수행한다.

■ **한국기록원(Korea Record Institute)**

홈페이지 http://www.korearecords.co.kr/

한국기록원은 국내에서 발행되는 정치, 경제, 사회, 과학기술, 교육학술, 문화, 역사, 인물, 스포츠 등 우주의 모든 사물과 현상에 있어서 최고 민간기록과 기록학적 가치가 있는 기록을 말굴 및 보존, 인증하여 우수기록을 중심으로 DB화함은 물론 본원 및 관계기간의 인증서 추천 및 교부, 홈페이지 등록, 책자를 발간하고, 해외민간기록 관리 및 인증단체에 추천 및 등재시켜 창조적 기록 지식국가 구현과 우리나라 기록문화의 세계화에 이바지함을 목적으로 하고 있다. 2000년에 세계기록 등록 심의요청 프리랜서로 활동하다가 2001년 7월 한국기록인증정보센터로 설립하였으며, 2004년에 현재의 이름으로 개칭하였다. 2008년 1월 사단법인으로 인가되었다. 호남, 영남, 중부, 경기, 서울, 영동, 제주에 지역본부를 두고 있다.

■ **한국기록전문가협회**

홈페이지 http://www.archivists.or.kr/

한국기록전문가협회는 2010년 2월 기록전문가협회 설립을 위한 추진팀이 결성된 이래 2010년 11월 창립총회 개최 및 협회 출범하여 안병우 초대회장이 취임하였다. 이 협회는 기록관리 분야의 교육 및 연구, 교류와 협력을 통해 소통에 노력하며, 기록전문가의 권익보호와 직업윤리의 신장을 통해 우리사회의 민주주의와 기록관리 부문의 발전에 기여함을 목적으로 한다. 2011년 2월 19일 기록학예비학교를 개최하였다.

■ **한국기록학회(Korean Society of Archival Studies)**

홈페이지 http://www.ksas1.org

한국기록학회는 2000년 9월 한국기록학회 창립준비위원회를 발족하고, 2000년 12월 2일 초대 학회장으로 김학준 한국국가기록연구원장을 추대하며 창립되었다. 본 학회는 기록관리 실무 및 기록학 연구 분야에서 전문연구자들의 수가 증가하면서 기록학 분야의 학문적 전문성을 보다 높이고, 연구자들의 학문적 역량을 결집하기 위한 목적으로 창립되었다. 월례발표회, 학술심포지엄 등의 학술행사를 개최하고 있으며, 매년 두 차례 학회지인 『기록학연구』를 간행해 오고 있다.

■ **한국대학기록관협의회**

홈페이지 http://www.uarchives.or.kr/

한국대학기록관협의회는 회원 대학의 대학기록물 관리기관인 문서실, 사료실, 자료관, 도서관, 박물관 등의 회원 기록관으로 구성된 협의회로서, 2005년 9월 23일 설립되었다. 회원 상호간의 교류와 협력 증진을 주목적으로 하고, 학술·교육·대외협력 및 권익보호 등의 영역에 중장기 과제를 수립하였다. 지난 2005년 11월 23일 '대학기록관의 설립과 운영의 기초'와 '창원대학교 기록관의 설치 및 운영 현황'이라는 주제를 가지고 제1회 콜로키엄을 개최하였다. 2006년에 한국대학기록관협의회 제1회 대학기록관리

동계워크숍 및 정기총회를 개최하였다.

■ 현대사기록연구원

홈페이지 http://www.hdarchives.kr/

기록관련 연구, 콘텐츠 개발, 정보처리 제공 및 용역, 학술회 및 전시활동을 하는 국가기록원 등록의 사단법이다. 2008년 10월 설립되어 ① 한국 현대사 관련 기록의 발굴 및 보존 사업으로 관련 연구에 기여, ② 기록 소실과 당사자 사망으로 인한 유·무형 기록 유실을 방지, ③ 기록의 중요성 및 의의에 대한 국민들의 이해와 인식을 높임, ④ 수집 기록의 활용을 통해 한국 현대사에 대한 국민들의 관심을 촉구 등을 설립목적으로 하고 있다. 주요 사업으로 ① 한국현대사 관련 주요 기록의 소재처 파악 및 발굴, ② 한국현대사 주요 기록의 수집 및 관련자의 구술기록 채록, ③ 수집 기록의 정리 및 보관·제공, ④ 수집 기록의 자료집 발간, 학술회의 및 전시회 개최, ⑤ 수집 기록의 역사편찬 및 콘텐츠 개발, ⑥ 기록 관련 간행물 발간, ⑦ 기타 현대사 기록 보존 관련 사업 등의 활동을 하고 있다.

참고문헌

개인정보보호법률.
공공기관의운영에관한법률.
공공기관의정보공개에관한법률.
공공기록물관리에관한법률.
공공기록물관리에관한법률시행령.
공공기록물관리에관한법률시행규칙.
대통령기록물관리에관한법률.
대통령기록물관리에관한법률시행령.
사무관리규정.
전자정부법.

강대신, 박지영. 2004. "중국 · 일본의 기록관리 제도에 관한 연구". 『한국기
    록관리학회지』, 4(2): 92 - 117.
高山正也. 2001. "日本에 있어서 記錄管理學의 發展狀況과 記錄管理學會
    의 役割". 『한국기록관리학회지』. 1(1): 53 - 67.
국가기록원. http://www.archives.go.kr/next/main.do.
_____. 2005. 『공공기관의 기록물관리』. 대전: 국가기록원.
_____. 2007. 『기록관리메타데이터표준: 비현용기록물(1.0)[NAK/A 10:
    2007(v1.0)]』.
_____. 2007. 『기록관리메타데이터표준: 현용 · 준현용기록물(1.0)[NAK/S
    8: 2007(v1.0)]』.
_____. 2008. 『영구기록물 기술규칙[NAK/S 14: 2008(v1.0)]』.
_____. 2009. 『기록관리기준표 작성 및 관리 절차[NAK/S 4: 2009(v2.)]』.
_____. 2010. 『비밀기록물관리[NAK/S 20: 2010(v1.0)]』.
국기기록원 보존관리과. 2004. 『기록물 보존기술 및 매체별 관리요령』. 대전:
    국가기록원 보존관리과.
국가기록원 평가분류팀. 2006. 『국가기록원 기록물 기술규칙(안)』. 대전: 국
    가기록원 평가분류팀.
김기석. 2000. "아키비스트의 양성, 어떻게 할 것인가?". 『기록학연구』, 9: 77
    - 106.

김광옥. 1997. "역사기록 보존, 어떻게 할 것인가: 세계 각국의 사례와 비교하여, 일본 문서관법과 기록보존 현황". 『역사비평』, 봄호: 128 - 138.

김명훈. 2005a. "전자기록 환경에서의 평가에 관한 연구". 『기록학연구』, 11: 91 - 122.

김명훈. 2005b. "전자기록물의 평가체제 구축을 위한 기반 연구". 『기록보존』, 18: 133 - 162.

金世翊. 1988. 『圖書印刷圖書館史』. 서울: 종로서적.

김상호. 1999a. 『기록보존론』. 서울: 아세아문화사.

_____. 1999b. "한국기록보존사서 교육 프로그램 개발에 관한 연구". 『도서관학논집』, 28: 39 - 59.

김성수, 서혜란. 2002. "대통령기록관의 설립 및 정부기록보존소의 위상에 관한 연구". 『한국기록관리학회지』, 2(1): 41 - 66.

김성수. 2004. "기록관리법의 개정과 관련한 제문제 연구". 『한국기록관리학회지』, 4(2): 41 - 75.

김영애. 2000. "독일의 아키비스트 양성제도". 『기록학연구』, 2: 195 - 229.

김용원. 2000. "기록관리학의 발전을 위한 교육과정 연구". 『지식기반사회에서의 기록관리학 발전방안과 미래』. 한국기록관리학회 창립기념 국제학술대회(연세대학교), 83 - 107.

_____. 2001. "기록관리학의 발전을 위한 교육과정 연구". 『한국기록관리학회지』, 1(1): 69 - 94.

김유경. 1997. "독일연방공화국의 문서보존 체계". 『역사비평』, 36: 24 - 39.

김윤명. 2005. "정보공개제도와 지적재산권법". 『기록보존』, 18: 17 - 46.

김종희. 2006. "공인전자문서보관서의 역할". 『전자신문』, 3월 31일.

김태수. 1999. "기록관리사 양성을 위한 교육과정 연구". 『한국기록보존협회 제1회 워크숍 자료집』, 43 - 63.

_____. 2002a. "기록관리 전문교육과정 및 전문인력제도". 『한국기록관리학회지』, 2(1): 7 - 39.

_____. 2002b. "기록물 관리 전문요원의 자격구분". 『기록관리보존』, 7: 117 - 112.

문주영, 김나름. 2004. "아시아의 기록관리 제도 및 체계에 대한 연구". 『한국기록관리학회지』, 4(1): 149 - 176.

박진희. 2005. "미국의 기록물 기술 내용표준에 대한 비교분석 - APPM2와 DACS를 중심으로". 『정보관리학회지』, 22(4): 129 - 151.

馮惠玲. 2001. "中國 檔案學의 現況 및 發展趨勢". 『한국기록관리학회지』, 1(1): 37 - 52.

사공철[등]. 1996. 『문헌정보학용어사전』. 서울: 한국도서관협회.

산업자원부. 2006. "'공인전자문서보관소' 출범… 문서혁명 기대". http://www/rikar.org/inx/m4/article/view.jsp?bbs=904&pg=4&seq=196&cn=62.

서은경. 2006. "기록물 재평가 및 처분을 통한 보존관리 전략에 관한 연구". 『한국문헌정보학회지』, 40(3): 35 - 51.

서혜란. 2000. "기록물 기술의 표준화". 『기록학연구』, 1(1): 7 - 22.

설문원. 2004. "행정기관의 기록관리 메타데이터 요소분석: ISO 15489를 기준으로". 『한국비블리아학회지』, 15(1): 217 - 242.

송기호, 소매실. 2004. "유럽의 기록관리 제도 및 체계에 관한 연구". 『한국기록관리학회지』, 4(1): 117 - 147.

송병호. 2005. "진본성 확보를 위한 전자기록물 관리방안". 『한국비블리아학회지』, 16(2): 43 - 59.

신동호. 2006. "미국은 개별 기록관 운영한다". 『경향신문 &미디어칸』. 5월 26일.

신종순. 2001. "중요기록물의 생물학적 피해 예방을 위한 과학적인 대책 방안". 『기록관리보존』, 6: 21 - 32.

안수훈. 2011. "케네디 대통령 도서관 문서 디지털화". 『연합뉴스』, 1월 14일. http://www.yonhapnews.co.kr/international/2011/01/13/06013201-00AKR20110113229100092.HTML.

梁泰鎭. 1993. 『記錄保存學槪論』. 서울: 法經出版社.

오항녕. 1999. "영국 정보공개제도의 발달과 현황: 미완의 여정". 『기록보존』, 12: 111 - 122.

_____. 2005. 『기록학의 평가론』. 서울: 진리탐구.

윤대원. 2006. "전자문서 영구보존 가능해진다". 『전자신문』, 8월 31일.

이경용. 1999. "일본의 정보공개제도". 『기록보존』, 12: 123 - 145.

이상민. 1997. "서구의 국가기록보존법 원칙과 기록보존 관리체계". 『기록보존』, 10: 15 - 36.

_____. 2001. "대통령기록관의 설립과 운영 방향: 미국 대통령기록관의 사례와 교훈". 『한국기록관리학회지』, 1(2): 31 - 55.

_____. 2004. "외국의 공공기록정보공개제도". 『기록보존』, 17: 41 - 59.

이승억. 2004. 『기록의 이해』. 서울: 진리탐구.

_____. 2005. "기록 평가선별 결정 분석에 관한 연구". 『기록학연구』, 12: 37 - 80.

이원규. 2002. 『한국 기록물관리제도의 이해』. 서울: 진리탐구.

_____. 2005. "행정정보 및 보존기록물 공개의 운영과제". 『기록학연구』, 12: 81 - 135.

이원영, 임효정. 2006. "장기보존기록물 선별을 위한 업무분석적 평가방안: 국회를 중심으로". 『정보관리학회지』, 23(3): 187 - 204.

임진희. 2006. "전자기록의 장기보존을 위한 보존정보패키지(AIP) 구성과 구조". 『기록학연구』, 13: 41 - 90.

전진한. 2006. "대통령기록물법 반드시 제정돼야". 『한겨레』, 11월 9일.

정보공개 공공보도팀. 2008. "정보공개 잘하는 나라 국가경쟁력도 강하다". 『세계일보』, 10월 6일. http://www.opengirok.or.kr/5.

정연경. 2003. "북미 기록관리교육 지침서에 관한 비교 분석". 『사회과학연구논총』, 10: 31 - 48.

주경철. 1997. "역사기록 보존, 어떻게 할 것인가: 세계 각국의 사례와 비교하여, 프랑스의 고문서보관소 제도". 『역사비평』, 봄호: 100 - 107.

최경렬. 1991. "일본의 정부기록보존관리". 『기록보존』, 4: 73 - 93.

최정태. 2006. 『기록학개론』. 서울: 아세아문화사.

최정태 외. 2006. 『기록관리학사전』. 서울: 한울아카데미.

최정태, 윤송원. 2001. "기록관리학의 정립과 기록전문가 양성교육에 관한 연구". 『한국기록관리학회지』, 1(1): 95 - 129.

최정태, 이주연. 2003. "문서분류의 이론과 변천에 관한 연구". 『한국기록관리학회지』, 3(2): 1 - 33.

한국국가기록연구원. 2004. 『전자기록관리의 이해』. 서울: 한국국가기록연구원.

한국기록관리학회 편. 2010. 『기록관리론: 증거와 기억의 과학』. 개정판. 서울: 아세아문화사.

한미경. 2003. "중국의 도시건설 기록물 관리사업에 대한 고찰". 『한국문헌정보학회지』, 37(4): 5 - 21.

한상완 외. 2002. 『한국 공공기관 기록보존관리의 현황과 중장기 정책』. 서울: 한국기록관리학과 · 협회.

中國國家檔案局 中國檔案系列叢書編委會. 1995. 『中國檔案學敎育課程』. 北京: 中國國家檔案局.

中華人民共和國檔案局. http://www.saac.gov.cn/saac/index.htm. [2011.1.15]

Alsobrook, David E. 1995. "The Birth of the Tenth Presidential Library: The Bush Presidential Materials Project, 1993-1994". *Government Information Quarterly*, 12(1): 33 - 42.

Ambacher, Bruce I. 2003. *Third Years of Electronic Records*. Lanham; Mayland; Oxford: The Scarecrow Press.

Article 19. 1999. *Public's Right to Know: Principles on Freedom of Information Legislation*. London: Article 19.

Department of Defense. 2002. *Assistant Secretary of Defense for Command, Control, Communications and Intelligence*. Washington, D.C.: DOD.

Balloffet, Nelly and Hille Jenny. 2005. *Preservation and Conservation for Libraries and Archives*. Chicago: ALA.

Bellardo, Lewis J. & Lady Bellardo. 1992. *A Glossary for Archivists, Manuscript Curators and Records Managers*. Chicago: SAA.

Boles, Frank. 2005. 1992. *Selecting & Appraising: Archives & Manuscripts*. Chicago: SAA.

Brübach, Nils *Development and Traditions of Records Management and Archives in Germany*. http://caldeson.com/old-site/RIMOS/brubach.-html. [2011.2.8].

Buck, Solon T. 1941. "The Training of American Archivists". *The American Archivists*, 4(2): 84 - 90.

CEDA 공인전자문서보관소. http://www.ceda.or.kr.

Cox, Richard. 2002. "The End of Collecting: Toward a New Purpose for Archival Appraisal". *Archival Science*, 2(3 - 4): 287 - 309.

Department of Defense. 2002. *Design Criteria Standard for Electronic Record Management Software Application*. Washington, D.C.: DOD.

Feather, John. 2004. *Managing Preservation for Libraries and Archives*. England; USA: Ashgate.

Harvey, Ross. 2005. *Preserving Digital Materials*. Germany: K. G. Saur Munchen.

Horrocks, David. 1994. "Access and Accessibility at the Gerald R. Ford Library". *Government Information Quarterly*, 11(1): 47 - 66.

Hunter, G. S. 1997. *Developing and Maintaining Practical Archives: A*

How-to-do-it Manuals. New York: Neal-Schuman Pub., Inc.

ICA & IRMT, 김명훈 역. 2005. 『전자기록물관리』. 서울: 진리탐구.

International Council on Archives. 2000. *General International Standard Archival Description: Adopted by Committee on Descriptive Standards*. Stockholm, Sweden, 19 - 22 September, 1999. Ottawa: ICA.

ISO. 2001. *ISO 15489 - 1:2001 Information and Documentation: Records Management- Part 1: General*. Geneva: ISO.

___. 2001. *ISO/TR 15489 - 2:2001 Information and Documentation: Records Management- Part 2: Guidelines*. Geneva: ISO.

___. 2006. *ISO 23081 - 1:2006 Information and Documentation: Records Management Process - Metadata for Records - Part 1: Principles*. Geneva: ISO.

___. 2006. *ISO 23081 - 1:2006 Information and Documentation: Records Management Process - Metadata for Records - Part 2: Conceptual and Implementation Issues*. Geneva: ISO.

___. 2006. *ISO 22310:2006 Information and documentation - Guidelines for Standards Drafters for Stating Records Management Requirements in Standards*. Geneva: ISO.

KS X ISO 15489 - 1: 2007 문헌정보 - 기록관리 - 제1 부: 일반사항.

KS X ISO/TR 15489 - 2: 2007 문헌정보 - 기록관리 - 제2 부: 지침.

KS X ISO 22310 문헌정보 - 표준 입안자를 위한 표준에서의 기록관리 요건 서술지침.

KS X ISO 23081 - 1 문헌정보 - 기록관리과정 - 기록메타데이터 제1 부: 원칙.

KS X ISO/TS 23081 - 2 문헌정보 - 기록관리과정 - 기록메타데이터 - 제2 부: 개념과 실행고려사항.

McCoy, Donard R. 1978. *The National Archives: America's Ministry of Documents, 1934 - 1968*. Chapel Hill: The University of North Carolina Press.

O'Brien, Jeff. 1997. *Basic RAD: An Introduction to the Preparation of Fonds- and Series-level Descriptions Using the Rules for Archival Description*. http://scaa.usask.ca/rad/. [2011.1.17].

O'Toole, James M. and Richard J. Cox. 2006. *Understanding Archives and Manuscripts*. 2nd ed. Chicago: SAA.

Pearce-Moses, Richard. 2005. *A Glossary of Archival and Records Terminology.* Chicago: SAA. http://www.archivists.org/glossary/index.asp. [2011.2.6].

Schellenberg, T. R. 1956. *Modern Archives: Principles and Techniques.* Chicago: University of Chicago.

Society of American Archivists. 1989. *Archives, Personal Papers, and Manuscripts.* 2nd. Chicago: Society of American Archivists.

_____. 2005. *Code of Ethics for Archivists.* http://www.archivists.org/governance/handbook/app_ethics.asp. [2011.1.25].

색 인

영문색인

한미경

대만 National Taiwan University(國立臺灣大學) 대학원 도서관학과 석사
중국 Wuhan University(武漢大學) 정보관리대학 박사과정수학
이화여자대학교 대학원 문헌정보학과 박사
Harvard-Yenching Institute Visiting Scholar
한국국가기록연구원 연구위원
현) 국립중앙도서관 고전자료 해제위원
　　경기대 · 건국대학교 문헌정보학과 출강

『국가기록관 지식정보원』
「A Study on the Suggestions and Analysis on the Education Programs in the
　Presidential Libraries」
「<난호어목지>와 <전어지>의 비교 연구」
「중국의 도시건설기록물 관리사업에 대한 고찰」
「譯科譜의 譯科入格者 再現에 대한 고찰」
「譯科類輯에 관한 연구」
「역과보(譯科譜)에 대한 서지적 연구」
「역과방목에 대한 서지적 연구」
「하버드옌칭도서관 소장 司馬榜目에 관한 고찰」
「≪金泥石屑≫ 千佛銅牌에 관한 연구」
「중국 근대출판물의 출현과 근대도서관의 발달과정」
「초기 한국성서와 중국성서의 서지학적 연구」
「北宋 · 高麗書籍交流之硏究」
　　외 다수

노영희

연세대학교 문헌정보학과 정보학 박사
한국과학기술연구원(KIST) 자료실 연구원
한국정보공학(KIES) 정보검색엔진개발팀 팀장
이화여자대학교 국제정보센터 자료실장
현) 건국대학교 문헌정보학과 교수
　　교육인적자원부 대학도서관 정책자문위원
　　DLS 표준관리위원회 위원

『디지털콘텐츠의 이해』
『인문과학과 예술의 핵심 지식정보원』
『경제학의 핵심 지식정보원』
『2009 한국문헌정보학 교과과정』
『개념기반 정보검색 기법』
『기록 · 기록관리 지식정보원 시리즈 4』
「개념기반 검색을 위한 시소러스 관계의 효과적 활용방안에 관한 연구」
「주제별 분산 지식베이스에 의한 개념기반 정보검색 시스템의 성능향상에 관한 연구」
「A Study on Automatic Text Categorization of Internet Documents」
「A Study on the Estimation of Performance of Concept Based Information Retrieval
　Model Using the Web」
「기계학습 기반 피드백 과정을 통한 SDI 시스템의 성능향상에 관한 연구」
「문헌정보학 교육과정의 특성화된 프로그램 개발 및 활용에 관한 연구」
　　외 다수

기록 및
기록관리의
이해

초판인쇄 | 2011년 7월 25일
초판발행 | 2011년 7월 25일

지 은 이 | 한미경 · 노영희
펴 낸 이 | 채종준
펴 낸 곳 | 한국학술정보㈜
주   소 | 경기도 파주시 문발동 파주출판문화정보산업단지 513-5
전   화 | 031) 908-3181(대표)
팩   스 | 031) 908-3189
홈 페 이 지 | http://ebook.kstudy.com
E - m a i l | 출판사업부 publish@kstudy.com
등   록 | 제일산-115호(2000. 6. 19)

ISBN   978-89-268-2504-4 93060 (Paper Book)
        978-89-268-2505-1 98060 (e-Book)